本书出版受到中国法学会 2017 年度部级法学研究课题"危险物品犯罪新问题研究"（课题编号 CLS（2017）C22）的经费资助

韩国刑法典及单行刑法

陈志军 / 译

HANGUO
XINGFADIAN JI
DANXING XINGFA

中国政法大学出版社

2021 · 北京

声　明　1. 版权所有，侵权必究。

2. 如有缺页、倒装问题，由出版社负责退换。

图书在版编目（ＣＩＰ）数据

韩国刑法典及单行刑法/陈志军译. —北京：中国政法大学出版社，2021.12

ISBN 978-7-5764-0266-7

Ⅰ.①韩… Ⅱ.①陈… Ⅲ.①刑法－法典－韩国 Ⅳ.①D931.264

中国版本图书馆 CIP 数据核字(2022)第 006088 号

出 版 者　中国政法大学出版社

地　　址　北京市海淀区西土城路 25 号

邮寄地址　北京 100088 信箱 8034 分箱　邮编 100088

网　　址　http://www.cuplpress.com (网络实名：中国政法大学出版社)

电　　话　010-58908285(总编室) 58908433（编辑部）58908334(邮购部)

承　　印　固安华明印业有限公司

开　　本　880mm×1230mm　1/32

印　　张　9

字　　数　245 千字

版　　次　2021 年 12 月第 1 版

印　　次　2021 年 12 月第 1 次印刷

定　　价　46.00 元

前言

韩国是大韩民国的简称，位于东亚朝鲜半岛南部。1910 年朝鲜半岛沦为日本的殖民地，1945年 8 月 15 日光复取得独立。1948 年 8 月和 9 月，依北纬 38 度线，朝鲜半岛南北先后成立大韩民国和朝鲜民主主义人民共和国。20 世纪 60 年代以来，韩国政府实行了"出口主导型"开发经济战略，创造了被称为"汉江奇迹"的经济高速增长期，并跻身"亚洲四小龙"之一。韩国现行刑法典是 1953 年 9 月 18 日第 293 号法律，从 1950 年10 月 3 日起施行。韩国刑法典在颁布施行之后进行了 19 次局部修正，最新的一次是 2018 年 12 月18 日第 15982 号法律所作的修正。现行的韩国刑法的主要内容有：

1. 刑法的渊源

韩国的刑法立法包括《刑法典》和特别刑法。《刑法典》是刑法的主体，还有单行刑法以及在民事、经济、行政法律中规定的附属刑法条款。本书包括两大部分：一是《韩国刑法典》及其修正；二是韩国主要的单行刑法，包括《韩国军事刑法典》《韩国微罪处罚法》等 27 部单行刑法。

2. 刑法典的体系

《韩国刑法典》分为总则和分则两编。总则部分包括四章：第一章（《刑法典》的适用范围）、第二章（犯罪）、第三章（刑罚）、第四章

（期间）。分则部分包括二十一章：第一章（内乱罪）、第二章（外患罪）、第三章（侵犯国旗罪）、第四章（妨害国交罪）、第五章（危害公共安宁罪）、第六章（爆炸物罪）、第七章（公务员职务犯罪）、第八章（妨碍执行公务罪）、第九章（脱逃与窝藏罪）、第十章（伪证与毁灭证据罪）、第十一章（诬告罪）、第十二章（有关逝者的犯罪）、第十三章（放火与失火罪）、第十四章（决水与妨害水利罪）、第十五章（妨害交通罪）、第十六章（妨害饮用水罪）、第十七章（鸦片罪）、第十八章（妨害货币罪）、第十九章（妨害有价证券、邮票与印花罪）、第二十章（妨害文书罪）、第二十一章（妨害印章罪）、第二十二章（妨害风化罪）、第二十三章（赌博与彩票罪）、第二十四章（杀人罪）、第二十五章（伤害与暴行罪）、第二十六章（过失致伤致死罪）、第二十七章（堕胎罪）、第二十八章（遗弃与虐待罪）、第二十九章（非法逮捕与拘禁罪）、第三十章（胁迫罪）、第三十一章（略诱和诱与贩卖人口罪）、第三十二章（强奸与猥亵罪）、第三十三章（侵害名誉罪）、第三十四章（妨害信用、业务与拍卖罪）、第三十五章（侵犯秘密罪）、第三十六章（侵入住宅罪）、第三十七章（妨碍行使权利罪）、第三十八章（盗窃与抢劫罪）、第三十九章（诈骗罪与敲诈罪）、第四十章（侵占与背信罪）、第四十一章（赃物罪）、第四十二章（损毁罪）。

3. 刑法的地域效力

韩国刑法采取以属地管辖、属人管辖为原则，保护管辖和普遍管辖为补充的刑事管辖权体制。《韩国刑法典》第2条规定了属地管辖原则："本法适用于在大韩民国领域内犯罪的韩国公民和外国人。"第3条规定了属人管辖原则："本法适用于在大韩民国领域外犯罪的韩国公民。"此外，《韩国刑法典》还在第5条规定了有限制的普遍管辖原则，在第6条规定了有限制的保护管辖原则。

4. 外国刑事判决效力

韩国刑法对外国刑事判决的效力整体上采取消极承认主义。《韩国刑法典》第7条规定："实施犯罪已经在外国经受判决全部或者部分执行的，已被全部或者部分执行的该判决应当被计入到在韩国宣告的判决中。"但《韩国关于国际刑事法院管辖罪行的处罚等的法律》第7条规定对该法规定的特定犯罪采取积极承认主义："对国际刑事法院已经作出终局有罪或者无罪判决的涉及种族灭绝等犯罪的被起诉案件,应当作出免诉判决。"

5. 刑法的溯及力

韩国刑法在此问题上采取从旧兼从轻原则,而且在溯及力的适用范围上采取较为彻底的有利于被告人原则,在行为性质发生"有罪变无罪"的情况时新法的溯及力可以及于生效判决。《韩国刑法典》第1条第1款规定:"行为的犯罪性与可罚性,应当依照行为实施时生效的法律确定。"第2款规定:"犯罪实施后法律变更,根据新法其行为不再构成犯罪或者新法规定的刑罚轻于旧法的,应当适用新法。"第3款规定:"依据旧刑法对所实施犯罪的判决确定后法律变更,该行为不再构成犯罪的,应当免除其刑罚的执行。"

6. 责任主义原则

韩国刑法坚持责任主义原则,即只有主观上存在故意或者过失的行为,才可能构成犯罪。首先在《韩国刑法典》第13条、第14条规定以处罚故意犯罪为原则,以处罚过失犯罪为例外。然后在第15条规定了事实认识错误的处理原则:"对行为人未认识到构成特别重罪之事实的行为,不应以该重罪处罚。""对于刑罚因为结果而变得更重的犯罪,如果该结果无法预见的,不应以更重的犯罪处罚。"继而在第16条规定了法律认识错误的处理原则:"在误认为自己的行为依据现行法律不构成犯罪的情况下实施犯罪的,如果该错误认识存在正当理由的,不处罚。"

7. 因果关系

韩国刑法非常有特色地规定了因果关系问题,《韩国刑法典》第17条规定:"如果行为没有导致作为犯罪构成要件之危险的发生,不应当因结果受处罚。"进而规定了同时犯等因果关系无法查明的情形的处理原则,第19条规定:"一系列独立行为在同一时间或者数个不同时间竞合,如果无法查明是哪一个行为导致了结果的,各行为都应当作为未遂罪处罚。"

8. 不作为犯罪

《韩国刑法典》第18条规定："有义务阻止危险发生的人或者导致危险发生的人，不阻止危险发生的，应当基于该危险导致的结果处罚。"

9. 刑事责任能力

韩国刑法对刑事责任能力从以下三个方面作出了规定：（1）刑事责任年龄。《韩国刑法典》第9条规定："未满14周岁的人的行为，不处罚。"（2）精神障碍人的刑事责任能力。《韩国刑法典》第10条第1款规定："因为身心障碍没有能力辨别事物或者控制其意志的人的行为，不处罚。"第2款规定："因为身心障碍导致前款所指的能力减弱的人的行为，可以减轻处罚。"第3款规定了原因自由行为的处理原则："预见到犯罪危险的发生故意地导致其身心障碍的人的行为，不适用前两款的规定。"（3）聋哑人的刑事责任能力。《韩国刑法典》第11条规定："聋哑人的行为，应当减轻处罚。"

10. 正当行为

韩国刑法明确规定了下列五种正当行为类型：（1）正当行为。是指除了下述四种正当行为以外的兜底性的正当行为。《韩国刑法典》第20条规定："依法律法规的行为、遵循公认的业务惯例的行为或者其他不违反社会常规的行为，不处罚。"（2）正当防卫。《韩国刑法典》第21条第1款规定："为了防卫正在进行的对自己或者他人的法益的不正当侵害而实施的行为，如有相当理由的，不处罚。"（3）紧急避险。《韩国刑法典》第22条第1款规定："为了避免自己或者他人的法益正在发生的危险而实施的行为，如有相当理由的，不处罚。"（4）自救行为。《韩国刑法典》第23条第1款规定："在依法定程序不能保全请求权的情况下，为了避免无法行使请求权或者行使发生重大困难而实施的行为，如有相当理由的，不处罚。"（5）被害人承诺。《韩国刑法典》第24条第1款规定："基于有权处分法益的人的同意而侵害该法益的行为，不处罚。但法律有特别规定的，不在此限。"

11. 犯罪未完成形态

韩国刑法典规定了四种具体的犯罪未完成形态。（1）预备和共谋。《韩国刑法典》第28条规定："如果犯罪的共谋或者预备行为未达到着手实行阶段的，不处罚。但法律有特别规定的，不在此限。"（2）障碍未遂。《韩国刑法典》第25条第1款规定："已经着手实行犯罪，但未实行终了或者未发生结果的，作为未遂罪处罚。"第2款规定："对未遂罪，可以比照既遂罪予以减轻处罚。"（3）不能未遂。《韩国刑法典》第27条非常有特色地将不能未遂从障碍未遂中抽出来单独加以规定："即使因为对实行手段或者对象的认识错误而不可能发生结果，但只要有导致结果发生的危险，也应当处罚。但可以减轻或者免除处罚。"（4）中止未遂。《韩国刑法典》第26条规定："行为人已经着手实行犯罪，但自动停止犯罪行为或者阻止该行为的结果发生的，应当减轻或者免除处罚。"

12. 共同犯罪

韩国刑法将共同犯罪人分为共同正犯、教唆犯和帮助犯：（1）共同正犯。《韩国刑法典》第30条规定："2人以上共同实行犯罪的，每一个人都应作为所犯之罪的正犯处罚。"（2）教唆犯。《韩国刑法典》第31条规定："教唆他人实行犯罪的，处罚与实行该犯罪者相同。""被教唆并且同意实行犯罪，但未着手实行的，应当比照共谋犯或者预备犯的规定对教唆人和被教唆人予以处罚。""即使被教唆人未同意实行犯罪，也应当对教唆人适用前款规定。"（3）帮助犯。《韩国刑法典》第32条规定："帮助他人实行犯罪的，以帮助犯处罚。""对帮助犯的处罚，应当比照正犯减轻。"

13. 罪数

《韩国刑法典》第40条对想象竞合犯的处断原则做出了具体的规定："如果一个行为触犯数个罪名的，应当以对重犯罪所规定的刑罚处罚。"

14. 刑罚的种类

韩国的刑罚包括死刑、徒刑、监禁、剥夺资格、停止资格、罚金、拘役、科料和没收九种。

15. 量刑情节

韩国刑法对量刑情节进行了不同的分类：（1）免除处罚情节、减轻处罚情节和加重处罚情节。《韩国刑法典》第56条还对减轻情节和加重情节竞合时的适用顺序做出了规定。（2）法定情节和酌定情节。韩国刑法除了对累犯、自首、自白等法定情节的量刑原则做出了具体规定以外，还以立法的形式对量刑时应当考量的情节做出了一般性的列举。根据《韩国刑法典》第51条规定，"量刑时，下列事项应当被考虑：①犯罪人的年龄、品行、智力和环境；②与被害人的关系；③犯罪的动机、手段和后果；④犯罪后的情节。"这四类情节因此具有了法定情节的地位。但《韩国刑法典》第53条还承认考量其他酌定减轻处罚情节的合法性："如果具有与犯罪的实施有关的情有可原的情节的，可以减轻处罚。"

16. 刑事犹豫制度

韩国刑法针对短期自由刑的弊端，规定了较为完整的刑事犹豫制度：（1）刑罚的暂缓宣告。《韩国刑法典》第59条第1款规定："在判处1年以下有期徒刑或者有期监禁、停止资格或者罚金的案件中，如果在适用本法第51条规定时具有情有可原的情节并且被告人悔改表现显著的，可以暂缓宣告该判决。但具有曾被判处停止资格或者更重刑罚的犯罪前科者除外。"（2）刑罚的暂缓执行。《韩国刑法典》第62条第1款规定："对于判处3年以下有期徒刑、有期监禁，或者500万元以下罚金的判决，如果考虑本法第51条规定的事项时具有情有可原的情节的，可以在1年以上5年以下的期间内暂缓执行该判决。但该判决是针对其在曾被判处有期监禁或者更重刑罚的最终判决被执行完毕或者被免除之后3年内实施的犯罪所作出的除外。"（3）假释。《韩国刑法典》第72条第1款规定："执行徒刑或者监禁者，表现良好并且悔改表现显著的，在无期已服刑20年或者有期已服刑期1/3后，可基于行政当局的法令予以假释。"除此之外，《韩国赦免法》还在赦免制度中规定了减刑制度。

17. 时效

韩国刑法规定了公诉时效制度和行刑时效制度。其中公诉时效制度规定在《刑事诉讼法》第249条等条款中，《韩国刑法典》总则第三章第七节专门对行刑时效制度作出了规定。此外《韩国关于国际刑事法院管辖罪行的处罚等的法律》第6条还规定对种族灭绝罪、反人类罪、战争罪等，不受上述公诉时效和行刑时效的限制。

由于水平所限，不当之处，敬请读者批评指正。

陈志军

2020 年 12 月

目 录
Contents

一、韩国刑法典

（1953 年 9 月 18 日第 293 号法律制定；1975 年 3 月 25 日第 2745 号法律修正；1988 年 12 月 31 日第 4040 号法律修正；1995 年 12 月 29 日第 5057 号法律修正；1997 年 12 月 13 日第 5454 号法律修正；2001 年 12 月 29 日第 6543 号法律修正；2004 年 1 月 20 日第 7077 号法律修正；2005 年 3 月 31 日第 7427 号法律修正；2005 年 7 月 29 日第 7623 号法律修正；2010 年 4 月 15 日第 10259 号法律修正；2012 年 12 月 18 日第 11574 号法律修正；2013 年 4 月 5 日第 11731 号法律修正；2014 年 5 月 14 日第 12575 号法律修正；2014 年 12 月 30 日第 12898 号法律修正；2016 年 1 月 6 日第 13719 号法律修正；2016 年 5 月 29 日第 14178 号法律修正；2016 年 12 月 20 日第 14415 号法律修正；2017 年 12 月 12 日第 15163 号法律修正；2018 年 10 月 16 日第 15793 号法律修正；2018 年 12 月 18 日第 15982 号法律修正）

第一编　总　则

第一章　刑法典的适用范围

第 1 条（行为的犯罪性与可罚性）

1. 行为的犯罪性与可罚性，应当依照行为实施时生效的法律确定。

2. 犯罪实施后法律变更，根据新法其行为不再构成犯罪或者新法规定的刑罚轻于旧法的，应当适用新法。

3. 依据旧刑法对所实施犯罪的判决确定后法律变更，该行为不再构成犯罪的，应当免除其刑罚的执行。

第 2 条 （国内犯罪）

本法适用于在大韩民国领域内犯罪的韩国公民和外国人。

第 3 条 （韩国人在国外的犯罪）

本法适用于在大韩民国领域外犯罪的韩国公民。

第 4 条 （外国人在国外的韩国船舶等上的犯罪）

本法适用于在大韩民国领域外的大韩民国船舶或者航空器上犯罪的外国人。

第 5 条 （外国人的国外犯罪）

本法适用于在大韩民国领域外实施下列犯罪的外国人：

（1） 内乱罪；

（2） 外患罪；

（3） 侵犯国旗罪；

（4） 妨害货币罪；

（5） 妨害有价证券、邮票与印花罪；

（6） 妨害文书罪中第 225 条至第 230 条规定的犯罪；

（7） 妨害印章罪中第 238 条规定的犯罪。

第 6 条 （危害大韩民国或者大韩民国公民的国外犯罪）

本法适用于在大韩民国领域外对大韩民国或者大韩民国公民实施前条规定以外的其他犯罪的外国人。但根据行为地的法律不构成犯罪、被免予起诉或者被免予刑罚执行的，不在此限。

第 7 条 （国外已执行判决的计入）[1]

实施犯罪已经在外国经受判决全部或者部分执行的，已被全部

---

〔1〕 根据 2015 年 5 月 28 日宪法法院认为本条违宪和与《宪法》不相符的裁决，2016 年 12 月 20 日第 14415 号法律对本条进行了全面修正。

或者部分执行的该判决应当被计入到在韩国宣告的判决中。

第8条（总则的适用）

本法总则也应当适用于其他法律中规定的犯罪。但这些法律另有特别规定的，不在此限。

第二章　犯罪

第一节　　犯罪的构成与刑罚的减免

第9条（犯罪的未成年人）

未满14周岁的人的行为，不处罚。

第10条（精神障碍人）

1. 因为身心障碍没有能力辨别事物或者控制其意志的人的行为，不处罚。

2. 因为身心障碍导致前款所指的能力减弱的人的行为，可以减轻处罚。[1]

3. 预见到犯罪危险的发生故意地导致其身心障碍的人的行为，不适用前两款的规定。

第11条（聋哑人）

聋哑人的行为，应当减轻处罚。

第12条（被迫行为）

因为不可抗拒的暴力或者因为没有其他方法可以保护自己或其亲属生命、身体不受损害的胁迫，而被迫实施的行为，不处罚。

第13条（故意）

未认识到犯罪构成要件事实的行为，不罚。但是法律有特别规定的，不在此限。

---

[1]　2018年12月18日第15982号法律修正。

第 14 条（过失）

疏于正常的注意而对犯罪构成要件事实没有认识的行为，只有在法律有规定的情况下才应当处罚。

第 15 条（事实认识错误）

1. 对行为人未认识到构成特别重罪之事实的行为，不应以该重罪处罚。

2. 对于刑罚因为结果而变得更重的犯罪，如果该结果无法预见的，不应以更重的犯罪处罚。

第 16 条（法律认识错误）

在误认为自己的行为依据现行法律不构成犯罪的情况下实施犯罪的，如果该错误认识存在正当理由的，不处罚。

第 17 条（因果关系）

如果行为没有导致作为犯罪构成要件之危险的发生，不应当因结果受处罚。

第 18 条（不作为犯罪）

有义务阻止危险发生的人或者导致危险发生的人，不阻止危险发生的，应当基于该危险导致的结果处罚。

第 19 条（独立行为的竞合）

一系列独立行为在同一时间或者数个不同时间竞合，如果无法查明是哪一个行为导致了结果的，各行为都应当作为未遂罪处罚。

第 20 条（正当行为）

依法律法规的行为、遵循公认的业务惯例的行为或者其他不违反社会常规的行为，不处罚。

第 21 条（正当防卫）

1. 为了防卫正在进行的对自己或者他人的法益的不正当侵害而实施的行为，如有相当理由的，不处罚。

2. 如果防卫行为超过正常限度的，可以根据情有可原的情节减轻或者免除处罚。

3. 在前款的情形下，如果该行为是在夜间或者其他令人不安的状况下由于恐惧、惊愕、兴奋或者慌张而实施的，不处罚。

第 22 条（紧急避险）

1. 为了避免自己或者他人的法益正在发生的危险而实施的行为，如有相当理由的，不处罚。

2. 前款规定不适用于负有不逃避该危险义务的人。

3. 前条第 2 款和第 3 款的规定，比照适用于本条。

第 23 条（自救行为）

1. 在依法定程序不能保全请求权的情况下，为了避免无法行使请求权或者行使发生重大困难而实施的行为，如有相当理由的，不处罚。

2. 如果前款的行为超过合理限度的，可以根据情有可原的情节减轻或者免除处罚。

第 24 条（被害人承诺）

基于有权处分法益的人的同意而侵害该法益的行为，不处罚。但法律有特别规定的，不在此限。

第二节　未遂罪

第 25 条（障碍未遂）

1. 已经着手实行犯罪，但未实行终了或者未发生结果的，作为未遂罪处罚。

2. 对未遂罪，可以比照既遂罪予以减轻处罚。

第 26 条（中止未遂）

行为人已经着手实行犯罪，但自动停止犯罪行为或者阻止该行为的结果发生的，应当减轻或者免除处罚。

第 27 条（不能未遂）

即使因为对实行手段或者对象的认识错误而不可能发生结果，但只要有导致结果发生的危险，也应当处罚。但可以减轻或者免除处罚。

第 28 条（共谋[1]与预备）

如果犯罪的共谋或者预备行为未达到着手实行阶段的，不处罚。但法律有特别规定的，不在此限。

第 29 条（未遂罪的处罚范围）

处罚未遂罪的犯罪，应当在相关各条中作出明确规定。

第三节　共犯

第 30 条（共同正犯）

2 人以上共同实行犯罪的，每一个人都应作为所犯之罪的正犯处罚。

第 31 条（教唆犯）

1. 教唆他人实行犯罪的，处罚与实行该犯罪者相同。

2. 被教唆并且同意实行犯罪，但未着手实行的，应当比照共谋犯或者预备犯的规定对教唆人和被教唆人予以处罚。

3. 即使被教唆人未同意实行犯罪，也应当对教唆人适用前款规定。

第 32 条（帮助犯）

1. 帮助他人实行犯罪的，以帮助犯处罚。

2. 对帮助犯的处罚，应当比照正犯减轻。

第 33 条（共犯与身份）

无身份者参与实施以身份为构成要素的犯罪的，也适用前 3 条

---

〔1〕　此前有不少学者将外国刑法中的这一概念译为"阴谋"，《大清新刑律》和民国时期的刑法立法也使用这一概念。但译者认为，"阴谋"强调行为的秘密性，对其能否包括单个人秘密策划犯罪会产生分歧。《晋书·刑法志》曰："二人对议谓之谋。"，可见，参与人的多数性才是"谋"的本质特征。因而，译者认为应当摒弃传统译法给其改为"共谋"更为准确。"共谋"其实也是一种特殊的预备行为，是原则上不处罚犯罪预备的国家在刑法分则中给少数严重犯罪的单纯共谋行为纳入刑法惩罚范围的立法方式。——译者注。

的规定。但在刑罚的轻重因为被告人的身份而变化时，不应对没有该身份者处以较重的刑罚。

第 34 条 （间接正犯与对特别教唆或者特别帮助的加重处罚）

1. 对不会因某种行为受处罚的人或者只会作为过失犯罪受处罚的人，予以教唆或者帮助，从而导致该行为的结果的，应当根据教唆犯或者帮助犯的规定处罚。

2. 对于受自己指挥或者监督的人，予以教唆或者帮助，从而导致前款所规定的结果的，对教唆者应当以对正犯所定刑罚的最长期间或者最高数额加重 1/2 处罚；对帮助者应当以对正犯所定刑罚处罚。

第四节　累犯

第 35 条 （累犯）

1. 被判处监禁以上刑罚的人，在刑罚执行被完成或者被免除后3 年以内实施应被判处监禁以上刑罚之罪的，以累犯论处。

2. 对累犯的刑罚，可以加重至该罪所定刑罚最长期间的 2 倍。

第 36 条 （判决宣告后发现的累犯）

判决宣告后发现累犯的，可以对该刑事判决加重的方式重新量定刑罚。但所宣告的刑罚已被完成或者被免除的，不在此限。

第五节　并合罪

第 37 条 （并合罪）[1]

判决确定前的数罪，或者判决已经确定的处以监禁以上刑罚的犯罪和实施于该判决确定前的犯罪，应视为并合罪。

第 38 条 （并合罪与刑罚适用）

1. 并合罪被同时裁决时，应当按照下列不同情形适用刑罚：

（1）对最重犯罪规定的刑罚是死刑、无期徒刑或者无期监禁

---

[1]　2004 年 1 月 20 日第 7077 号法律修正。

的，应当以最重犯罪的刑罚处罚；

（2）对各罪规定的刑罚是除死刑、无期徒刑、无期监禁以外的其它同种刑罚的，应当将最重犯罪刑罚的最长期间或者最高数额加重1/2处罚，但不得超过对各罪所定刑罚的最长期间或者最高数额的总和。但科料与科料、没收与没收，可以并科；

（3）对各罪规定的刑罚是除死刑、无期徒刑、无期监禁以外的其它不同种刑罚的，应当并科。

2. 对前款各项而言，徒刑和监禁应当被视为同种刑罚，处以徒刑。

第 39 条（未判决的并合罪；数个判决与并合罪；刑罚执行与并合罪）

1. 并合罪中有未被判决的犯罪时，应当考虑该罪与已被作出确定判决之罪被同时判决的情形之间的平等性，对该罪宣告判决。在这种情况下，刑罚可以被减轻或者免除。[1]

2. （删除）。[2]

3. 因为并合罪已被判决者，如果并合罪中的某一犯罪被赦免或者被免除刑罚执行的，对其余犯罪应当重新处刑。

4. 在前三款规定的刑罚的执行中，已经执行的刑罚应当被计入其中。

第 40 条 （想象竞合犯）

如果一个行为触犯数个罪名的，应当以对重犯罪所规定的刑罚处罚。

---

〔1〕 2005 年 7 月 29 日第 7623 号法律修正。
〔2〕 2005 年 7 月 29 日第 7623 号法律删除。

第三章　刑罚

第一节　刑罚的种类与轻重

第 41 条（刑罚的种类）

刑罚的种类如下：

(1) 死刑；

(2) 徒刑；[1]

(3) 监禁；[2]

(4) 剥夺资格；

(5) 停止资格；

(6) 罚金；

(7) 拘役；[3]

(8) 科料；

(9) 没收。

第 42 条（徒刑或者监禁的期间）[4]

徒刑或者监禁，可以是无期的，也可以是有期的。有期的期间为 1 个月以上 30 年以下。但在加重处罚的情况下，有期徒刑或者有期监禁可以延长到 50 年。

第 43 条（刑罚的宣告与剥夺资格、停止资格）

1. 被判处死刑、无期徒刑或者无期监禁的人，应当剥夺下列资格：

(1) 成为公务员的资格；

---

〔1〕 imprisonment with prison labor。——译者注。

〔2〕 imprisonment without prison labor。——译者注。

〔3〕 笔者认为此前有学者将之译为拘留值得商榷：第一，容易与《韩国刑事诉讼法典》中规定为刑事诉讼强制措施的拘留混淆。第二，如果中文译为拘留，在中国的法律框架内更是容易与刑事拘留甚至行政拘留混淆。——译者注。

〔4〕 2010 年 4 月 15 日第 10259 号法律修正。

（2）公法上的选举权与被选举权；

（3）从事应当具备法定必需条件的公法上的业务的资格；

（4）成为法人理事〔1〕、监事、总经理或者与法人事务有关的检查人或财产管理人的资格。

2. 被判处有期徒刑或者有期监禁的人，应当被停止资格前款第1项至第3项所列资格，直至刑罚执行完毕或者被免除时止。但是如果其他法律另有特别规定的，从其规定。〔2〕

第44条（停止资格）

1. 停止前条所列资格之全部或者一部分，期间为1年以上15年以下。

2. 在有期徒刑或者有期监禁并科停止资格时，停止资格的期间应当从徒刑或者监禁执行完毕或者被免除之日起计算。

第45条（罚金）〔3〕

罚金数额应为5万元以上。但在减轻的情况下，可以少于5万元。

第46条（拘役）

拘役的期间为1日以上30日以下。

第47条（科料）〔4〕

科料数额应为2000元以上5万元以下。

第48条（没收与追征）〔5〕

1. 对于下列物品，如果不属于犯罪人以外的其他人所有的财物，或者是在犯罪实施之后被犯罪人以外的其他人明知其性质而取得的，可以予以全部或者部分没收：

---

〔1〕 大致相当于中国的董事——译者注。

〔2〕 根据宪法法院认为本条违宪和与《宪法》不相符的裁决，2016年1月6日第13719号法律对本条第2款进行了修正。

〔3〕 1995年12月29日第5057号法律修正。

〔4〕 1995年12月29日第5057号法律修正。

〔5〕 1995年12月29日第5057号法律修正。

（1）已经用于或者企图用于实施犯罪的物品；

（2）因为犯罪行为产生或者取得的物品；

（3）用前两项所指的物品交换所得的物品。

2. 如果前款所列的物品无法没收的，应当追征与其价值相当的金额。

3. 在文书、图画、电子记录等特殊介质记录或者有价证券只是其一部分属于被没收范围时，应当将该部分销毁。

第 49 条（没收的附加性）

没收应当附加于其他刑罚而宣告。但只要满足没收的要件，即使没有对被告人作出有罪判决，也可以对其单独宣告没收。

第 50 条（刑罚的轻重）

1. 刑罚的轻重，按照本法第 41 条所列的顺序而定。但对无期监禁和有期徒刑而言，以无期监禁为重；在有期监禁的期间超过有期徒刑的期间时，以监禁为重。

2. 对同种刑罚而言，以最长期间更长或者最高数额更大者为重；最长期间或者最高数额相等的，以最低期间更长或者最低数额更大者为重。

3. 除适用前两款规定外，刑罚的轻重应根据犯罪的性质和情节确定。

第二节 刑罚的裁量

第 51 条（量刑情节）

量刑时，下列事项应当被考虑：

（1）犯罪人的年龄、品行、智力和环境；

（2）与被害人的关系；

（3）犯罪的动机、手段和后果；

（4）犯罪后的情节。

第 52 条（自首，自白）

1. 在实施犯罪之后向负责犯罪侦查的主管机关自首的，可以减轻或者免除处罚。

2. 就不能违背被害人的意志进行追诉的犯罪向被害人自白的,准用前款的规定。

第 53 条 (酌定减轻)

如果具有与犯罪的实施有关的情有可原的情节的,可以减轻处罚。

第 54 条 (可选科的刑罚和酌定减轻)

在一个犯罪规定有数种刑罚时,应当先决定适用的刑罚种类,然后再减轻处罚。

第 55 条 (法定减轻)

1. 法定减轻按如下规定进行:[1]

(1) 死刑减轻的,应当减为无期徒刑或无期监禁或者 20 年以上 50 年以下有期徒刑或有期监禁;

(2) 无期徒刑或无期监禁减轻的,应当减为 10 年以上 50 年以下有期徒刑或有期监禁;

(3) 有期徒刑或有期监禁减轻的,应当将其刑期减少 1/2;

(4) 剥夺资格减轻的,应当处以 7 年以上停止资格;

(5) 停止资格减轻的,应当将其刑期减少 1/2;

(6) 罚金减轻的,应当将其最高数额减少 1/2;

(7) 拘役减轻的,应当将其最长期间减少 1/2;

(8) 科料减轻的,应当将其最高数额减少 1/2。

2. 具有数个法定的减轻处罚事由的,可以数次减轻。

第 56 条 (加重和减轻的顺序)

当加重处罚事由与减轻处罚的事由竞合时,应当遵照下列顺序:

(1) 根据分则相关条款的规定加重;

(2) 根据本法第 34 条第 2 款的规定加重;

(3) 累犯加重;

(4) 法定减轻;

---

[1] 2010 年 4 月 15 日第 10259 号法律修正。

（5）并合罪加重；

（6）酌定减轻。

第 57 条（判决宣告前的羁押日数的计入）

1. 判决宣告前的羁押日数，应当全部计入有期徒刑、有期监禁、有关罚金或科料的劳役场留置或者拘役的期间内。[1]

2. 在前款的情形下，羁押 1 日应被视为有期徒刑、有期监禁、有关罚金或科料的劳役场留置或者拘役期间的 1 日。

第 58 条（判决的公告）

1. 如果为了被害人的利益认为有必要时，可以宣告由被告人付费对判决的要旨予以公告，但只能基于被害人的请求作出。

2. 如果对被告人的案件作出无罪判决的，应当决定公告该无罪判决的要旨。但被宣告无罪的被告人不同意公告该无罪判决或者无法获得该被告人同意的，不适用该规定。[2]

3. 如果对被告人作出免诉判决的，可以决定公告该无罪判决的要旨。[3]

第三节　刑罚的暂缓宣告

第 59 条（暂缓宣告的要件）

1. 在判处 1 年以下有期徒刑或者有期监禁、停止资格或者罚金的案件中，如果在适用本法第 51 条规定时具有情有可原的情节并且被告人悔改表现显著的，可以暂缓宣告该判决。但具有曾被判处停止资格或者更重刑罚的犯罪前科者除外。

2. 即使在数罪并罚的情况下，也可以对全部或者部分判决暂缓宣告。

---

〔1〕 根据 2009 年 6 月 25 日宪法法院认为第 57 条第 1 款违宪的裁决，2014 年 12 月 30 日第 12898 号法律对本款进行了修正。

〔2〕 2014 年 12 月 30 日第 12898 号法律修正。

〔3〕 2014 年 12 月 30 日第 12898 号法律新增。

第 59-2 条 （保护观察）[1]

1. 在暂缓宣告判决时，如果认为有必要予以指导和协助以防止再次犯罪的，可以命令其接受保护观察。

2. 第 1 款所指的保护观察期间为 1 年。

第 60 条 （暂缓宣告的效力）

从暂缓宣告之日起经过 2 年，视为已被免诉。

第 61 条 （暂缓宣告的失效）

1. 在暂缓宣告期间，如果被暂缓宣告者被作出处以停止资格以上刑罚的另一判决或者被发现曾有被处以停止资格以上刑罚的犯罪前科的，应当宣告被暂缓宣告的刑罚。

2. 根据第 59-2 条被决定予以保护观察的被暂缓宣告者，如果违反在保护观察观察期间应当遵守的事项并且违反程度严重的，可以宣告被暂缓宣告的刑罚。[2]

第四节　刑罚的暂缓执行

第 62 条 （暂缓执行的要件）

1. 对于判处 3 年以下有期徒刑、有期监禁，或者 500 万元以下罚金的判决，如果考虑本法第 51 条规定的事项时具有情有可原的情节的，可以在 1 年以上 5 年以下的期间内暂缓执行该判决。但该判决是针对其在曾被判处有期监禁或者更重刑罚的最终判决被执行完毕或者被免除之后 3 年内实施的犯罪所作出的除外。[3]

2. 在数罪并罚的情况下，可以对部分判决暂缓执行。

第 62-2 条 （保护观察、社区服务或者参加讲座命令）[4]

1. 在暂缓执行刑罚时，可以命令其接受保护观察、从事社区服

---

〔1〕 1995 年 12 月 29 日第 5057 号法律新增。

〔2〕 1995 年 12 月 29 日第 5057 号法律新增。

〔3〕 2005 年 7 月 29 日第 7623 号法律修正；2016 年 1 月 6 日第 13719 号法律修正。

〔4〕 1995 年 12 月 29 日第 5057 号法律新增。

务或者参加讲座。

2. 第 1 款所指的保护观察期间为暂缓执行期间。但法院可以在暂缓执行期间内确定保护观察期间。

3. 从事社区服务命令或者参加讲座命令，应当在暂缓执行期间内执行。

第 63 条（暂缓执行的失效）[1]

如果被暂缓执行判决者因为在暂缓期间实施的故意犯罪被作出处以有期监禁以上刑罚的判决，并且该判决最终确定的，暂缓执行刑罚的决定失效。

第 64 条（暂缓执行的撤销）

1. 被宣告暂缓执行后发现有本法第 62 条但书规定的事由的，暂缓执行判决应当被撤销。

2. 根据第 62-2 条被命令保护观察、社区服务或者听讲座的被暂缓执行者，如果违反应遵守的事项或者该命令，并且违反程度严重的，暂缓执行判决可以被撤销。[2]

第 65 条（暂缓执行的效力）

在宣告暂缓执行判决之后，暂缓执行的期间届满并且该宣告没有失效或者被撤销的，原判决的刑罚之宣告失去效力。

第五节　刑罚的执行

第 66 条（死刑）

死刑应当在监狱内以绞刑方式执行。

第 67 条（徒刑）

徒刑应当以羁押于监狱内并从事规定劳动的方式执行。

第 68 条（监禁与拘役）

监禁与拘役应当以羁押于监狱内的方式执行。

----

〔1〕 2005 年 7 月 29 日第 7623 号法律修正。

〔2〕 1995 年 12 月 29 日第 5057 号法律新增。

第 69 条 （罚金与科料）

1. 罚金与科料应当在判决确定后 30 日内缴纳。但判处罚金时，可以同时命令将其留置于劳役场，直至罚金数额被全部缴纳为止。

2. 未全部缴纳罚金者应当被留置于劳役场，服劳役 1 日以上 3 年以下；未全部缴纳科料者应当被留置于劳役场，服劳役 1 日以上 30 日以下。

第 70 条 （劳役场留置）

1. 判处罚金或者科料时，应当同时确定和宣告罚金或者科料未被全部缴纳时留置的替代期间。

2. 如果罚金为 1 亿元以上 5 亿元以下的，对判决所宣告的罚金的留置替代期间应规定为 300 日以上；如果罚金为 5 亿元以上 50 亿元以下的，留置替代期间应规定为 500 日以上；如果罚金为 50 亿元以上的，留置替代期间应规定为 1000 日以上。[1]

第 71 条 （留置日数的扣除）

当只部分缴纳其被判处的罚金或者科料时，应当根据全部罚金或科料与所确定的整个留置期间的比例，从留置期间中扣除相当于已缴纳数额的日数。

第六节 假释

第 72 条 （假释的要件）

1. 执行徒刑或者监禁者，表现良好并且悔改表现显著的，在无期已服刑 20 年或者有期已服刑期 1/3 后，可基于行政当局的法令予以假释。[2]

2. 在前款的情形下，如果有并科罚金或者科料的，其数额必须已全部缴纳。

---

〔1〕 2014 年 5 月 14 日第 12575 号法律新增。

〔2〕 2010 年 4 月 15 日第 10259 号法律修正。

第 73 条（判决宣告前的羁押与假释）

1. 对假释而言，被计入刑期的判决宣告前的羁押日数，应当计入已服刑期间。

2. 在前条第 2 款的情形下，被计入为罚金或者科料留置劳役场期间的判决宣告前羁押日数，应当被视为已经缴纳相应数额。

第 73-2 条（假释的期间与保护观察）[1]

1. 无期徒刑或者无期监禁的假释期间为 10 年，有期徒刑或者有期监禁的假释期间为剩余刑期但不应超过 10 年。

2. 被假释者在假释期间应当接受保护观察。但准予假释的行政机关认为没有必要的，不在此限。

第 74 条（假释的失效）

在假释期间被判处监禁以上刑罚并且判决确定的，假释处分失效。但因为过失犯罪而被判刑的，不在此限。

第 75 条（假释的撤销）[2]

被假释者违反假释监督规定或者保护观察的应遵守事项，并且违反程度严重的，可以撤销假释。

第 76 条（假释的效力）

1. 在被作出假释处分之后，假释期间届满并且该处分没有失效或者被撤销的，应当视为刑罚执行完毕。[3]

2. 在前两条的情形下，假释期间的日数，不应计入刑期。

第七节　刑罚的时效

第 77 条（时效的效力）

被判处刑罚者，因为时效期间届满的，应当免除其执行。

---

[1]　1995 年 12 月 29 日第 5057 号法律新增。

[2]　1995 年 12 月 29 日第 5057 号法律新增。

[3]　1995 年 12 月 29 日第 5057 号法律新增。

第 78 条 （时效的期间）〔1〕

处以刑罚的判决在最终确定后，经过下列期间没有被执行的，时效即完成：

（1）死刑，为 30 年；

（2）无期徒刑或者无期监禁，为 20 年；

（3）10 年以上有期徒刑或者有期监禁，为 15 年；

（4）3 年以上有期徒刑或有期监禁或者 10 年以上停止资格，为 10 年；

（5）3 年以下有期徒刑或有期监禁或者 5 年以上停止资格，为 7 年；

（6）5 年以下停止资格、罚金、没收或者追征，为 5 年；

（7）拘役或者科料，为 1 年。

第 79 条 （时效中止）

1. 在刑罚的暂缓执行、停止执行、假释或者不能被执行的其他期间内，时效期间中止。

2. 意图逃避对其宣告的生效但未被执行的判决而滞留于国外的期间内，时效期间中止。〔2〕

第 80 条 （时效的中断）

死刑、徒刑、监禁、拘役的时效期间，因被判刑人被逮捕而中断；罚金、科料、没收或者追征的时效期间，应开始强制执行程序而中断。

第八节 刑罚的消灭

第 81 条 （刑罚的失效）

徒刑、监禁的执行被完成或者被免除者，赔偿了被害人的损失，未再被判处停止资格以上的刑罚，经过 7 年的，基于其本人或者检

---

〔1〕 2017 年 12 月 12 日第 15163 号法律修正。

〔2〕 2014 年 5 月 14 日第 12575 号法律新增。

察官的申请，可以宣告其判决失效。

第 82 条（复权）

被判处停止资格者，赔偿了被害人的损失，未再被判处停止资格以上的刑罚，经过停止期间的 1/2 的，基于其本人或者检察官的申请，可以宣告恢复资格。

第四章　期　间

第 83 条（期间的计算）

以年或者月所定的期间，应当按照历法计算。

第 84 条（刑期的计算）

1. 刑期应当从判决最终确定之日起算。

2. 对于徒刑、监禁、拘役或者留置劳役场而言，未被实施羁押的日数不应被计入刑期。

第 85 条（刑罚执行与时效期间的首日）

刑罚执行或者时效期间的首日，不论小时数，都应被视为 1 整天。

第 86 条（释放日）

释放应当在刑期结束之日执行。

第二编　分　则

第一章　内乱罪

第 87 条（内乱）

意图窃据国家领域或者颠覆宪法而暴动的，应当按照下列分类予以处罚：

（1）为首者，处死刑或者无期监禁；

（2）参与策划、指挥或者从事其他重要活动的，处死刑、无期徒刑或无期监禁或者 5 年以上有期徒刑或有期监禁。参与杀人、伤害、破坏或者抢掠的，亦同；

（3）仅仅附和随行或者单纯参与暴动的，处 5 年以下有期徒刑或有期监禁。

第 88 条（出于内乱目的杀人）

意图窃据国家领域或者颠覆宪法而杀人的，处死刑或者无期徒刑或无期监禁。

第 89 条（未遂罪）

前两条的未遂罪，亦罚之。

第 90 条（预备、共谋、煽动或者宣传）

1. 预备或者共谋实行本法第 87 条或者第 88 条的犯罪的，处 3 年以上有期徒刑或者有期监禁。但在实行犯罪之前自首的，应当减轻或者免除处罚。

2. 煽动或者宣传实行本法第 87 条或者第 88 条的犯罪的，亦适用前款规定。

第 91 条（颠覆宪法的定义）

本章中的"意图颠覆宪法"，是指符合下列各项情形之一的行为：

（1）不按照宪法或者法律规定的程序，破坏宪法或者法律的功能；

（2）以暴力推翻按照宪法设立的国家机构或者使其无法履行职能。

第二章 外患罪

第 92 条（诱致外患）

通谋外国对大韩民国开起战端，或者通谋外国人与大韩民国敌对的，处死刑或者无期监禁。

第 93 条（通敌）

与敌国合作对抗大韩民国的，处死刑。

第 94 条 （征兵助敌）

1. 为敌国征兵的，处死刑或者无期监禁。

2. 参与前款规定的征兵入伍的，处无期监禁或者 5 年以上有期监禁。

第 95 条 （提供设施助敌）

1. 向敌国提供军队、要塞、营地或者船舶、航空器、其他此类场所、设备或者建筑物用于军事目的的，处死刑或者无期监禁。

2. 向敌国提供武器、弹药或者其他此类物品用于军事目的的，也应当按照前款规定处罚。

第 96 条 （破坏设施助敌）

为了敌国利益，破坏前条规定的设施或其他物品，或者使之无法使用的，处死刑或者无期监禁。

第 97 条 （提供物品助敌）

向敌国提供非军用的武器、弹药或者可用于作战的物品的，处无期监禁或者 5 年以上有期监禁。

第 98 条 （间谍）

1. 充当敌国间谍，或者帮助敌国间谍的，处死刑、无期监禁或者 7 年以上有期监禁。

2. 将军事秘密泄露给敌国的，也应当按照前款规定处罚。

第 99 条 （以其他方式助敌）

以前 7 条规定以外的方式，损害大韩民国的军事利益或者向敌国提供军事利益的，处无期监禁或者 3 年以上有期监禁。

第 100 条 （未遂罪）

前 8 条的未遂罪，亦罚之。

第 101 条 （预备、共谋、煽动或者宣传）

1. 预备或者共谋实行本法第 92 条至第 99 条之罪的，处 2 年以上有期监禁。但在实行意图的犯罪前自首的，应当减轻或者免除处罚。

2. 煽动或者宣传本法第 92 条至第 99 条之罪的，处与前款相同的刑罚。

第 102 条（准敌国）

在本法第 92 条至前条规定的犯罪中，对大韩民国采取敌对行动的外国国家或者外国人团体，应被视为敌国。

第 103 条（不履行战时军需合同）

1. 在战时或者事变期间，无正当理由地不履行政府的军需品或者军事工程合同的，处 10 年以下有期徒刑。

2. 妨碍他人履行前款规定的合同的，应当处与前款相同的刑罚。

第 104 条（盟国）

本章的规定，应当适用于针对盟国所实施的行为。

第 104-2 条（删除）[1]

第三章　侵犯国旗罪

第 105 条（亵渎国旗或者国徽）[2]

出于侮辱大韩民国的目的，毁损、移除、玷污国旗或者国徽的，处 5 年以下有期徒刑或有期监禁、10 年以下停止资格或者 700 万元以下罚金。

第 106 条（诽谤国旗或者国徽）[3]

出于前条所述的目的，诽谤国旗或者国徽的，处 1 年以下有期徒刑或有期监禁、5 年以下停止资格或者 200 万元以下罚金。

---

〔1〕　1988 年 12 月 31 日第 4040 号法律删除。
〔2〕　1995 年 12 月 29 日第 5057 号法律修正。
〔3〕　1995 年 12 月 29 日第 5057 号法律修正。

第四章　妨害国交罪

第 107 条（对外国元首的袭击等）

1. 袭击或者胁迫在大韩民国停留的外国元首的，处 7 年以下有期徒刑或者有期监禁。

2. 侮辱或者诽谤前条所指的外国元首的，处 5 年以下有期徒刑或者有期监禁。

第 108 条（对外国使节的袭击等）

1. 袭击或者胁迫派遣到大韩民国的外国使节的，处 5 年以下有期徒刑或者有期监禁。

2. 侮辱或者诽谤前条所指的外国使节的，处 3 年以下有期徒刑或者有期监禁。

第 109 条（亵渎外国国旗或者国徽）[1]

出于侮辱外国的目的，毁损、移除、玷污该国官方使用的国旗或者国徽的，处 2 年以下有期徒刑或有期监禁或者 300 万元以下罚金。

第 110 条（被害人同意）[2]

不得违背有关外国政府的明确反对，对本法第 107 条至第 109 条规定的犯罪提起追诉。

第 111 条（私自对外国开战）[3]

1. 私自对外国发动战争的，处 1 年以上有期监禁。

2. 前款之罪的未遂，亦罚之。

3. 预备或者共谋实行第 1 款之罪的，处 3 年以下有期监禁或者 500 万元以下罚金。但在实行该意图的犯罪前自首的，应当减轻或者免除处罚。

---

[1]　1995 年 12 月 29 日第 5057 号法律修正。
[2]　1995 年 12 月 29 日第 5057 号法律修正。
[3]　1995 年 12 月 29 日第 5057 号法律修正。

第112条（违反中立命令）[1]

在外国之间的战争中，违反有关中立命令的，处3年以下有期监禁或者500万元以下罚金。

第113条（泄露外交秘密）

1. 泄露外交秘密的，处5年以下有期徒刑或者1000万元以下罚金。[2]

2. 出于泄露目的，打探或者搜集外交秘密的，处与前款相同的刑罚。

第五章　危害公共安宁罪

第114条（组织犯罪集团等）[3]

组织以实施可判处死刑、无期徒刑或者4年以上有期徒刑的犯罪为目的的犯罪集团或者团体，或者参加该集团或团体或者成为该集团或团体的成员的，按照其意图所犯罪之罪的刑罚处罚。但是可以减轻处罚。

第115条（骚乱）[4]

聚众实施暴行、胁迫或者破坏行为的，处1年以上10年以下有期徒刑或有期监禁或者1500万元以下罚金。

第116条（聚众不解散）[5]

意图实施暴行、胁迫或者破坏行为而聚众，在被有权控制该事件的官员命令解散3次或者3次以上仍不解散的，处2年以下有期徒刑或有期监禁或者300万元以下罚金。

---

[1] 1995年12月29日第5057号法律修正。

[2] 1995年12月29日第5057号法律修正。

[3] 本条被2013年4月5日第11731号法律全面修正。

[4] 1995年12月29日第5057号法律修正。

[5] 1995年12月29日第5057号法律修正。

第 117 条（不履行战时公共需求合同）

1. 在战时、灾难或者事变期间，无正当理由地不履行与国家或公共组织缔结的供应食品或其他生活必需品合同的，处 3 年以下有期徒刑或者 500 万元以下罚金。[1]

2. 妨碍他人履行前款规定的合同的，处与前款相同的刑罚。

3. 在前两款规定的情形中，可以并处其所规定的罚金。

第 118 条（冒充公务员）[2]

冒充公务员并行使其权力的，处 3 年以下有期徒刑或者 700 万元以下罚金。

第六章　爆炸物罪

第 119 条（使用爆炸物）

1. 使用爆炸物，危害他人的生命、身体、财产或者以其他方式扰乱公共安宁的，处死刑、无期徒刑或者 7 年以上有期徒刑。

2. 在战时、灾难或者事变期间犯前款之罪的，处死刑或者无期徒刑。

3. 前两款犯罪之未遂，亦罚之。

第 120 条（预备、共谋或者煽动）

1. 预备或者共谋实行前条第 1 款和第 2 款之罪行的，处 2 年以上有期徒刑。但在实行意图的犯罪前自首的，应当减轻或者免除处罚。

2. 煽动他人实施前条第 1 款或者第 2 款之罪的，处与前款相同的刑罚。

第 121 条（战时制造爆炸物等）

在战时或者事变时，无正当理由地制造、进口、出口、买卖或

---

〔1〕 1995 年 12 月 29 日第 5057 号法律修正。
〔2〕 1995 年 12 月 29 日第 5057 号法律修正。

者持有爆炸物的，处 10 年以下有期徒刑。

第七章　公务员职务犯罪

第 122 条（放弃职责）

公务员无正当理由地拒绝履行职责或者放弃职责的，处 1 年以下有期徒刑或有期监禁或者 3 年以下停止资格。

第 123 条（滥用职权）[1]

公务员以滥用职权方式，让他人实施其无义务之行为或者妨碍他人行使其有权行使之权利的，处 5 年以下有期徒刑、10 年以下停止资格或者 1000 万元以下罚金。

第 124 条（非法逮捕与非法拘禁）

1. 履行审判、起诉、警察以及涉及限制人身自由的其他职责的人或者协助他们履行职责的人，以滥用职权的方式逮捕或者拘禁他人的，处 7 年以下有期徒刑和 10 年以下停止资格。

2. 前款规定犯罪之未遂，亦罚之。

第 125 条（暴行与残酷行为）

履行审判、起诉、警察以及涉及限制人身自由的其他职责的人或者协助他们履行职责的人，在履行职责时对犯罪嫌疑人或其他人实施暴行或者残酷行为的，处 5 年以下有期徒刑和 10 年以下停止资格。

第 126 条（公开嫌疑罪行事实）

检察官、警察以及履行犯罪调查职责的其他人或者监督、协助他们履行职责的人，将其履行职责时所获悉的嫌疑罪行事实在请求公开审判前公开的，处 3 年以下有期徒刑或者 5 年以下停止资格。

第 127 条（泄露公务秘密）

公务员或者曾任公务员的人，泄漏法律规定的公务秘密的，处

---

〔1〕　1995 年 12 月 29 日第 5057 号法律修正。

2 年以下有期监禁或者 5 年以下停止资格。

第 128 条（妨碍选举）

检察官、警察或者担任军职的公务员，在法律规定的选举中，胁迫选民、候选人、试图成为候选人的人或者以任何其他方法妨碍选举自由的，处 10 年以下有期徒刑和 5 年以上停止资格。

第 129 条（受贿与事前受贿）[1]

1. 公务员或者仲裁人收受、要求或者约定与职责有关的贿赂的，处 5 年以下有期徒刑或者 10 年以下停止资格。

2. 将成为公务员或者仲裁人，基于请托收受、要求或者约定与其将要履行的职责有关的贿赂，并且此后实际成为公务员或者仲裁人的，处 3 年以下有期徒刑或者 7 年以下停止资格。

第 130 条（向第三人提供贿赂）

公务员或者仲裁人接受与其职责有关的不正当请托，促成、要求或者约定提供给第三人的贿赂的，处 5 年以下有期徒刑或者 10 年以下停止资格。

第 131 条（受贿后的不正当行为与事后受贿）

1. 公务员或者仲裁人在实施前条的犯罪后实施不正当行为的，处 1 年以上有期徒刑。

2. 公务员或者仲裁人在履行职责期间实施不正当行为后，收受、要求、约定贿赂或者促成、要求、约定提供给第三人的贿赂的，处与前款规定相同的刑罚。

3. 曾任公务员或者仲裁人的人在其任职期间基于请托在履行职责过程中实施了不正当行为之后，收受、要求、约定贿赂的，处 5 年以下有期徒刑或者 10 年以下停止资格。

---

〔1〕 根据 2012 年 12 月 27 日宪法法院作出的有限违宪裁决（2011Hun－Ba117 号），认为刑法典（1953 年 9 月 18 日通过的第 293 号法律）第 129 条第 1 款中的"公务员"包括《关于建立济州特别自治道及开发免税国际城市的特别法》第 299 条第 2 款（指该法律于 2007 年 7 月 27 日被第 8566 号法律修正之前的版本）规定的济州特别自治道影响评估综合审议委员会成员中的委任成员的解释，是违反《宪法》的。

4. 在前 3 款的情形中，可以并处 10 年以下停止资格。

第 132 条 （斡旋受贿）

公务员利用其地位斡旋属于其他公务员职责的事务，收受、要求、约定贿赂的，处 3 年以下有期徒刑或者 7 年以下停止资格。

第 133 条 （行贿等）

1. 承诺给予、实际给予或者提议给予本法第 129 条至第 132 条所述的贿赂的，处 5 年以下有期徒刑或者 2000 万元以下罚金。[1]

2. 出于促成前款规定的行为的目的向第三人给予金钱或者物品，或者明知其性质而接受这种给予的，处与前款规定相同的刑罚。

第 134 条 （没收与追征）

行为人或者明知其性质的第三人收受的贿赂，或者将被作为贿赂收受的金钱或者物品，应予没收。如果无法没收的，应当追征与其价值相当的金额。

第 135 条 （对公务员利用职务犯罪的加重处罚）

公务员利用其职权实施本章规定以外的其他犯罪的，应对该罪所定刑罚加重 1/2 罚之。但该所实施的犯罪的刑罚对公务员身份有特别规定的，不在此限。

第八章　妨碍执行公务罪

第 136 条 （妨碍执行公务）

1. 对履行职责时的公务员施加暴行或者胁迫的，处 5 年以下有期徒刑或者 1000 万元以下罚金。[2]

2. 为了使公务员为公务行为、不为公务行为或者强迫公务员辞职，对公务员施加暴行或者胁迫的，处与前款相同的刑罚。

---

〔1〕 1995 年 12 月 29 日第 5057 号法律修正。
〔2〕 1995 年 12 月 29 日第 5057 号法律修正。

第 137 条（以欺骗手段妨碍执行公务）[1]

以欺骗手段妨碍公务员执行职务的，处 5 年以下有期徒刑或者1000 万元以下罚金。

第 138 条（藐视法庭或者国会）[2]

为了妨碍或者威胁法院的裁判或者国会的审议，侮辱法院或国会或者在法院或者国会之内或者附近制造骚乱的，处 3 年以下有期徒刑或者 700 万元以下罚金。

第 139 条（妨碍维护人权公务）

履行警察职责或者协助履行警察职责的人，妨碍检察官执行维护人权职责或者不遵守其有关维护人权的命令的，处 5 年以下有期徒刑或者 10 年以下停止资格。

第 140 条（使公务秘密的标识无效）

1. 损坏、隐匿公务员在履行职责时施加的封条、扣押或其他强制处分标识，或者以其他方式损害其效用的，处 5 年以下有期徒刑或者 700 万元以下罚金。[3]

2. 拆开与公务员职责有关的被密封或者被施加其他保密设计的文书或者图画的，应处与第 1 款相同的刑罚。[4]

3. 使用任何技术手段探知与公务员职责有关的文书、图画或者电子记录等特殊介质记录的内容的，也应处与第 1 款相同的刑罚。[5]

第 140-2 条（侵犯对不动产强制执行的效力）[6]

擅闯因为强制执行被搬出或者交付的不动产，或者以任何其他方式损害该强制执行的效力的，处 5 年以下有期徒刑或者 700 万元

---

〔1〕 1995 年 12 月 29 日第 5057 号法律修正。
〔2〕 1995 年 12 月 29 日第 5057 号法律修正。
〔3〕 1995 年 12 月 29 日第 5057 号法律修正。
〔4〕 1995 年 12 月 29 日第 5057 号法律修正。
〔5〕 1995 年 12 月 29 日第 5057 号法律新增。
〔6〕 1995 年 12 月 29 日第 5057 号法律新增。

以下罚金。

第 141 条 （使公文等失效与破坏公用物品）

1. 损坏或者隐匿公务机关使用的文书、其他物品或者电子记录等特殊介质记录，或者以其他方式损害其效用的，处 7 年以下有期徒刑或者 1000 万元以下罚金。[1]

2. 破坏公务机关使用的建筑物、船舶、火车或者航空器的，处 1 年以上 10 年以下有期徒刑。

第 142 条 （使公务保管中的物品失效）

损坏或者隐匿公务机关对之发布了管理命令并且基于该公务机关的命令已被置于他人保管之下的本人物品，或者以其他方法损害其效用的，处 5 年以下有期徒刑或者 700 万元以下罚金。[2]

第 143 条 （未遂罪）

本法第 140 条至前条的未遂罪，亦罚之。

第 144 条 （特殊妨碍公务）

1. 通过展示团伙的或聚众的暴力或者携带危险物品的方式，实施本法第 136 条、第 138 条和第 140 条规定的犯罪的，应对各该条所定刑罚加重 1/2 罚之。

2. 如果实施第 1 款的犯罪导致公务员受伤的，处 3 年以上有期徒刑；导致公务员死亡的，处无期徒刑或者 5 年以上有期徒刑。[3]

第九章　脱逃与窝藏罪

第 145 条 （脱逃与违反集合命令）

1. 被依法逮捕或者关押的人脱逃的，处 1 年以下有期徒刑。

2. 因为自然灾害、事变或者其他法令被暂时免予关押的人，无正当理由地违反集合命令的，处与前款相同的刑罚。

---

[1] 1995 年 12 月 29 日第 5057 号法律修正。
[2] 1995 年 12 月 29 日第 5057 号法律修正。
[3] 1995 年 12 月 29 日第 5057 号法律修正。

第 146 条 （特殊脱逃）

通过破坏监狱设施或器具、对他人使用暴力或胁迫或者 2 人以上合谋，实施前条第 1 款之罪的，处 7 年以下有期徒刑。

第 147 条 （帮助脱逃）

纵放依法被关押的人或者使依法被关押的人脱逃的，处 10 年以下有期徒刑。

第 148 条 （监狱看守人员造成脱逃）

看守或者护送人员使依法被关押的人脱逃的，处 1 年以上 10 年以下有期徒刑。

第 149 条 （未遂罪）

前 4 条的未遂罪，亦罚之。

第 150 条 （预备、共谋）

预备或者共谋实行本法第 147 条和第 148 条之罪的，处 3 年以下有期徒刑。

第 151 条 （窝藏罪犯与对亲属的特殊例外）

1. 窝藏犯有可判处罚金或者更重刑罚之罪的人，或者使其脱逃的，处 3 年以下有期徒刑或者 500 万元以下罚金。[1]

2. 如果前款之罪是由犯罪人的亲属或者同住的家庭成员为该犯罪人利益而实施的，不处罚。[2]

第十章　伪证与毁灭证据罪

第 152 条 （伪证，陷害伪证）[3]

1. 依法宣誓的证人提供伪证的，处 5 年以下有期徒刑或者 1000 万元以下罚金。

---

[1] 1995 年 12 月 29 日第 5057 号法律修正。

[2] 2005 年 3 月 31 日第 7427 号法律修正。

[3] 1995 年 12 月 29 日第 5057 号法律修正。

2. 为了陷害被告人、犯罪嫌疑人或者纪律惩戒行为嫌疑人，证人在刑事或者纪律惩戒案件中实施前款之犯罪的，处10年以下有期徒刑。

第153条（自白，自首）

已经实施前条犯罪的人，在其提供伪证的刑事案件或者纪律惩戒案件的裁判确定前，自白或者自首的，应当减轻或者免除处罚。

第154条（虚假的鉴定、口译与笔译）

依法宣誓的鉴定人、口译人或者笔译人，提供虚假的鉴定意见、口译或者笔译的，应当根据前两条的规定处罚。

第155条（湮灭证据等与对亲属的特殊例外）

1. 在针对他人的刑事或者惩戒案件中，湮灭、隐匿、伪造、变造证据或者使用被伪造或变造的证据的，处5年以下有期徒刑或者700万元以下罚金。[1]

2. 在针对他人的刑事或者惩戒案件中，隐瞒证人或者逼迫证人不作证的，处与第1款相同的刑罚。[2]

3. 为了陷害被告人、犯罪嫌疑人或者纪律惩戒行为嫌疑人，实施前两款之犯罪的，处10年以下有期徒刑。

4. 如果本条之罪是由上述人员的亲属或者同住的家庭成员为了该人利益而实施的，不处罚。[3]

第十一章　诬告罪

第156条（诬告）[4]

向公务机关或者公务员告发虚假事实，意图使他人受到刑事或者纪律惩戒处罚的，处10年以下有期徒刑或者1500万元以下罚金。

---

[1] 1995年12月29日第5057号法律修正。
[2] 1995年12月29日第5057号法律修正。
[3] 2005年3月31日第7427号法律修正。
[4] 1995年12月29日第5057号法律修正。

第 157 条（自白，自首）

本法第 153 条的规定比照适用于前条。

第十二章　有关逝者的犯罪

第 158 条（妨碍葬礼等）〔1〕

妨碍葬礼、祭祀、礼拜或者布道的，处 3 年以下有期徒刑或者 500 万元以下罚金。

第 159 条（亵渎尸体等）〔2〕

亵渎尸体、遗骸或者遗发的，处 2 年以下有期徒刑或者 500 万元以下罚金。

第 160 条（挖掘坟墓）

挖掘坟墓的，处 5 年以下有期徒刑。

第 161 条（获取尸体等）

1. 损坏、抛弃、隐匿或者获取尸体、遗骸、遗发或者放置于棺椁中的任何物件的，处 7 年以下有期徒刑。

2. 以挖掘坟墓的方式实施前款之罪的，处 10 年以下有期徒刑。

第 162 条（未遂罪）

前两条的未遂罪，亦罚之。

第 163 条（妨碍对非自然死亡者的尸检）〔3〕

隐匿或者变动非自然死亡者的尸体或者疑似非自然死亡的尸体，或者以其他方式妨碍对这类尸体的尸检的，处 700 万元以下罚金。

---

〔1〕 1995 年 12 月 29 日第 5057 号法律修正。
〔2〕 1995 年 12 月 29 日第 5057 号法律修正。
〔3〕 本条被 1995 年 12 月 29 日第 5057 号法律全面修正。

第十三章　放火与失火罪

第 164 条（对现住建筑物等放火）[1]

1. 放火烧毁被任何人现在用作住宅的建筑物或者其中有人的建筑物、火车、电车、汽车、船舶、航空器、矿井的，处无期徒刑或者 3 年以上有期徒刑。

2. 如果实施第 1 款的犯罪致人受伤的，处无期徒刑或者 5 年以上有期徒刑；致人死亡的，处死刑、无期徒刑或者 7 年以上有期徒刑。

第 165 条（对公用建筑物等放火）

放火烧毁用于公务或者公益的建筑物、火车、电车、汽车、船舶、航空器或者矿井的，处无期徒刑或者 3 年以上有期徒刑。

第 166 条（对其他建筑物等放火）[2]

1. 放火烧毁前两条所述以外的其他建筑物、火车、电车、汽车、船舶、航空器或者矿井的，处 2 年以上有期徒刑。

2. 放火烧毁自己所有的第 1 款所述物品，因而导致公共危险的，处 7 年以下有期徒刑或者 1000 万元以下罚金。

第 167 条（对一般物品放火）[3]

1. 放火烧毁前 3 条所述物品以外的物品，因而导致公共危险的，处 1 年以上 10 年以下有期徒刑。

2. 如果第 1 款所述物品是行为人自己所有的财物的，处 3 年以下有期徒刑或者 700 万元以下罚金。

第 168 条（延烧）

1. 因为实施本法第 166 条第 2 款或者前条第 2 款的犯罪，火势蔓延烧毁第 164 条、第 165 条或者第 166 条第 1 款所述物品的，处 1

---

[1]　本条被 1995 年 12 月 29 日第 5057 号法律全面修正。
[2]　1995 年 12 月 29 日第 5057 号法律修正。
[3]　1995 年 12 月 29 日第 5057 号法律修正。

年以上 10 年以下有期徒刑。

2. 因为实施前条第 2 款的犯罪，火势蔓延烧毁前条第 1 款所述物品的，处 5 年以下有期徒刑。

第 169 条（妨碍灭火）

在发生火灾时，隐匿或者损坏灭火设备或其他工具或者以其他方式妨碍灭火的，处 10 年以下有期徒刑。

第 170 条（失火）

1. 由于过失烧毁本法第 164 条或第 165 条所述物品，或者第 166 条所述的归他人所有的物品的，处 1500 万元以下罚金。[1]

2. 由于过失烧毁本法第 166 条或者第 167 条所述的归其本人所有的物品，因而导致公共危险的，处与前款相同的刑罚。

第 171 条（业务失火，重过失）[2]

由于业务过失或者重大过失实施本法第 170 条之罪的，处 3 年以下有期监禁或者 2000 万元以下罚金。

第 172 条（爆裂易爆炸物）[3]

1. 爆裂锅炉、高压气体或者其他易爆炸物，从而对他人的生命、身体或者财产造成危险的，处 1 年以上有期徒刑。

2. 如果实施第 1 款之罪导致他人受伤的，处无期徒刑或者 3 年以上有期徒刑；导致死亡的，处无期徒刑或者 5 年以上有期徒刑。

第 172-2 条（释放燃气、电流等）[4]

1. 释放、泄漏、喷洒燃气、电流、蒸汽、辐射性或者放射性物质，从而对他人的生命、身体或者财产造成危险的，处 1 年以上 10 年以下有期徒刑。

2. 如果实施第 1 款之罪导致他人受伤的，处无期徒刑或者 3 年

---

〔1〕 1995 年 12 月 29 日第 5057 号法律修正。
〔2〕 1995 年 12 月 29 日第 5057 号法律修正。
〔3〕 本条被 1995 年 12 月 29 日第 5057 号法律全面修正。
〔4〕 本条被 1995 年 12 月 29 日第 5057 号法律全面修正。

以上有期徒刑；导致死亡的，处无期徒刑或者 5 年以上有期徒刑。

第 173 条（妨碍燃气、电力等的供应）

1. 损坏或者移除燃气、电力、蒸汽工程或者以其他方法妨碍燃气、电力、蒸汽的供应或使用，从而导致公共危险的，处 1 年以上 10 年以下有期徒刑。[1]

2. 损坏或者移除公用的燃气、电力、蒸汽工程或者以其他方法妨碍燃气、电力、蒸汽的供应或使用，处与前款相同的刑罚。[2]

3. 如果实施第 1 款或者第 2 款之罪导致他人受伤的，处 2 年以上有期徒刑；导致死亡的，处无期徒刑或者 3 年以上有期徒刑。[3]

第 173-2 条（过失使易爆炸物爆裂等）[4]

1. 由于过失实施本法第 172 条第 1 款、第 172-2 条第 1 款、第 173 条第 1 款和第 2 款之罪的，处 5 年以下有期监禁或者 1500 万元以下罚金。

2. 由于业务过失或者重大过失实施第 1 款之罪的，处 7 年以下有期监禁或者 2000 万元以下罚金。

第 174 条（未遂罪）[5]

本法第 164 条第 1 款、第 165 条、第 166 条第 1 款、第 172 条第 1 款、第 172-2 条第 1 款和第 173 条第 1 款、第 2 款的未遂罪，亦罚之。

第 175 条（预备、共谋）[6]

预备或者共谋实行本法第 164 条第 1 款、第 165 条、第 166 条第 1 款、第 172 条第 1 款、第 172-2 条第 1 款、第 173 条第 1 款和第 2 款之罪的，处 5 年以上有期徒刑。但在实行意图的这些犯罪前

---

[1] 1995 年 12 月 29 日第 5057 号法律修正。
[2] 1995 年 12 月 29 日第 5057 号法律修正。
[3] 1995 年 12 月 29 日第 5057 号法律修正。
[4] 本条被 1995 年 12 月 29 日第 5057 号法律全面修正。
[5] 本条被 1995 年 12 月 29 日第 5057 号法律全面修正。
[6] 1995 年 12 月 29 日第 5057 号法律修正。

自首的，应当减轻或者免除处罚。

第176条（处于他人权利支配下的犯罪人的物品）

在适用本章规定时，虽然归犯罪人所有但是已受扣押或其他强制处分或者已成为他人权利或保险之标的的物品，视为他人的物品。

第十四章 决水与妨害水利罪

第177条（对现住建筑物等决水）[1]

1. 决水损毁被任何人现在用作住宅的建筑物或者其中有人的建筑物、火车、电车、汽车、船舶、航空器、矿井的，处无期徒刑或者3年以上有期徒刑。

2. 如果实施第1款之罪导致他人受伤的，处无期徒刑或者5年以上有期徒刑；导致死亡的，处无期徒刑或者7年以上有期徒刑。

第178条（对公用建筑物等决水）

决水损毁用于公务或者公益的建筑物、火车、电车、汽车、船舶、航空器或者矿井的，处无期徒刑或者2年以上有期徒刑。

第179条（对其他建筑物等决水）

1. 决水损毁属于他人的前两条所述以外的建筑物、火车、电车、汽车、船舶、航空器、矿井或者其他财物的，处1年以上10年以下有期徒刑。

2. 决水损毁属于自己的前款所述物品，因而造成公共危险的，处3年以下有期徒刑或者700万元以下罚金。[2]

3. 第176条的规定应当比照适用于本条。

第180条（妨碍防洪）

在发生水灾时，损坏或者隐匿防洪设施或物品或者以其他方式妨碍防洪的，处10年以下有期徒刑。

---

[1] 本条被1995年12月29日第5057号法律全面修正。

[2] 1995年12月29日第5057号法律修正。

第 181 条 （过失决水）〔1〕

由于过失决水损毁第 177 条或第 178 条所述物品，或者由于过失决水损毁第 179 条所述物品因而导致公共危险的，处 1000 万元以下罚金。

第 182 条 （未遂罪）

第 177 条至第 179 条第 1 款的未遂罪，亦罚之。

第 183 条 （预备、共谋）

预备或者共谋实行第 177 条至第 179 条第 1 款之罪的，处 3 年以下有期徒刑。

第 184 条 （妨害水利）〔2〕

决堤、破坏闸门或者以其他方法妨害水利的，处 5 年以下有期徒刑或者 700 万元以下罚金。

第十五章　妨害交通罪

第 185 条 （普通的妨害交通）〔3〕

破坏或者堵塞道路、水路、桥梁，或者以其他方式妨害交通的，处 10 年以下有期徒刑或者 1500 万元以下罚金。

第 186 条 （妨害火车、船舶等交通）

破坏轨道、灯塔、标识或者以其他方式妨害火车、电车、汽车、船舶或者航空器的交通的，处 1 年以上有期徒刑。

第 187 条 （使火车等倾覆）

倾覆、埋没、碰撞、破坏其中当时有人的火车、电车、汽车、船舶或者航空器的，处无期监禁或者 3 年以上有期监禁。

---

〔1〕　1995 年 12 月 29 日第 5057 号法律修正。
〔2〕　1995 年 12 月 29 日第 5057 号法律修正。
〔3〕　1995 年 12 月 29 日第 5057 号法律修正。

第 188 条（妨害交通致人死伤）[1]

如果实施第 185 条至第 187 条之罪导致他人受伤的，处无期徒刑或者 3 年以上有期徒刑；导致死亡的，处无期徒刑或者 5 年以上有期徒刑。

第 189 条（过失、业务过失、重大过失）

1. 由于过失实施第 185 条至第 187 条之罪的，处 1000 万元以下罚金。[2]

2. 由于业务过失或者重大过失实施第 185 条至第 187 条之罪的，处 3 年以下有期监禁或者 2000 万元以下罚金。[3]

第 190 条（未遂罪）

第 185 条至第 187 条的未遂罪，亦罚之。

第 191 条（预备、共谋）

预备或者共谋实行第 186 条或者第 187 条之罪的，处 3 年以下有期徒刑。

第十六章　妨害饮用水罪

第 192 条（妨害饮用水的使用）

1. 在供日常饮用的净水中投入污物使其不适于饮用的，处 1 年以下有期徒刑或者 500 万元以下罚金。[4]

2. 在前款所规定的饮用水中投入有毒物质或者其他有害健康的物质的，处 10 年以下有期徒刑。

第 193 条（妨害给水系统的使用）

1. 在通过供水系统供公众饮用的净水或者其水源中投入污物使

---

〔1〕　本条被 1995 年 12 月 29 日第 5057 号法律全面修正。

〔2〕　1995 年 12 月 29 日第 5057 号法律修正。

〔3〕　1995 年 12 月 29 日第 5057 号法律修正。

〔4〕　1995 年 12 月 29 日第 5057 号法律修正。

其不适于饮用的，处 1 年以上 10 年以下有期徒刑。

2. 在前款所规定的饮用水或者水源中投入有毒物质或者其他有害健康的物质的，处 2 年以上有期徒刑。

第 194 条（投毒饮用水致人死伤）[1]

实施第 192 条第 2 款或者第 193 条第 2 款之罪，致人受伤的，处无期徒刑或者 3 年以上有期徒刑；致人死亡的，处无期徒刑或者 5 年以上有期徒刑。

第 195 条（使水道不通）

破坏用于供给公众饮用水的水道或者其他设施，或者以其他方法使这些设施无法使用的，处 1 年以上 10 年以下有期徒刑。

第 196 条（未遂罪）

第 192 条第 2 款、第 193 条第 2 款和前条的未遂罪，亦罚之。

第 197 条（预备、共谋）

预备或者共谋实行第 192 条第 2 款、第 193 条第 2 款或者第 195 条之罪的，处 2 年以上有期徒刑。

第十七章　鸦片罪

第 198 条（鸦片等的制造等）

制造、进口、贩卖鸦片、吗啡或者其化合物，或者意图贩卖而持有的，处 10 年以下有期徒刑。

第 199 条（鸦片吸食器具的制造等）

制造、进口、贩卖吸食鸦片的器具，或者意图贩卖而持有的，处 5 年以下有期徒刑。

第 200 条（海关人员输入鸦片等）

海关人员进口或者允许进口鸦片、吗啡或其化合物或者吸食鸦片器具的，处 1 年以上有期徒刑。

---

〔1〕 本条被 1995 年 12 月 29 日第 5057 号法律全面修正。

第 201 条（吸食鸦片等与提供场所）

1. 吸食鸦片或者注射吗啡的，处 5 年以下有期徒刑。

2. 通过提供吸食鸦片或者注射吗啡场所牟利的，处与前款相同的刑罚。

第 202 条（未遂罪）

前 4 条的未遂罪，亦罚之。

第 203 条（惯犯）

惯常地实施前 5 条之罪的，应对各该条所定刑罚加重 1/2 罚之。

第 204 条（停止资格或者罚金的并处）〔1〕

在第 198 条至第 203 条的情形中，可以并处 10 年以下停止资格或者 2000 万元以下罚金。

第 205 条（持有鸦片等）〔2〕

持有鸦片、吗啡或其化合物或者吸食鸦片器具的，处 1 年以下有期徒刑或者 500 万元以下罚金。

第 206 条（没收、追征）

被用于实施本章犯罪之鸦片、吗啡或其化合物或者吸食鸦片器具，应予没收。如果无法没收的，应当追征与其价值相当的金额。

第十八章　妨害货币罪

第 207 条（伪造货币等）

1. 以行使为目的，伪造或者变造通用的大韩民国硬币、纸币或者银行券的，处无期徒刑或者 2 年以上有期徒刑。

2. 以行使为目的，伪造或者变造流通于大韩民国的外国硬币、纸币或者银行券的，处 1 年以上有期徒刑。

3. 以行使为目的，伪造或者变造流通于国外的外国硬币、纸币

---

〔1〕 1995 年 12 月 29 日第 5057 号法律修正。
〔2〕 1995 年 12 月 29 日第 5057 号法律修正。

或者银行券的，处 10 年以下有期徒刑。

4. 以行使为目的，进口或者出口前 3 款中所指的伪造或者变造的货币的，应当以各款伪造或者变造犯罪论处。

第 208 条 （获取伪造的货币)〔1〕

以行使为目的，获取第 207 条规定的伪造或者变造的货币的，处 5 年以下有期徒刑或者 1500 万元以下罚金。

第 209 条 （停止资格或者罚金的并处)〔2〕

实施第 207 条或者第 208 条规定的犯罪被判处有期徒刑的，可以并处 10 年以下停止资格或者 2000 万元以下罚金。

第 210 条 （获得伪造的货币后明知地行使)〔3〕

在获得第 207 条规定的货币后，明知其是伪造或者变造的而行使的，处 2 年以下有期徒刑或者 500 万元以下罚金。

第 211 条 （制造与货币类似的物品等)〔4〕

1. 以贩卖为目的，制造、进口、出口与在本国或者外国通用或流通的硬币、纸币、银行券相类似的物品的，处 3 年以下有期徒刑或者 700 万元以下罚金。

2. 贩卖前款规定的物品的，处与前款相同的刑罚。

第 212 条 （未遂罪）

第 207 条、第 208 条和前条的未遂罪，亦罚之。

第 213 条 （预备、共谋）

预备或者共谋实行第 207 条第 1 款至第 3 款之罪的，处 5 年以上有期徒刑。但在实行意图的犯罪前自首的，应当减轻或者免除处罚。

---

〔1〕 1995 年 12 月 29 日第 5057 号法律修正。
〔2〕 1995 年 12 月 29 日第 5057 号法律修正。
〔3〕 1995 年 12 月 29 日第 5057 号法律修正。
〔4〕 1995 年 12 月 29 日第 5057 号法律修正。

第十九章　妨害有价证券、邮票与印花罪

第 214 条（伪造有价证券等）

1. 以行使为目的，伪造或者变造大韩民国或者外国的公债券或者其他有价证券的，处 10 年以下有期徒刑。

2. 以行使为目的，伪造或者变造关于有价证券的权利义务的记载内容的，处与前款相同的刑罚。

第 215 条（冒用身份制作有价证券）

以行使为目的，冒用他人身份制作有价证券或者记载有关有价证券权利义务的事项的，处 10 年以下有期徒刑。

第 216 条（制作虚假的有价证券）[1]

以行使为目的，制作虚假的有价证券或者在有价证券上记载虚假事项的，处 7 年以下有期徒刑或者 3000 万元以下罚金。

第 217 条（伪造的有价证券的行使等）

行使前 3 条所述的伪造、变造、冒充身份制作或者虚假记载的有价证券，或者以行使为目的进口或者出口的，处 10 年以下有期徒刑。

第 218 条（邮票、印花税票等的伪造等）

1. 以行使为目的，伪造或者变造大韩民国或者外国的印花税票、邮票或者表明邮资的其他凭证的，处 10 年以下有期徒刑。[2]

2. 行使伪造或者变造的大韩民国或者外国的印花税票、邮票或者表明邮资的其他凭证，或者以行使为目的进口或者出口的，处与前款相同的刑罚。[3]

第 219 条（获取伪造的邮票、印花等）

以行使为目的，获取伪造或者变造的大韩民国或者外国的印花

---

〔1〕　1995 年 12 月 29 日第 5057 号法律修正。
〔2〕　1995 年 12 月 29 日第 5057 号法律修正。
〔3〕　1995 年 12 月 29 日第 5057 号法律修正。

税票、邮票或者表明邮资的其他凭证的，处 3 年以下有期徒刑或者 1000 万元以下罚金。[1]

第 220 条 （停止资格或者罚金的并处）[2]

因为实施第 214 条至第 219 条规定的犯罪被判处有期徒刑的，可以并处 10 年以下停止资格或者 2000 万元以下罚金。

第 221 条 （涂销戳印）[3]

以行使为目的，涂销大韩民国或者外国印花税票、邮票、表明邮资的其他凭证上的戳印或者其他已使用标志的，处 1 年以下有期徒刑或者 300 万元以下罚金。

第 222 条 （邮票、印花等的类似物品的制造等）

1. 以贩卖为目的，制造、进口、出口与大韩民国或者外国的公债券、印花税票、邮票、表明邮资的其他凭证相类似的物品的，处 2 年以下有期徒刑或者 500 万元以下罚金。[4]

2. 贩卖前款规定的物品的，处与前款相同的刑罚。

第 223 条 （未遂罪）

第 214 条至第 219 条以及前条的未遂罪，亦罚之。

第 224 条 （预备、共谋）

预备或者共谋实行第 214 条、第 215 条和第 218 条第 1 款之罪的，处 2 年以上有期徒刑。

第二十章　妨害文书罪

第 225 条 （伪造或者变造公文书等）[5]

以使用为目的，伪造或者变造公务机关或者公务员的文书或者

---

[1]　1995 年 12 月 29 日第 5057 号法律修正。
[2]　本条被 1995 年 12 月 29 日第 5057 号法律全面修正。
[3]　本条被 1995 年 12 月 29 日第 5057 号法律全面修正。
[4]　1995 年 12 月 29 日第 5057 号法律修正。
[5]　1995 年 12 月 29 日第 5057 号法律修正。

图画的，处 10 年以下有期徒刑。

第 226 条 （冒用身份制作公文书等）[1]

以使用为目的，冒用公务机关或者公务员的身份制作文书或者图画的，处 10 年以下有期徒刑。

第 227 条 （虚假的公文书的制作等）[2]

公务员以使用为目的，在与其职责相关的情况下，制作虚假的文书或图画或者变造文书或图画的，处 7 年以下有期徒刑或者 2000 万元以下罚金。

第 227-2 条 （伪造或者变造公务电子记录）[3]

以扰乱事务进行为目的，伪造或者变造公务员或者公务机关的电子记录等特殊介质记录的，处 10 年以下有期徒刑。

第 228 条 （公证证书原本等的不实记载）

1. 向公务员进行虚假申报，致其在公证证书原本或者作为公证证书原本使用的电子记录等特殊介质记录上记载虚假事项的，处 5 年以下有期徒刑或者 1000 万元以下罚金。[4]

2. 向公务员作虚假的申报，致其在执照、许可证、注册证书或者护照上作不实记载的，处 3 年以下有期徒刑或者 700 万元以下罚金。[5]

第 229 条 （行使伪造的公文书等）[6]

使用第 225 条至第 228 条的犯罪所制作的文书、图画、电子记录等特殊介质记录、公证证书原本、执照、许可证、注册证书或者护照的，应当依照对各条犯罪规定的刑罚处罚。

---

[1] 1995 年 12 月 29 日第 5057 号法律修正。
[2] 本条被 1995 年 12 月 29 日第 5057 号法律全面修正。
[3] 本条被 1995 年 12 月 29 日第 5057 号法律全面修正。
[4] 1995 年 12 月 29 日第 5057 号法律修正。
[5] 1995 年 12 月 29 日第 5057 号法律修正。
[6] 本条被 1995 年 12 月 29 日第 5057 号法律全面修正。

第 230 条 （非法使用公文书）[1]

非法使用公务员或者公务机关的文书或者图画的，处 2 年以下有期徒刑或有期监禁或者 500 万元以下罚金。

第 231 条 （伪造或者变造私文书等）[2]

以使用为目的，伪造或者变造与权利、义务、证明事实有关的他人文书、图画的，处 5 年以下有期徒刑或者 1000 万元以下罚金。

第 232 条 （冒用身份制作私文书）[3]

以使用为目的，冒用他人身份制作与权利、义务、证明事实有关的他人文书、图画的，处 5 年以下有期徒刑或者 1000 万元以下罚金。

第 232-2 条 （伪造或者变造私人电子记录）[4]

以扰乱事务进行为目的，伪造或者变造与权利、义务、证明事实有关的他人的电子记录等特殊介质记录的，处 5 年以下有期徒刑或者 1000 万元以下罚金。

第 233 条 （出具虚假的诊断书等）[5]

医师、中医、牙医或者助产士出具虚假的诊断书、尸检证明或生死证明书的，处 3 年以下有期徒刑或有期监禁、7 年以下停止资格或者 3000 万元以下罚金。

第 234 条 （使用伪造的私文书等）[6]

使用第 231 条至第 233 条的犯罪所制作的文书、图画、电子记录等特殊介质记录等的，应当依照对各该条犯罪规定的刑罚处罚。

---

[1] 1995 年 12 月 29 日第 5057 号法律修正。
[2] 1995 年 12 月 29 日第 5057 号法律修正。
[3] 1995 年 12 月 29 日第 5057 号法律修正。
[4] 本条被 1995 年 12 月 29 日第 5057 号法律全面修正。
[5] 本条被 1995 年 12 月 29 日第 5057 号法律全面修正。
[6] 本条被 1995 年 12 月 29 日第 5057 号法律全面修正。

第 235 条（未遂罪）[1]

第 255 条至第 234 条的未遂罪，亦罚之。

第 236 条（非法使用私文书）[2]

非法使用与权利、义务、证明事实有关的他人文书、图画的，处 1 年以下有期徒刑或有期监禁或者 300 万元以下罚金。

第 237 条（停止资格的并处）[3]

实施第 225 条至第 227-2 条及其使用之罪被判处有期徒刑的，可以并处 10 年以下停止资格。

第 237-2 条（文书等的副本）[4]

对于本章规定的犯罪而言，使用电子复制机、传真电报或其他类似设备复制的文书或图纸的副本，应当视为文书或者图画。

第二十一章 妨害印章罪

第 238 条（伪造或者非法使用公章等）

1. 以使用为目的，伪造或者非法使用公务员或者公务机关的印章、签名、署名、记号的，处 5 年以下有期徒刑。

2. 使用伪造或者被非法使用过的公务员或者公务机关的印章、签名、署名、记号的，处与前款相同的刑罚。

3. 在前两款的情形下，可以并处 7 年以下停止资格。

第 239 条（伪造或者非法使用私印等）

1. 以使用为目的，伪造或者非法使用他人的印章、签名、署名、记号的，处 3 年以下有期徒刑。

2. 使用伪造或者被非法使用过的他人的印章、签名、署名、记号的，处与前款相同的刑罚。

---

〔1〕 1995 年 12 月 29 日第 5057 号法律修正。

〔2〕 1995 年 12 月 29 日第 5057 号法律修正。

〔3〕 1995 年 12 月 29 日第 5057 号法律修正。

〔4〕 本条被 1995 年 12 月 29 日第 5057 号法律全面修正。

第 240 条 （未遂罪）

本章各条的未遂罪，亦罚之。

第二十二章　妨害风化罪

第 241 条 （删除）[1]

第 242 条 （介绍卖淫）[2]

以营利为目的，介绍他人卖淫的，处 3 年以下有期徒刑或者 1500 万元以下罚金。

第 243 条 （散发淫秽图片等）[3]

散发、贩卖、出租、公然陈列或者展示淫秽的文书、图画、电影或者其他物品的，处 1 年以下有期徒刑或者 500 万元以下罚金。

第 244 条 （制作淫秽图片等）[4]

以实施第 243 条的行为为目的，制作、持有、进口或者出口淫秽物品的，处 1 年以下有期徒刑或者 500 万元以下罚金。

第 245 条 （公然的淫秽行为）[5]

公然实施淫秽行为的，处 1 年以下有期徒刑、500 万元以下罚金、拘役或者科料。

---

〔1〕 原第 241 条是关于通奸罪的规定。根据 2015 年 2 月 26 日宪法法院认为本条违宪的裁决，2016 年 1 月 6 日第 13719 号法律删除本条。

〔2〕 1995 年 12 月 29 日第 5057 号法律修正；2012 年 12 月 18 日第 11574 号法律修正。

〔3〕 本条被 1995 年 12 月 29 日第 5057 号法律全面修正。

〔4〕 1995 年 12 月 29 日第 5057 号法律修正。

〔5〕 1995 年 12 月 29 日第 5057 号法律修正。

第二十三章　赌博与彩票罪

第 246 条（赌博与惯常赌博）[1]

1. 赌博的，处 1000 万元以下罚金。但是仅仅是出于日常生活娱乐者，应当除外。

2. 惯常地实施第 1 款之罪的，处 3 年以下有期徒刑或者 2000 万元以下罚金。

第 247 条（开设赌场等）[2]

以营利为目的开设赌博场所或者空间的，处 5 年以下有期徒刑或者 3000 万元以下罚金。

第 248 条（彩票的销售等）[3]

1. 销售违反法律法规发行的彩票的，处 5 年以下有期徒刑或者 3000 万元以下罚金。

2. 充当销售第 1 款的彩票的中间人的，处 3 年以下有期徒刑或者 2000 万元以下罚金。

3. 获取第 1 款之彩票的，处 1000 万元以下罚金。

第 249 条（罚金的并处）[4]

对第 246 条第 2 款、第 247 条或者第 248 条第 1 款规定的犯罪，可以并处 1000 万元以下罚金。

第二十四章　杀人罪

第 250 条（杀人，杀害尊亲属）

1. 杀人的，处死刑、无期监禁或者 5 年以上有期监禁。

2. 杀害自己或者配偶的直系尊亲属的，处死刑、无期监禁或者

---

[1]　本条被 2013 年 4 月 5 日第 11731 号法律全面修正。
[2]　本条被 2013 年 4 月 5 日第 11731 号法律全面修正。
[3]　本条被 2013 年 4 月 5 日第 11731 号法律全面修正。
[4]　本条被 2013 年 4 月 5 日第 11731 号法律全面修正。

7 年以上有期监禁。[1]

第 251 条（杀婴）

直系尊亲属为了隐瞒不光彩之事、担心无法扶养或者出于其他情有可原的动机，在分娩时或者分娩后立即杀害婴儿的，处 10 年以下有期徒刑。

第 252 条（基于嘱托或者同意的杀人）

1. 基于他人的嘱托或者同意杀人的，处 1 年以上 10 年以下有期徒刑。

2. 教唆或者帮助他人自杀的，处与前款相同的刑罚。

第 253 条（使用欺诈等手段的基于嘱托杀人）

在前条的情形下，以欺诈、强暴、胁迫手段获得他人的嘱托或同意或者使其决心自杀的，应当根据第 250 条处罚。

第 254 条（未遂罪）

前 4 条的未遂罪，亦罚之。

第 255 条（预备、共谋）

预备或者共谋实行第 250 条至第 253 条之罪的，处 10 年以下有期徒刑。

第 256 条（停止资格的并处）

在对第 250 条、第 252 条或者第 253 条的犯罪判处有期徒刑时，可以并处 10 年以下停止资格。

第二十五章　伤害与暴行罪

第 257 条（伤害，伤害尊亲属）

1. 伤害他人身体的，处 7 年以下有期徒刑、10 年以下停止资格或者 1000 万元以下罚金。[2]

---

[1] 1995 年 12 月 29 日第 5057 号法律修正。

[2] 1995 年 12 月 29 日第 5057 号法律修正。

2. 对自己或者配偶的直系尊亲属实施第 1 款之罪的，处 10 年以下有期徒刑或者 1500 万元以下罚金。[1]

3. 前两款犯罪的未遂，亦罚之。

第 258 条（加重伤害，加重伤害尊亲属）

1. 伤害他人身体，导致其生命危险的，处 1 年以上 10 年以下有期徒刑。

2. 伤害他人身体，导致其残疾或者无法治愈或难以治愈的疾病的，处与前款相同的刑罚。

3. 对自己或者配偶的直系尊亲属实施前两款之罪的，处 2 年以上 15 年以下有期徒刑。[2]

第 258-2 条（特殊伤害）[3]

1. 通过展示团伙的或聚众的暴力或者携带危险物品的方式，实施第 257 条第 1 款或者第 2 款之罪的，处 1 年以上 10 年以下有期徒刑。

2. 通过展示团伙的或聚众的暴力或者携带危险物品的方式，实施第 258 条之罪的，处 2 年以上 20 年以下有期徒刑。

3. 第 1 款犯罪之未遂，亦罚之。

第 259 条（伤害致死）

1. 伤害他人身体因而致人死亡的，处 3 年以上有期徒刑。[4]

2. 对自己或者配偶的直系尊亲属实施前款之罪的，处无期监禁或者 5 年以上有期监禁。

第 260 条（暴行，对尊亲属的暴行）

1. 对他人施加暴行的，处 2 年以下有期徒刑、500 万元以下罚金、拘役或者科料。[5]

2. 对自己或者配偶的直系尊亲属实施第 1 款之罪的，处 5 年以

---

[1] 1995 年 12 月 29 日第 5057 号法律修正。

[2] 2016 年 1 月 6 日第 13719 号法律修正。

[3] 2016 年 1 月 6 日第 13719 号法律新增。

[4] 1995 年 12 月 29 日第 5057 号法律修正。

[5] 1995 年 12 月 29 日第 5057 号法律修正。

下有期徒刑或者 700 万元以下罚金。[1]

3. 对第 1 款和第 2 款之罪，不能违背被害人明确的反对进行追诉。[2]

第 261 条 （特殊暴行）

通过展示团伙的或聚众的暴力或者携带危险物品的方式，实施第 260 条第 1 款或者第 2 款之罪的，处 5 年以下有期徒刑或者 1000 万元以下罚金。[3]

第 262 条 （暴行致死伤）

实施前两条之罪，因而致人死伤的，应当按照第 257 条至第 259 条的规定处罚。

第 263 条 （同时犯）

两人以上对他人施加暴行因而导致后者受伤时，如果在不能查明是哪一个人的行为造成该伤害的，这些人应被视为共同正犯。

第 264 条 （惯犯）[4]

惯常地实施第 257 条、第 258 条、第 258-2 条、第 260 条或者第 261 条之罪的，应对相应犯罪所定刑罚加重 1/2 罚之。

第 265 条 （停止资格的并处）[5]

在第 257 条第 2 款、第 258 条、第 258-2 条、第 260 条第 2 款、第 261 条或者前条的情形中，可以并处 10 年以下停止资格。

第二十六章　过失致伤致死罪

第 266 条 （过失伤害）

1. 过失伤害他人身体的，处 500 万元以下罚金、拘役或者科

---

〔1〕 1995 年 12 月 29 日第 5057 号法律修正。
〔2〕 1995 年 12 月 29 日第 5057 号法律修正。
〔3〕 1995 年 12 月 29 日第 5057 号法律修正。
〔4〕 2016 年 1 月 6 日第 13719 号法律修正。
〔5〕 2016 年 1 月 6 日第 13719 号法律修正。

料。[1]

2. 对第 1 款之罪，不能违背被害人明确的反对进行追诉。[2]

第 267 条（过失致死）

过失导致他人死亡的，处 2 年以下有期徒刑或者 700 万元以下罚金。[3]

第 268 条（业务过失、重大过失）[4]

由于业务过失或者重大过失导致他人死亡或者受伤害的，处 5 年以下有期徒刑或者 2000 万元以下罚金。

第二十七章　堕胎罪

第 269 条（堕胎）

1. 妇女以药物或者其他方法自己堕胎的，处 1 年以下有期徒刑或者 200 万元以下罚金。[5]

2. 基于妇女的嘱托或者征得其同意而为其堕胎的，处与第 1 款相同的刑罚。[6]

3. 实施第 2 款之罪，导致该妇女受伤的，处 3 年以下有期徒刑；导致该妇女死亡的，处 7 年以下有期徒刑。[7]

第 270 条（医生等的堕胎，未获同意的堕胎）

1. 医生、中医、助产士、药剂师或者药商基于妇女的嘱托或者

---

〔1〕　1995 年 12 月 29 日第 5057 号法律修正。

〔2〕　1995 年 12 月 29 日第 5057 号法律修正。

〔3〕　1995 年 12 月 29 日第 5057 号法律修正。

〔4〕　1995 年 12 月 29 日第 5057 号法律修正。

〔5〕　1995 年 12 月 29 日第 5057 号法律修正。根据 2019 年 4 月 11 日宪法法院作出的裁决，涉及"医生"的 1995 年 12 月 29 日第 5057 号法律修正后的《刑法典》第 269 条第 1 款和第 270 条第 1 款与《宪法》不一致。这些规定将继续适用，直到立法者于 2020 年 12 月 31 日对之作出修正为止。

〔6〕　1995 年 12 月 29 日第 5057 号法律修正。

〔7〕　1995 年 12 月 29 日第 5057 号法律修正。

征得其同意而为其堕胎的，处 2 年以上有期徒刑。[1]

2. 非基于妇女的嘱托或者未征得其同意而为其堕胎的，处 3 年以下有期徒刑。

3. 实施第 1 款或者第 2 款之罪，导致该妇女受伤的，处 5 年以下有期徒刑；导致该妇女死亡的，处 10 年以下有期徒刑。[2]

4. 在前 3 款的情形中，应当并处 7 年以下停止资格。

第二十八章　遗弃与虐待罪

第 271 条 （遗弃，遗弃尊亲属）

1. 对因为年老、年幼、疾病或者其他境况需要扶助的人，负有法律或者合同上的保护义务而遗弃的，处 3 年以下有期徒刑或者 500 万元以下罚金。[3]

2. 对自己或者配偶的直系尊亲属实施第 1 款之罪的，处 10 年以下有期徒刑或者 1500 万元以下罚金。[4]

3. 实施第 1 款之罪，危及他人生命的，处 7 年以下有期徒刑。

4. 实施第 2 款之罪，危及他人生命的，处 2 年以上有期徒刑。

第 272 条 （遗弃婴儿）[5]

直系尊亲属为了隐瞒不光彩之事、担心无法扶养或者出于其他情有可原的动机，遗弃婴儿的，处 2 年以下有期徒刑或者 300 万元以下罚金。

第 273 条 （虐待，虐待尊亲属）

1. 虐待受自己保护或者监督的人的，处 2 年以下有期徒刑或者

---

〔1〕 1995 年 12 月 29 日第 5057 号法律修正。根据 2019 年 4 月 11 日宪法法院作出的裁决，涉及"医生"的 1995 年 12 月 29 日第 5057 号法律修正后的《刑法典》第 269 条第 1 款和第 270 条第 1 款与《宪法》不一致。这些规定将继续适用，直到立法者于 2020 年 12 月 31 日对之作出修正为止。

〔2〕 1995 年 12 月 29 日第 5057 号法律修正。

〔3〕 1995 年 12 月 29 日第 5057 号法律修正。

〔4〕 1995 年 12 月 29 日第 5057 号法律修正。

〔5〕 1995 年 12 月 29 日第 5057 号法律修正。

500 万元以下罚金。[1]

2. 对自己或者配偶的直系尊亲属实施前款之罪的，处 5 年以下有期徒刑或者 700 万元以下罚金。[2]

第 274 条（苦役儿童）

将自己保护或者监督的未满 16 周岁的儿童交付给将使该儿童从事对其生命或身体造成危险的工作的经营者或其雇员的，处 5 年以下有期徒刑。接受交付者，处以相同的刑罚。

第 275 条（遗弃等致死伤）[3]

1. 如果犯第 271 条至第 273 条之罪导致他人受伤的，处 7 年以下有期徒刑；导致死亡的，处 3 年以上有期徒刑。

2. 如果针对自己的或者配偶的直系尊亲属犯第 271 条或者第 273 条之罪导致该直系尊亲属受伤的，处 3 年以上有期徒刑；导致死亡的，处无期徒刑或者 5 年以上有期徒刑。

第二十九章　非法逮捕与拘禁罪

第 276 条（非法逮捕，非法拘禁，非法逮捕尊亲属，非法拘禁尊亲属）

1. 非法逮捕或者拘禁他人的，处 5 年以下有期徒刑或者 700 万元以下罚金。[4]

2. 对自己或者配偶的直系尊亲属实施第 1 款之罪的，处 10 年以下有期徒刑或者 1500 万元以下罚金。[5]

---

[1] 1995 年 12 月 29 日第 5057 号法律修正。
[2] 1995 年 12 月 29 日第 5057 号法律修正。
[3] 本条被 1995 年 12 月 29 日第 5057 号法律全面修正。
[4] 1995 年 12 月 29 日第 5057 号法律修正。
[5] 1995 年 12 月 29 日第 5057 号法律修正。

第 277 条（加重非法逮捕，加重非法拘禁，加重非法逮捕尊亲属，加重非法拘禁尊亲属）

1. 非法逮捕或者拘禁他人并对之实施残酷行为的，处 7 年以下有期徒刑。

2. 对自己或者配偶的直系尊亲属实施前款之罪的，处 2 年以上有期徒刑。

第 278 条（特殊非法逮捕，特殊非法拘禁）

通过展示团伙的或聚众的暴力或者携带危险物品的方式，实施前两条之罪的，应对相应犯罪所定刑罚加重 1/2 罚之。

第 279 条（惯犯）

惯常地犯第 276 条或者第 277 条之罪的，应根据前条规定处罚。

第 280 条（未遂罪）

前 4 条的未遂罪，亦罚之。

第 281 条（非法逮捕、非法拘禁等致死伤）[1]

1. 犯第 276 条至第 280 条之罪，导致他人受伤的，处 1 年以上有期徒刑；导致死亡的，处 3 年以上有期徒刑。

2. 如果针对自己的或者配偶的直系尊亲属犯第 276 条至第 280 条之罪导致该直系尊亲属受伤的，处 2 年以上有期徒刑；导致死亡的，处无期徒刑或者 5 年以上有期徒刑。

第 282 条（停止资格的并处）

对于本章规定的犯罪，可以并处 10 年以下停止资格。

第三十章　胁迫罪

第 283 条（胁迫，胁迫尊亲属）

1. 胁迫他人的，处 3 年以下有期徒刑、500 万元以下罚金、拘

---

〔1〕　本条被 1995 年 12 月 29 日第 5057 号法律全面修正。

役或者科料。[1]

2. 对自己或者配偶的直系尊亲属犯前款之罪的，处 5 年以下有期徒刑或者 700 万元以下罚金。[2]

3. 对第 1 款和第 2 款之罪，不能违背被害人明确的反对进行追诉。[3]

第 284 条 （特殊胁迫）

通过展示团伙的或聚众的暴力或者携带危险物品的方式，实施前条第 1 款或者第 2 款之罪的，处 7 年以下有期徒刑或者 1000 万元以下罚金。[4]

第 285 条 （惯犯）

惯常地犯第 283 条第 1 款或者第 2 款或者前条之罪的，应对相应犯罪所定刑罚加重 1/2 罚之。

第 286 条 （未遂罪）

前 3 条的未遂罪，亦罚之。

第三十一章　略诱、和诱与贩卖人口罪[5]

第 287 条 （略诱、和诱未成年人）[6]

以胁迫、使用暴力、其他形式的强制或者欺骗、诡计、引诱手段，获取和维持其本人或者第三人对未成年人的控制的，处 10 年以

---

〔1〕 1995 年 12 月 29 日第 5057 号法律修正。
〔2〕 1995 年 12 月 29 日第 5057 号法律修正。
〔3〕 1995 年 12 月 29 日第 5057 号法律修正。
〔4〕 1995 年 12 月 29 日第 5057 号法律修正。
〔5〕 我国有学者将略诱译为略取、将和诱译为诱拐，但译者认为译为略诱、和诱更符合中文的表达习惯：第一，在《大清新刑律》借鉴日本刑法将该罪在立法中作出规定时，就使用"略诱、和诱"的概念，民国时期一直沿用，我国台湾地区仍然如此。第二，略取、诱拐的译法容易与我国现行刑法中的绑架、拐卖等概念混淆。——译者注。
〔6〕 本条被 2013 年 4 月 5 日第 11731 号法律全面修正。

下有期徒刑。

第 288 条（出于猥亵等目的的略诱、和诱等）〔1〕

1. 出于猥亵、奸淫、结婚或者营利目的，以胁迫、使用暴力、其他形式的强制或者欺骗、诡计、引诱手段，获取和维持其本人或者第三人对未成年人的控制的，处 1 年以上 10 年以下有期徒刑。

2. 出于劳动剥削、性交易、性剥削或者摘取器官的目的，以胁迫、使用暴力、其他形式的强制或者欺骗、诡计、引诱手段，获取和维持其本人或者第三人对未成年人的控制的，处 2 年以上 15 年以下有期徒刑。

3. 出于运送出大韩民国的目的，以胁迫、使用暴力、其他形式的强制或者欺骗、诡计、引诱手段，获取和维持其本人或者第三人对未成年人的控制，或者将被略诱或者和诱的人运送出大韩民国的，处与第 2 款相同的刑罚。

第 289 条（贩卖人口）〔2〕

1. 买卖他人的，处 7 年以下有期徒刑。

2. 出于猥亵、奸淫、结婚或者营利目的买卖他人的，处 1 年以上 10 年以下有期徒刑。

3. 出于劳动剥削、性交易、性剥削或者摘取器官的目的买卖他人的，处 2 年以上 15 年以下有期徒刑。

4. 出于运送出大韩民国的目的买卖他人，或者将被买卖的人运送出大韩民国的，处与第 3 款相同的刑罚。

第 290 条（在略诱、和诱、贩卖人口、运送等中伤害或者致伤他人）〔3〕

1. 犯第 287 条至第 289 条之罪，因此伤害被略诱、和诱、贩卖、运送的被害人的，处 3 年以上 25 年以下有期徒刑。

---

〔1〕 本条被 2013 年 4 月 5 日第 11731 号法律全面修正。
〔2〕 本条被 2013 年 4 月 5 日第 11731 号法律全面修正。
〔3〕 本条被 2013 年 4 月 5 日第 11731 号法律全面修正。

2. 犯第 287 条至第 289 条之罪，因此导致被略诱、和诱、贩卖、运送的被害人受伤的，处 2 年以上 20 年以下有期徒刑。

第 291 条 (在略诱、和诱、贩卖人口、运送等中杀害或者致死他人)〔1〕

1. 犯第 287 条至第 289 条之罪，因此杀害被略诱、和诱、贩卖、运送的被害人的，处死刑、无期徒刑或者 7 年以上有期徒刑。

2. 犯第 287 条至第 289 条之罪，因此导致被略诱、和诱、贩卖、运送的被害人死亡的，处无期徒刑或者 5 年以上有期徒刑。

第 292 条 (对被略诱、和诱、贩卖、运送者的收受、窝藏等)〔2〕

1. 收受或者窝藏第 287 条至第 289 条之罪中的被略诱人、被和诱人、被贩卖人或者被运送人的，处 7 年以下有期徒刑。

2. 意图犯第 287 条至第 289 条之罪，招募、运送或者交付人员的，处与第 1 款相同的刑罚。

第 293 条 (删除)〔3〕

第 294 条 (未遂罪)〔4〕

第 287 条至第 289 条、第 290 条第 1 款、第 291 条第 1 款和第 292 条第 1 款的未遂罪，亦罚之。

第 295 条 (罚金的并处)〔5〕

对第 288 条至第 291 条、第 292 条第 1 款规定的犯罪，以及这些犯罪的未遂，可以并处 5000 万元以下罚金。

---

〔1〕 本条被 2013 年 4 月 5 日第 11731 号法律全面修正。
〔2〕 本条被 2013 年 4 月 5 日第 11731 号法律全面修正。
〔3〕 2013 年 4 月 5 日第 11731 号法律删除。
〔4〕 本条被 2013 年 4 月 5 日第 11731 号法律全面修正。
〔5〕 本条被 2013 年 4 月 5 日第 11731 号法律全面修正。

第 295-2 条（减轻处罚）[1]

已犯第 287 条至第 290 条、第 292 条、第 294 条之罪的人，将被略诱人、被和诱人、被贩卖人或者被运送人释放到安全场所的，可以减轻处罚。

第 296 条（预备、共谋）[2]

预备或者共谋实行第 287 条至第 289 条、第 290 条第 1 款、第 291 条第 1 款和第 292 条第 1 款之罪的，处 3 年以下有期徒刑。

第 296-2 条（普遍管辖）[3]

第 287 条至第 292 条和第 294 条，应当适用于在大韩民国领域外实施这些条文之罪的外国人。

第三十二章　强奸与猥亵罪

第 297 条（强奸）[4]

以暴力或者胁迫手段与他人性交的，处 3 年以上有期徒刑。

第 297-2 条（类强奸）[5]

以暴力或者胁迫手段，将其性器官插入他人的嘴或肛门等身体部位（不包括生殖器官），或将其手指、身体其他部位（不包括生殖器官）或者任何器具插入他人生殖器官或者肛门的，处 2 年以上有期徒刑。

第 298 条（强制猥亵）[6]

以暴力或者胁迫手段对他人实施猥亵行为的，处 10 年以下有期徒刑或者 1500 万元以下罚金。

---

[1] 本条被 2013 年 4 月 5 日第 11731 号法律全面修正。
[2] 本条被 2013 年 4 月 5 日第 11731 号法律全面修正。
[3] 2013 年 4 月 5 日第 11731 号法律新增。
[4] 2012 年 12 月 18 日第 11574 号法律修正。
[5] 2012 年 12 月 18 日第 11574 号法律新增。
[6] 1995 年 12 月 29 日第 5057 号法律修正。

第 299 条（准强奸，准强制猥亵）[1]

利用他人心智丧失或者不能抗拒状态，奸淫他人或者对他人实施猥亵行为的，应当根据第 297 条、第 297-2 条或者第 298 条处罚。

第 300 条（未遂罪）

第 297 条、第 297-2 条、第 298 条和第 299 条的未遂罪，亦罚之。[2]

第 301 条（强奸等伤害或导致受伤）[3]

实施第 297 条、第 297-2 条、第 298 条至第 300 条之罪，因此伤害被害人或者导致被害人受伤的，处无期徒刑或者 5 年以上有期徒刑。

第 301-2 条（强奸等杀人或导致死亡）[4]

实施第 297 条、第 297-2 条、第 298 条至第 300 条之罪，因此杀害被害人的，处死刑或者无期徒刑；因此导致被害人死亡的，处无期徒刑或者 10 年以上有期徒刑。

第 302 条（奸淫未成年人等）

以欺骗或者暴力手段，奸淫未成年人或者心智减弱人，或者对之实施猥亵行为的，处 5 年以下有期徒刑。

第 303 条（利用业务权力等奸淫）

1. 以欺骗或者暴力威胁手段，奸淫因为业务、雇用或者其他关系处于其保护或者监督之下的人的，处 7 年以下有期徒刑或者 3000 万元以下罚金。[5]

---

〔1〕 2012 年 12 月 18 日第 11574 号法律修正。

〔2〕 2012 年 12 月 18 日第 11574 号法律修正。

〔3〕 1995 年 12 月 29 日第 5057 号法律新增；2012 年 12 月 18 日第 11574 号法律修正。

〔4〕 1995 年 12 月 29 日第 5057 号法律新增；2012 年 12 月 18 日第 11574 号法律修正。

〔5〕 1995 年 12 月 29 日第 5057 号法律新增；2012 年 12 月 18 日第 11574 号法律修正；2018 年 10 月 16 日第 15793 号法律修正。

2. 奸淫由其看守的依法被拘押的人的，处 10 年以下有期徒刑。[1]

第 304 条（删除）[2]

第 305 条（奸淫或者猥亵儿童）[3]

奸淫不满 13 周岁的人或者对不满 13 周岁的人实施猥亵行为的，应当根据第 297 条、第 297-2 条、第 298 条、第 301 条或者第 301-2 条处罚。

第 305-2 条（惯犯）[4]

惯常地实施第 297 条、第 297-2 条、第 298 条至第 300 条、第 302 条、第 303 条和第 305 条之罪的，应对相应所犯之罪所定刑罚加重 1/2 罚之。

第 306 条（删除）[5]

第三十三章　侵害名誉罪

第 307 条（毁损名誉）

1. 公然指控事实毁损他人名誉的，处 2 年以下有期徒刑或有期监禁或者 500 万元以下罚金。[6]

2. 公然指控虚假事实毁损他人名誉的，处 5 年以下有期徒刑、

---

〔1〕　2012 年 12 月 18 日第 11574 号法律修正；2018 年 10 月 16 日第 15793 号法律修正。

〔2〕　根据 2009 年 12 月 26 日宪法法院认为本条违宪的裁决，2012 年 12 月 18 日第 11574 号法律删除本条。

〔3〕　2012 年 12 月 18 日第 11574 号法律修正；2018 年 10 月 16 日第 15793 号法律修正。

〔4〕　2010 年 4 月 15 日 10259 号法律新增；2012 年 12 月 18 日第 11574 号法律修正。

〔5〕　2012 年 12 月 18 日第 11574 号法律删除。

〔6〕　1995 年 12 月 29 日第 5057 号法律修正。

10 年以下停止资格或者 1000 万元以下罚金。〔1〕

第 308 条 （毁损逝者名誉）〔2〕

公然指控虚假事实毁损逝者名誉的，处 2 年以下有期监禁或者 500 万元以下罚金。

第 309 条 （以出版物等毁损名誉）

1. 意图诽谤他人，通过报纸、杂志、广播或者其他出版物的形式实施第 307 条第 1 款之罪的，处 3 年以下有期徒刑或有期监禁或者 700 万元以下罚金。〔3〕

2. 第 1 款规定的方法实施第 307 条第 2 款之罪的，处 7 年以下有期徒刑、10 年以下停止资格或者 1500 万元以下罚金。〔4〕

第 310 条 （违法性阻却）

如果第 307 条第 1 款所指控的事实是真实的并且完全出于公共利益，不应处罚。

第 311 条 （侮辱）〔5〕

公然侮辱他人的，处 1 年以下有期徒刑或有期监禁或者 200 万元以下罚金。

第 312 条 （告诉与被害人意思）

1. 第 308 条至第 311 条之罪，告诉才处理。〔6〕

2. 对第 307 条至第 309 条之罪，不能违背被害人明确的反对进行追诉。〔7〕

---

〔1〕 1995 年 12 月 29 日第 5057 号法律修正。
〔2〕 1995 年 12 月 29 日第 5057 号法律修正。
〔3〕 1995 年 12 月 29 日第 5057 号法律修正。
〔4〕 1995 年 12 月 29 日第 5057 号法律修正。
〔5〕 1995 年 12 月 29 日第 5057 号法律修正。
〔6〕 1995 年 12 月 29 日第 5057 号法律修正。
〔7〕 1995 年 12 月 29 日第 5057 号法律修正。

第三十四章　妨害信用、业务与拍卖罪

第 313 条　(毁损信用) [1]

散布虚假事实或者以其他欺诈手段,损毁他人信用的,处 5 年以下有期徒刑或者 1500 万元以下罚金。

第 314 条　(妨害业务)

1. 以第 313 条的方法或者暴力方法,妨害他人业务的,处 5 年以下有期徒刑或者 1500 万元以下罚金。[2]

2. 以损毁计算机等信息处理设备或者电子记录等特殊介质记录、在数据处理设备中输入虚假信息或者不当指令或者以其他方法妨碍信息处理的方式,妨害他人业务的;处与第 1 款相同的刑罚。[3]

第 315 条　(妨害拍卖或者投标)

以欺骗、暴力或者其他手段,妨害拍卖或者投标的公正性的,处 2 年以下有期徒刑或者 700 万元以下罚金。[4]

第三十五章　侵犯秘密罪

第 316 条　(侵犯秘密)

1. 拆开他人密封或者施加其他保密设计的信件、文书或者图画的,处 3 年以下有期徒刑或有期监禁或者 500 万元以下罚金。[5]

2. 使用任何技术手段探知他人密封或者施加其他保密设计的信件、文书、图画或者电子记录等特殊介质记录的内容的,处与第 1 款相同的刑罚。[6]

---

[1]　1995 年 12 月 29 日第 5057 号法律修正。
[2]　1995 年 12 月 29 日第 5057 号法律修正。
[3]　1995 年 12 月 29 日第 5057 号法律新增。
[4]　1995 年 12 月 29 日第 5057 号法律修正。
[5]　1995 年 12 月 29 日第 5057 号法律修正。
[6]　1995 年 12 月 29 日第 5057 号法律新增。

第 317 条 （泄露业务秘密）

1. 医生、中医、牙医、药剂师、药商、助产士、律师、专利代理人、注册会计师、公证人、代书人或者其协助人，或者曾从事这些职业的人，泄露其在执业过程中获悉的他人秘密的，处 3 年以下有期徒刑或有期监禁、10 年以下停止资格或者 700 万元以下罚金。[1]

2. 担任宗教职务的人或者曾担任宗教职务的人泄露其在履行职责过程中获悉的他人秘密的，处与前款相同的刑罚。

第 318 条 （告诉）[2]

本章之罪，告诉才处理。

第三十六章　侵入住宅罪

第 319 条 （侵入住宅，拒绝退出）

1. 侵入他人的住宅、他人看守的宅邸、建筑物、船舶、航空器或者他人占用的房屋的，处 3 年以下有期徒刑或者 500 万元以下罚金。[3]

2. 经要求退出仍然拒绝从前款规定的场所退出的，处与前款相同的刑罚。

第 320 条 （特殊侵入住宅）

通过展示团伙的或聚众的暴力或者携带危险物品的方式，实施前条之罪的，处 5 年以下有期徒刑。

第 321 条 （非法搜查住宅或者身体）[4]

非法搜查他人的身体或者他人的住宅、看守的宅邸、建筑物、

---

[1] 1995 年 12 月 29 日第 5057 号法律新增；1997 年 12 月 13 日第 5454 号法律修正。

[2] 1995 年 12 月 29 日第 5057 号法律修正。

[3] 1995 年 12 月 29 日第 5057 号法律修正。

[4] 1995 年 12 月 29 日第 5057 号法律修正。

汽车、船舶、航空器或者占用的房屋的，处 3 年以下有期徒刑。

第 322 条 （未遂罪）

本章各条的未遂罪，亦罚之。

第三十七章　妨碍行使权利罪

第 323 条 （妨碍行使权利）[1]

移走、隐匿、损毁被他人占有或者属于他人权利标的自己的财物或者电子记录等特殊介质记录，因而他人行使权利的，处 5 年以下有期徒刑或者 700 万元以下罚金。

第 324 条 （强迫）

1. 以暴力或者胁迫方法，妨碍他人行使权利或者使他人做无义务做之事的，处 5 年以下有期徒刑或者 3000 万元以下罚金。[2]

2. 通过展示团伙的或聚众的暴力或者携带危险物品的方式，实施第 1 款之罪的，处 10 年以下有期徒刑或者 5000 万元以下罚金。[3]

第 324-2 条 （利用人质强迫）[4]

逮捕、拘禁、略诱、和诱他人作为人质，妨碍第三人行使权利或者强迫第三人做无义务做之事的，处 3 年以上有期徒刑。

第 324-3 条 （伤害人质或者导致人质受伤）[5]

实施第 324-2 条之罪，伤害人质或者导致人质受伤的，处无期徒刑或者 5 年以上有期徒刑。

---

[1] 1995 年 12 月 29 日第 5057 号法律修正。
[2] 1995 年 12 月 29 日第 5057 号法律修正；2016 年 1 月 6 日第 13719 号法律修正。
[3] 2016 年 1 月 6 日第 13719 号法律新增。
[4] 1995 年 12 月 29 日第 5057 号法律新增。
[5] 1995 年 12 月 29 日第 5057 号法律新增。

第324-4条（杀害人质或者导致人质死亡）[1]

实施第324-2条之罪，杀害人质的，处死刑或者无期徒刑；导致人质死亡的，处无期徒刑或者10年以上有期徒刑。

第324-5条（未遂罪）[2]

第324条至第324-4条的未遂罪，亦罚之。

第324-6条（减轻处罚）[3]

已实施第324-2条或第324-3条的人或者这些犯罪的未遂犯，将人质释放到安全场所的，可以减轻处罚。

第325条（强夺，准强夺）

1. 以暴力或者胁迫方法，夺取处于他人占有之下的自己财产的，处7年以下有期徒刑或者10年以下停止资格。

2. 夺取处于他人占有之下的自己财产后，为了抗拒夺回、逃避抓捕或者湮灭罪证而使用暴力或者胁迫的，处与前款相同的刑罚。

3. 前两款之未遂，亦罚之。

第326条（加重妨碍行使权利）[4]

实施第324条或者第325条之罪，危及他人生命的，处10年以下有期徒刑。

第327条（逃避强制执行）[5]

为了逃避强制执行，隐匿、损毁、虚假转让财产或者偿付虚假的债务，损害债权人利益的，处3年以下有期徒刑或者1000万元以下罚金。

第328条（亲属间的犯罪与告诉）

1. 如果第323条之罪是针对犯罪人的直系血亲、配偶、同住亲

---

〔1〕 1995年12月29日第5057号法律新增。
〔2〕 1995年12月29日第5057号法律新增。
〔3〕 1995年12月29日第5057号法律新增。
〔4〕 1995年12月29日第5057号法律修正。
〔5〕 1995年12月29日第5057号法律修正。

属、同住家庭成员或者他们的配偶实施的，应当免除处罚。[1]

2. 如果第 323 条之罪是针对第 1 款以外的其他亲属实施的，告诉才处理。[2]

3. 对没有前两款规定的亲属关系的共犯，不适用前两款规定。

第三十八章　盗窃与抢劫罪

第 329 条（盗窃）[3]

窃取他人财物的，处 6 年以下有期徒刑或者 1000 万元以下罚金。

第 330 条（夜间侵入住宅盗窃）

夜间侵入他人的住宅、看守的宅邸、建筑物、船舶或者占用的房屋窃取财物的，处 10 年以下有期徒刑。

第 331 条（特殊盗窃）

1. 夜间破坏门户、墙壁或者其他构筑物的一部分后侵入前条规定场所窃取他人财物的，处 1 年以上 10 年以下有期徒刑。

2. 携带凶器或者 2 人以上共同窃取他人财物的，处与前款相同的刑罚。

第 331-2 条（非法使用汽车等）[4]

未经权利人同意，暂时地使用他人的汽车、船舶、航空器或者摩托车的，处 3 年以下有期徒刑、500 万元以下罚金、拘役或者科料。

第 332 条（惯犯）[5]

惯常地实施第 329 条至第 331-2 条之罪的，应对相应犯罪所定

---

〔1〕 2005 年 3 月 31 日第 7427 号法律修正。
〔2〕 1995 年 12 月 29 日第 5057 号法律修正。
〔3〕 1995 年 12 月 29 日第 5057 号法律修正。
〔4〕 1995 年 12 月 29 日第 5057 号法律新增。
〔5〕 1995 年 12 月 29 日第 5057 号法律修正。

刑罚加重 1/2 罚之。

第 333 条 （抢劫）

使用暴力或胁迫手段，夺取他人财物、从他人那里获得财产利益或者使第三人获得该财物或利益的，处 3 年以上有期徒刑。

第 334 条 （特殊抢劫）

1. 夜间侵入他人的住宅、看守的宅邸、建筑物、船舶、航空器或者占用的房屋实施第 333 条之罪的，处无期监禁或者 5 年以上有期监禁。[1]

2. 携带凶器或者 2 人以上共同实施前条之罪的，处与前条相同的刑罚。

第 335 条 （准抢劫）

盗窃者为了抗拒夺回被盗财物、逃避抓捕或者湮灭罪证而使用暴力或者胁迫的，根据前两条规定处罚。

第 336 条 （利用人质抢劫）[2]

逮捕、拘禁、略诱、和诱他人作为人质，以获取财物、财产利益或者使第三人获得该财物或利益的，处 3 年以上有期徒刑。

第 337 条 （抢劫伤害他人或者导致他人受伤）[3]

抢劫者伤害他人或者导致他人受伤的，处无期徒刑或者 7 年以上有期徒刑。

第 338 条 （抢劫杀人或者致人死亡）[4]

抢劫者杀害他人的，处死刑或者无期徒刑；抢劫致人死亡的，处无期徒刑或者 10 年以上有期徒刑。

---

〔1〕 1995 年 12 月 29 日第 5057 号法律修正。
〔2〕 本条被 1995 年 12 月 29 日第 5057 号法律全面修正。
〔3〕 1995 年 12 月 29 日第 5057 号法律修正。
〔4〕 本条被 1995 年 12 月 29 日第 5057 号法律全面修正。

第 339 条（抢劫强奸）[1]

抢劫者强奸他人的，处无期徒刑或者 10 年以上有期徒刑。

第 340 条（海盗）

1. 以团体的暴力，劫持海上船舶或者在侵入船舶后夺取他人财物的，处无期徒刑或者 7 年以上有期徒刑。

2. 实施第 1 款之罪，因此伤害他人或者导致他人受伤的，处无期徒刑或者 10 年以上有期徒刑。[2]

3. 实施第 1 款之罪，因此杀害他人、导致他人死亡或者实施强奸的，处死刑或者无期徒刑。[3]

第 341 条（惯犯）

惯常地实施第 333 条、第 334 条、第 336 条或者第 340 条第 1 款之罪的，处无期徒刑或者 10 年以上有期徒刑。

第 342 条（未遂罪）[4]

第 329 条至第 341 条的未遂罪，亦罚之。

第 343 条（预备、共谋）

预备或者共谋实行抢劫的，处 7 年以下有期徒刑。

第 344 条（亲属间的犯罪）

第 328 条的规定，比照适用于第 329 条至第 332 条之犯罪及其未遂犯。

第 345 条（停止资格的并处）

在对本章的犯罪判处有期徒刑时，可以并处 10 年以下停止资格。

---

[1] 2012 年 12 月 18 日第 11574 号法律修正。

[2] 1995 年 12 月 29 日第 5057 号法律修正。

[3] 1995 年 12 月 29 日第 5057 号法律修正；2012 年 12 月 18 日第 11574 号法律修正。

[4] 本条被 1995 年 12 月 29 日第 5057 号法律全面修正。

第 346 条 (能量)

对本章之罪而言，受人类控制的能量，应当视为财物。

第三十九章 诈骗罪与敲诈罪

第 347 条 (诈骗)

1. 欺骗他人而从他人那取得财物或者获得财产利益的，处 10 年以下有期徒刑或者 2000 万元以下罚金。[1]

2. 以前款的方法，使第三人从他人那取得财物或者获得财产利益的，处与前款相同的刑罚。

第 347-2 条 (使用计算机等诈骗) [2]

以向计算机等信息处理设备中输入虚假信息或不当指令，或者在未获授权的情况下向计算机等信息处理设备中输入信息或更改其中的信息的方法，获得财产利益或者使第三人获得的，处 10 年以下有期徒刑或者 2000 万元以下罚金。

第 348 条 (准诈骗)

1. 利用未成年人的无知或者他人的身心障碍，从他人那取得财物或者获得财产利益的，处 10 年以下有期徒刑或者 2000 万元以下罚金。[3]

2. 以前款的方法，使第三人从他人那取得财物或者获得财产利益的，处与前款相同的刑罚。

第 348-2 条 (非法使用便利设备) [4]

通过非法手段，未支付价钱地使用自动售货机、公用电话或其他付费自动设备，获取财物或者财产利益的，处 3 年以下有期徒刑、500 万元以下罚金、拘役或者科料。

---

〔1〕 1995 年 12 月 29 日第 5057 号法律修正。
〔2〕 本条被 2001 年 12 月 29 日第 6543 号法律全面修正。
〔3〕 1995 年 12 月 29 日第 5057 号法律修正。
〔4〕 1995 年 12 月 29 日第 5057 号法律新增。

第 349 条（不当获利）

1. 利用他人的窘迫状态取得明显不当利益的，处 3 年以下有期徒刑或者 1000 万元以下罚金。[1]

2. 以前款的方法，使第三人取得不当利益的，处与前款相同的刑罚。

第 350 条（恐吓）

1. 以恐吓手段取得财物或者获得财产利益的，处 7 年以下有期徒刑或者 2000 万元以下罚金。[2]

2. 以前款的方法，使第三人取得财物或者获得财产利益的，处与前款相同的刑罚。

第 350-2 条（特殊恐吓）[3]

通过展示团伙的或聚众的暴力或者携带危险物品的方式，实施第 350 条之罪的，处 1 年以上 15 年以下有期徒刑。

第 351 条（惯犯）

惯常地实施第 347 至第 350 条之罪的，应对相应犯罪所定刑罚加重 1/2 罚之。

第 352 条（未遂罪）[4]

第 347 条至第 348-2 条、第 350 条、第 350-2 条和第 351 条的未遂罪，亦罚之。

第 353 条（停止资格的并处）

对本章的犯罪，可以并处 10 年以下停止资格。

第 354 条（亲属间的犯罪，能量）

第 328 条和第 346 条的规定，应当比照适用于本章之罪。

---

[1] 1995 年 12 月 29 日第 5057 号法律修正。

[2] 1995 年 12 月 29 日第 5057 号法律修正。

[3] 2016 年 1 月 6 日第 13719 号法律新增。

[4] 本条被 1995 年 12 月 29 日第 5057 号法律全面修正；2016 年 1 月 6 日第 13719 号法律修正。

第四十章　侵占与背信罪

第 355 条（侵占，背信）

1. 保管他人财物的人，侵占该财物或者拒不返还的，处 5 年以下有期徒刑或者 1500 万元以下罚金。[1]

2. 管理他人事务的人，以违背其任务的行为，获取或者使第三人获取财产利益，给该他人造成损失的，处与前款相同的刑罚。

第 356 条（业务侵占，业务背信）[2]

违背业务上的职责而实施第 355 条之罪的，处 10 年以下有期徒刑或者 3000 万元以下罚金。

第 357 条（背信行贿或者受贿）

1. 管理他人事务的人，接受与其任务有关的不正当请托，收受财物或财产利益或者使第三人取得财物或利益的，处 5 年以下有期徒刑或者 1000 万元以下罚金。[3]

2. 提供第 1 款所指的财物或者财产利益的，处 2 年以下有期徒刑或者 500 万元以下罚金。[4]

3. 行为人或者明知其性质的第三人收受的财物，应予没收。如果无法没收或者是取得财产利益的，应当追征与其价值相当的金额。[5]

第 358 条（停止资格的并处）

对前 3 条的犯罪，可以并处 10 年以下停止资格。

第 359 条（未遂罪）

第 355 条至第 357 条的未遂罪，亦罚之。

---

[1]　1995 年 12 月 29 日第 5057 号法律修正。
[2]　1995 年 12 月 29 日第 5057 号法律修正。
[3]　2016 年 5 月 29 日第 14178 号法律修正。
[4]　1995 年 12 月 29 日第 5057 号法律修正。
[5]　2016 年 5 月 29 日第 14178 号法律修正。

第 360 条 （侵占遗失物等）

1. 侵占遗失物、漂流物或者脱离他人占有的其他财物的，处 1 年以下有期徒刑、300 万元以下罚金或者科料。[1]

2. 侵占埋藏物的，处与前款相同的刑罚。

第 361 条 （亲属间的犯罪，能量）

第 328 条和第 346 条的规定，应当比照适用于本章之罪。

第四十一章 赃物罪

第 362 条 （赃物的获取、居间等）

1. 取得、转让、运输或者保管赃物的，处 7 年以下有期徒刑或者 1500 万元以下罚金。[2]

2. 在前款的行为中居间介绍的，处与前款相同的刑罚。

第 363 条 （惯犯）[3]

1. 惯常地实施前条规定之罪的，处 1 年以上 10 年以下有期徒刑。

2. 在第 1 款的情形下，可以并处 10 年以下停止资格或者 1500 万元以下罚金。

第 364 条 （业务过失，重大过失）[4]

由于业务过失或者重大过失犯第 362 条之罪的，处 1 年以下有期徒刑或者 500 万元以下罚金。

第 365 条 （亲属间的犯罪）

1. 在实施前 3 条之罪的行为人与被害人之间存在第 328 条第 1 款和第 2 款规定的身份关系的情况下，比照适用该条的规定。

2. 在实施前 3 条之罪的行为人与本犯之间存在第 328 条第 1 款

---

[1] 1995 年 12 月 29 日第 5057 号法律修正。
[2] 1995 年 12 月 29 日第 5057 号法律修正。
[3] 1995 年 12 月 29 日第 5057 号法律修正。
[4] 1995 年 12 月 29 日第 5057 号法律修正。

规定的身份关系的情况下，应当减轻或者免除处罚。但对无此身份关系的共犯，不适用这些规定。

第四十二章　损毁罪

第 366 条（财物等的损毁）[1]

损毁或者隐匿他人的财物、文书或者电子记录等特殊介质记录，或者以其他方法损害其效用的，处 3 年以下有期徒刑或者 700 万元以下罚金。

第 367 条（破坏公益建筑物）[2]

破坏用于公益的建筑物的，处 10 年以下有期徒刑或者 2000 元以下罚金。

第 368 条（加重损毁）

1. 实施第 366 条或者第 367 条的犯罪，危及他人生命或者身体的，处 1 年以上 10 年以下有期徒刑。

2. 实施第 366 条或者第 367 条的犯罪以伤害他人的，处 1 年以下有期徒刑；致人死亡的，处 3 年以上有期徒刑。[3]

第 369 条（特殊损毁）

1. 通过展示团伙的或聚众的暴力或者携带危险物品的方式，实施第 366 条之罪的，处 5 年以下有期徒刑或者 1000 万元以下罚金。[4]

2. 以第 1 款的手段实施第 367 条的犯罪的，处 1 年以下有期徒刑或者 2000 万元以下罚金。[5]

第 370 条（侵犯分界线）

破坏、移动或者去除界标，或者以其他方法使土地分界线难以

---

[1] 1995 年 12 月 29 日第 5057 号法律修正。
[2] 1995 年 12 月 29 日第 5057 号法律修正。
[3] 1995 年 12 月 29 日第 5057 号法律修正。
[4] 1995 年 12 月 29 日第 5057 号法律修正。
[5] 1995 年 12 月 29 日第 5057 号法律修正。

辨认的，处 3 年以下有期徒刑或者 500 万元以下罚金。[1]

第 371 条 （未遂罪）

第 366 条、第 367 条和第 369 条的未遂罪，亦罚之。

第 372 条 （能量）

第 346 条的规定，比照适用于本章之罪。

附则〈1953 年 9 月 18 日第 293 号法律〉

第 1 条 （旧刑法、其他法律与刑罚的轻重）

本法或者施行于本法施行后的法律（以下称为"其他新法律"），与之前旧刑法或被本法废止的法律、法令、附属法规（以下称为"其他被废止法律"）之间，以及与本法开始施行前后均有效的法律、法令、附属法规（以下称为"其他存续法律"）之间，所规定刑罚的相对轻重，应当根据第 50 条的规定予以确定。

第 2 条 （不同种类刑罚的比较）

1. 实施于本法施行前的犯罪的刑罚相对轻重之比较，应当根据法定最长期间或者法定最高数额确定。

2. 法定最长期间或者法定最高数额相同的，应当根据法定最短期间或者法定最低数额确定。

3. 如果根据前两款仍然不能确定刑罚的相对轻重的，以规定并科其他刑罚的为重，以规定选科其他刑罚的为轻。

4. 如果有刑罚的加重或者减轻的，应当先根据旧刑法或者本法进行加重或者减轻，然后再根据前 3 款规定比较所规定刑罚的轻重。

第 3 条 （有利于犯罪人法律的适用）

对实施于本法施行前的犯罪，应当适用对犯罪人更有利的法律，即使该法律不涉及刑罚的相对轻重也应如此。

---

[1] 1995 年 12 月 29 日第 5057 号法律修正。

第 4 条 （新旧法对一罪的适用）

1. 如果一个犯罪的实施跨越本法施行前后的，应当视为实施于本法施行之前。

2. 如果连续犯或者牵连犯的实施跨越本法施行前后的，只有实施于本法施行之前的部分应被视为一罪。

第 5 条 （对资格刑适用的限制）

对实施于本法施行前的犯罪，不适用本法第 43 条，即使本法或者其他新法律对之适用也不例外。

第 6 条 （新法对并合罪的可适用性）

在本法施行前所实施的数罪，或者本法施行前所实施之罪与施行后所实施之罪构成并合罪时，应当适用本法有关并合罪的规定。

第 7 条 （刑罚的效力）

旧刑法、其他被废止法律或者其他存续法律所规定的刑罚，具有与本法规定的刑罚相同的效力。

第 8 条 （总则的可适用性）

1. 本法有关刑罚的裁量、执行、暂缓宣告、暂缓执行、免除、失效或者消灭的规定，应当适用于实施于本法施行前的犯罪。累犯和假释的规定亦同。

2. 只要尚未消灭，对本法施行前宣告的刑罚、刑罚暂缓执行或者假释的效力，应当适用本法的相应规定。

3. 在前两款中，第 49 条但书、第 58 条第 1 款、第 63 条、第 69 条第 1 款但书、第 74 条的规定以及关于没收、追征时效的规定，不应适用。

第 9 条 （对旧刑法条文的援引）

被其他现行的法律援引的旧刑法条文，应当视为已被替代为本法的相应条文。

第 10 条 （将被废止的法律）

在本法施行前施行的下列法律、法令及附属法规将被废止：

1. 旧刑法；

2. 旧刑法施行法；

3. 爆炸物管控罚则；

4. 关于伪造、变造、仿制在外国流通的硬币或者纸币的法律；

5. 《邮政法》第 48 条和第 55 条第 1 款中与 "第 48 条中提到的犯罪未遂" 有关的规定，及其第 55 条第 2 款、第 55-2 条和第 55-3 条的规定；

6. 印花犯罪处罚法；

7. 伪造货币与证券法；

8. 关于决斗罪的规定；

9. 关于处罚暴力行为等的法律；

10. 关于防范与处罚盗窃、抢劫等的法律；

11. 第 70 号美军政法令（禁止买卖妇女或者买卖妇女的契约）；

12. 第 120 号美军政法令（提高罚金数额与特别审判员的管辖权等）；

13. 第 172 号美军政法令（优良受刑人释放令）；

14. 第 208 号美军政法令（抗命罪、海盗罪与其他犯罪）。

第 11 条（施行日期）

本法自 1950 年 10 月 3 日起施行。

附则〈1975 年 3 月 25 日第 2745 号法律〉

本法自公布之日起施行。

附则〈1988 年 12 月 31 日第 4040 号法律〉

本法自公布之日起施行。

附则〈1995 年 12 月 29 日第 5057 号法律〉

第 1 条（施行日期）

本法自 1996 年 7 月 1 日起施行。但是，修正后的第 59-2 条、

第 61 条第 2 款、第 62-2 条、第 64 条第 2 款、第 73-2 条第 2 款的规定与修正后第 75 条的规定有关假释的事项,自 1997 年 1 月 1 日起施行。

第 2 条（普遍适用性）

本法也应适用于旧刑法规定并且实施于本法施行之前的任何犯罪。但是,在先前的规定对犯罪人更有利的情况下,不适用本法。

第 3 条（有关单一行为的过渡措施）

如果单一行为的实施跨越本法施行前后,应当视为实施于本法施行之后。

第 4 条（有关刑罚的过渡措施）

在本法生效之前根据旧刑法的规定被判处任何刑罚的人,应被视为已被根据本法判处该刑罚。对被判处暂缓执行刑罚或者受到暂缓宣告刑罚的人,同样适用。

第 5 条（与其他法律及附属法规的关系）

任何其他法律或附属法规对旧刑法规定（包括各章的标题）的援引,在本法施行时,应当视为对替代之前规定的本法相关规定（如果本法中存在这种相关规定）的援引。

附则〈1997 年 12 月 13 日第 5454 号法律〉

本法自 1998 年 1 月 1 日起施行。(但书省略)

附则〈2001 年 12 月 29 日第 6543 号法律〉

本法自公布之日起 6 个月后施行。

附则〈2004 年 1 月 20 日第 7077 号法律〉

本法自公布之日起施行。

附则〈2005 年 3 月 31 日第 7427 号法律〉

第 1 条（施行日期）

本法自公布之日起施行。但是，…（省略）…本附则第 7 条的规定（第 2 款和第 29 款除外）应当从 2008 年 1 月 1 日起施行。

第 2 条至第 7 条（省略）

附则〈2005 年 7 月 29 日第 7623 号法律〉

1.（施行日期）本法自公布之日起施行。

2.（可适用性）本法也应适用于实施于本法施行之前的犯罪。但是，在先前的规定对犯罪人更为有利的情况下，不适用本法。

附则〈2010 年 4 月 15 日第 10259 号法律〉

1.（施行日期）本法自公布之日起 6 个月后施行。但是，修正后的第 305-2 条的规定应当自公布之日起施行。

2.（假释要件的可适用性）修正后的第 72 条第 1 款也适用于本法施行时在狱中服刑的人。

附则〈2012 年 12 月 18 日第 11574 号法律〉

第 1 条（施行日期）

本法自公布之日起 6 个月后施行。

第 2 条（废止告诉才处理的犯罪的可适用性）

修正后的第 296 条和第 306 条的规定，从本法施行之日或者之后实施的第一起犯罪开始适用。

第 3 条（省略）

附则〈2013 年 4 月 5 日第 11731 号法律〉

第 1 条（施行日期）

本法自公布之日起施行。（但书省略）

第 2 条（省略）

第 3 条（与其他法律及附属法规的关系）

正在实施的任何其他法律或附属法规对旧刑法规定的援引，在本法施行时，应当视为对替代之前规定的本法相关规定（如果本法中存在这种相关规定）的援引。

附则〈2014 年 5 月 14 日第 12575 号法律〉

第 1 条（施行日期）

本法自公布之日起施行。

第 2 条（可适用性与过渡措施）

1. 修正后的第 70 条第 2 款的规定，适用于本法施行之后被起诉的人。

2. 修正后的第 79 条第 2 款的规定，也适用于对之的行刑时效期间在本法施行之前未满的人。

附则〈2014 年 12 月 30 日第 12898 号法律〉

本法自公布之日起施行。

附则〈2016 年 1 月 6 日第 13719 号法律〉

第 1 条（施行日期）

本法自其公布之日起施行。但是，修正后的第 62 条的规定应自其颁布之日起 2 年后施行。

第 2 条（省略）

第 3 条 (与其他法律及附属法规的关系)

正在实施的任何其他法律或附属法规对旧刑法规定的援引，在本法施行时，应当视为对替代之前规定的本法相关规定（如果本法中存在这种相关规定）的援引。

附则 〈2016 年 5 月 29 日第 14178 号法律〉

本法自公布之日起施行。

附则 〈2016 年 12 月 20 日第 14415 号法律〉

本法自公布之日起施行。

附则 〈2017 年 12 月 12 日第 15163 号法律〉

第 1 条 (施行日期)

本法自公布之日起施行。

第 2 条 (时效期间的可适用性)

修正后的第 78 条第 5 项和第 6 项的规定，应从本法生效之日或之后判决最终确定的第一个案件起开始适用。

附则 〈2018 年 10 月 16 日第 15793 号法律〉

本法自公布之日起施行。

附则 〈2018 年 12 月 18 日第 15982 号法律〉

本法自公布之日起施行。

二、韩国单行刑法

（一）韩国军事刑法典

（1962 年 1 月 20 日第 1003 号法律制定；1963 年 12 月 16 日第 1620 号法律修正；1970 年 12 月 31 日第 2261 号法律修正；1973 年 2 月 17 日第号法律修正；1975 年 4 月 4 日第 2749 号法律修正；1981 年 4 月 17 日第 3443 号法律修正；1983 年 12 月 31 日第 3696 号法律修正；1983 年 12 月 31 日第 3699 号法律修正；1987 年 12 月 4 日第 3993 号法律修正；1993 年 12 月 31 日第 4685 号法律修正；1994 年 1 月 5 日第号法律修正；1999 年 2 月 5 日第 5757 号法律修正；2000 年 12 月 26 日第 6290 号法律修正；2006 年 1 月 2 日第 7845 号法律修正；2009 年 11 月 2 日第 9820 号法律修正；2013 年 4 月 5 日第 11734 号法律修正；2014 年 1 月 14 日第 12232 号法律修正；2016 年 5 月 29 日第 14181 号法律修正；2016 年 5 月 29 日第 14183 号法律修正）

第一编 总 则

第 1 条（所适用的人员）[1]

1. 本法适用于实施本法规定罪行的大韩民国军人。

---

[1]　本条被 2009 年 11 月 2 日第 9820 号法律全面修正。

2. 第 1 款中的 "军人" 是指现役的军官、准尉、士官和应征士兵。但从事暂时借调服务的应征士兵除外。

3. 对下列人员，应当视同军人适用本法：[1]

（1）军队的文职雇员；

（2）进行军籍登记并且目前在军事学校注册的学生、候补军官、士官候选人，或者根据《兵役法》第 57 条进行军籍登记并且目前正在军事基地服兵役的学生；

（3）被征召并且正在军队中服役的预备役军人或者补充役军人，或者战时劳工。

4. 对于实施下列任何罪行的韩国国民或者外国人，应当视同军人适用本法：

（1）第 13 条第 2 款、第 3 款的犯罪；

（2）第 42 条的犯罪；

（3）第 54 条至第 56 条、第 58 条、第 58-2 条至第 58-6 条和第 59 条的犯罪；

（4）第 66 条至第 71 条的犯罪；

（5）第 75 条第 1 款第 1 项的犯罪；

（6）第 77 条的犯罪；

（7）第 78 条的犯罪；

（8）第 87 条至第 90 条的犯罪；

（9）第 13 条第 2 款、第 3 款犯罪的未遂罪；

（10）第 58-2 条至第 58-4 条犯罪的未遂罪；

（11）第 59 条第 1 款犯罪的未遂罪；

（12）第 66 条至第 70 条和第 71 条第 1 款、第 2 款犯罪的未遂罪；

（13）第 87 条至第 90 条的未遂罪。

5. 如果第 1 款至第 3 款规定的人员在其服兵役、在学校注册或者在军事基地服兵役时实施本法的犯罪的，即使在其被退出现役、

---

[1] 2016 年 5 月 29 日第 14183 号法律修正。

解除征召、学校除名或者调离军事基地之后，本法也应当对之适用。

第 1-2 条（适用的空间范围）[1]

第 1 条规定的人员在大韩民国领域外实施本法的犯罪（对于第 1 条第 4 款所列的人员，仅限于同款各项所规定犯罪）的，本法也应当适用。

第 2 条（定义）[2]

本法所用的术语定义如下：

（1）"长官"，是指在命令服从关系中具有命令权限的人。如果不存在命令服从关系，级别较高的人或优先顺序较高的人员应被视为长官；

（2）"指挥官"，是指连或者更大的军事单位的负责人、海军舰队的负责人或者指挥海军船舶或航空器的人；

（3）"哨兵"，是指驻守于陆地、海洋或者空中的规定责任范围内，履行站岗放哨职责的人；

（4）"军事单位"，是指军事单位、军事机构、军事学校或者在战时、事变或其他类似情况下专门设立的机构；

（5）"面对敌人"，是指紧接进攻或者防守等作战行动开始前后的状态，或者在与敌人的直接对抗中警戒敌人进攻的状态；

（6）"战时"，是指从对另一国或者交战团体宣战或者采取敌对行动之时开始，到与另一国或者交战团体达成停战之时为止的期间；

（7）"事变"，是指在全国或者某一地区被宣布戒严期间的类似于战时的动乱状态。

第 3 条（死刑的执行）[3]

死刑应当由行刑队在主管参谋长或者军事法院主管官员指定的地点执行。

---

[1] 本条由 2009 年 11 月 2 日第 9820 号法律新增。
[2] 本条被 2009 年 11 月 2 日第 9820 号法律全面修正。
[3] 本条被 2009 年 11 月 2 日第 9820 号法律全面修正。

第4条（其他法律的可适用性）〔1〕

除非本法另有不同规定，其他法律应当适用于由根据第1条适用本法的人所实施的犯罪。

第二编　分　则

第一章　内乱罪

第5条（内乱）〔2〕

携带武器暴乱的，应当按照下列分类予以处罚：

（1）为首者，处死刑；

（2）参与暴乱共谋、指挥暴乱、在暴乱中承担其他重要职责或者在暴乱中杀人、伤害、毁损或者抢掠的，处死刑、无期徒刑或无期监禁或者7年以上有期徒刑或有期监禁；

（3）盲目附和随行他人或者单纯参与暴动的，处7年以下有期徒刑或有期监禁。

第6条（意图暴乱非法夺取军需物资）〔3〕

意图暴乱非法夺取武器、弹药或者用于军事用途的其他物品的，应当按照第5条进行处罚。

第7条（未遂罪）〔4〕

第5条和第6条犯罪的未遂罪，罚之。

第8条（预备、共谋、煽动或者宣传）〔5〕

1. 预备或者共谋实行第5条或者第6条的犯罪的，处5年以上有期徒刑或有期监禁。但在实行犯罪之前自首的，应当减轻或者免

---

〔1〕　本条被2009年11月2日第9820号法律全面修正。
〔2〕　本条被2009年11月2日第9820号法律全面修正。
〔3〕　本条被2009年11月2日第9820号法律全面修正。
〔4〕　本条被2009年11月2日第9820号法律全面修正。
〔5〕　本条被2009年11月2日第9820号法律全面修正。

除处罚。

2. 煽动或者宣传实行第 5 条或者第 6 条的犯罪的，也应当按照第 1 款规定处罚。

第 9 条（不举报暴乱）[1]

1. 明知暴乱发生而不立即向其长官或者其他主管官员举报的，处 2 年以下有期徒刑或有期监禁。

2. 在第 1 款的情形下，意图助敌而不举报的，处 7 年以上有期徒刑或有期监禁。

第 10 条（针对盟国的行为）[2]

本章的规定，也应当适用于针对大韩民国的盟国的行为。

第二章　助敌罪

第 11 条（提供军事基地和军事设施）[3]

1. 向敌人提供军事要塞、军事基地、军用船舶、军用航空器或者其他场所、设备或建筑物的，处死刑。

2. 向敌人提供武器、弹药或者其他军用物品的，也应当按照第 1 款规定处罚。

第 12 条（破坏军事设施等）[4]

为了敌人的利益，破坏第 11 条规定的军事设施或其他物品，或者使这些设施或者物品不能使用的，处死刑。

第 13 条（间谍）[5]

1. 充当敌人的间谍的，处死刑；帮助敌人的间谍的，处死刑或者无期徒刑。

---

[1]　本条被 2009 年 11 月 2 日第 9820 号法律全面修正。
[2]　本条被 2009 年 11 月 2 日第 9820 号法律全面修正。
[3]　本条被 2009 年 11 月 2 日第 9820 号法律全面修正。
[4]　本条被 2009 年 11 月 2 日第 9820 号法律全面修正。
[5]　本条被 2009 年 11 月 2 日第 9820 号法律全面修正。

2. 将军事秘密泄露给敌人的，也应当按照第 1 款规定处罚。

3. 下列任何地区或者机构中实施第 1 款或者第 2 款的犯罪的，也应当按照第 1 款规定处罚：

（1）军事单位、军事基地或者军事港口所坐落的地区，或者依照军事设施保护法律法规公开宣布的其他地区；

（2）军事单位移动地区、军事单位训练地区、反间谍行动地区或者军队实施特别行动的其他地区；

（3）根据《国防采购计划法》指定或者委托的国防工业企业或者研究机构。

第 14 条 （一般助敌）[1]

实施不属于第 11 条至第 13 条规定行为的下列行为的，处死刑、无期徒刑或者 5 年以上有期徒刑：

（1）引导敌人前进或者向敌人提供地理信息的；

（2）强迫指挥官向敌人投降的；

（3）隐匿或者庇护敌人的；

（4）为敌人破坏或者妨碍通道、桥梁、灯塔、标志或者其他交通设施，或者以其他手段妨碍军事单位、军用船舶、军用航空器或者军用车辆的交通的；

（5）为敌人使用密码或者信号，或者更改命令、通知、报告的内容并予以传递，或者疏于传递命令、通知、报告，又或者发出虚假的命令、通知、报告的；

（6）为了敌人利益解散或者扰乱军事单位、海军舰队、飞行编队或者军队，或妨碍军事单位、海军舰队、飞行编队或者军队的通讯或者集结的；

（7）向敌人提供非军用的武器、弹药或者可用于作战的物品的；

（8）损害大韩民国的军事利益或者向敌人提供军事利益的。

---

〔1〕 本条被 2009 年 11 月 2 日第 9820 号法律全面修正。

第 15 条（未遂罪）〔1〕

第 11 条至第 14 条犯罪的未遂罪，罚之。

第 16 条（预备、共谋、煽动或者宣传）〔2〕

1. 预备或者共谋实行第 11 条至第 14 条的犯罪的，处 3 年以上有期徒刑。但在实行犯罪之前自首的，应当减轻或者免除处罚。

2. 煽动或者宣传实行第 11 条至第 14 条的犯罪的，也应当按照第 1 款规定处罚。

第 17 条（针对盟国的行为）〔3〕

本章的规定，也应当适用于针对大韩民国的盟国的行为。

第三章　滥用指挥权罪

第 18 条（非法开启战端）〔4〕

无正当理由地发起与外国的战争的，处死刑。

第 19 条（非法继续作战）〔5〕

指挥官在接到停战或者休战通知后，无正当理由地继续作战的，处死刑。

第 20 条（非法推进或者退却）〔6〕

指挥官在战时、事变期间或者在戒严地区滥用职权，在无不可避免理由的情况下推进或者撤退军事单位、船舶或者航空器的，处死刑、无期徒刑或无期监禁或者 7 年以上有期徒刑或有期监禁。

---

〔1〕　本条被 2009 年 11 月 2 日第 9820 号法律全面修正。
〔2〕　本条被 2009 年 11 月 2 日第 9820 号法律全面修正。
〔3〕　本条被 2009 年 11 月 2 日第 9820 号法律全面修正。
〔4〕　本条被 2009 年 11 月 2 日第 9820 号法律全面修正。
〔5〕　本条被 2009 年 11 月 2 日第 9820 号法律全面修正。
〔6〕　本条被 2009 年 11 月 2 日第 9820 号法律全面修正。

第 21 条 （未遂罪）〔1〕

本章犯罪的未遂罪，罚之。

第四章　指挥官投降与逃跑罪

第 22 条 （投降）〔2〕

指挥官不履行其对国家的职责，向敌人投降或者将军事单位、要塞、军事基地、船舶或者航空器丢弃给敌人的，处死刑。

第 23 条 （带领军事单位逃跑）〔3〕

指挥官不履行其对国家的职责，在面对敌人时带领军事单位一起逃跑的，处死刑。

第 24 条 （放弃职责）〔4〕

指挥官无正当理由地拒绝履行职责或者放弃职责的，应当依照下列规定处罚：

（1）在面对敌人时实施的，处死刑；

（2）在战时、事变期间或者在戒严地区实施的，处 5 年以上有期徒刑或有期监禁；

（3）在其他情况下，处 3 年以下有期徒刑或有期监禁。

第 25 条 （未遂罪）〔5〕

第 22 条或者第 23 条犯罪的未遂罪，罚之。

第 26 条 （预备和共谋）〔6〕

预备或者共谋实行第 22 条或者第 23 条的犯罪的，处 3 年以上有期徒刑。

---

〔1〕 本条被 2009 年 11 月 2 日第 9820 号法律全面修正。
〔2〕 本条被 2009 年 11 月 2 日第 9820 号法律全面修正。
〔3〕 本条被 2009 年 11 月 2 日第 9820 号法律全面修正。
〔4〕 本条被 2009 年 11 月 2 日第 9820 号法律全面修正。
〔5〕 本条被 2009 年 11 月 2 日第 9820 号法律全面修正。
〔6〕 本条被 2009 年 11 月 2 日第 9820 号法律全面修正。

第五章　脱离防务驻地罪

第 27 条（指挥官脱离防务驻地）〔1〕

在无正当理由的情况下，指挥官带领军事单位脱离其防务驻地或者不进入被部署地区的，应当依照下列规定处罚：

（1）在面对敌人时实施的，处死刑；

（2）在战时、事变期间或者在戒严地区实施的，处死刑、无期徒刑或无期监禁或者 5 年以上有期徒刑或有期监禁；

（3）在其他情况下，处 3 年以下有期徒刑或有期监禁。

第 28 条（哨兵脱离防务驻地）〔2〕

在无正当理由的情况下，哨兵脱离其防务驻地或者不在指定时间达到其防务驻地的，应当依照下列规定处罚：

（1）在面对敌人时实施的，处死刑、无期徒刑或者 10 年以上有期徒刑；

（2）在战时、事变期间或者在戒严地区实施的，处 1 年以上有期徒刑；

（3）在其他情况下，处 2 年以下有期徒刑。

第 29 条（未遂罪）〔3〕

本章犯罪的未遂罪，罚之。

第六章　逃避军事服役罪

第 30 条（逃避军事服役）〔4〕

1. 意图逃避军事服役而离开其军事单位或者岗位的，应当依照下列规定处罚：

---

〔1〕　本条被 2009 年 11 月 2 日第 9820 号法律全面修正。
〔2〕　本条被 2009 年 11 月 2 日第 9820 号法律全面修正。
〔3〕　本条被 2009 年 11 月 2 日第 9820 号法律全面修正。
〔4〕　本条被 2009 年 11 月 2 日第 9820 号法律全面修正。

（1）在面对敌人时实施的，处死刑、无期徒刑或者 10 年以上有期徒刑；

（2）在战时、事变期间或者在戒严地区实施的，处 5 年以上有期监禁；

（3）在其他情况下，处 1 年以上 10 年以下有期徒刑。

2. 已经离开其军事单位或者岗位的人，在无正当理由的情况下，不在合理期间内返回军事单位或者岗位的，也应当处以第 1 款规定的刑罚。

第 31 条 （逃避特别军事服役）[1]

意图逃避危险或者重要任务，离开其被部署的地点或者岗位的，也应当根据第 30 条予以处罚。

第 32 条 （庇护逃兵）[2]

隐藏或者庇护实施了第 30 条或者第 31 条的犯罪的人的，应当依照下列规定处罚：

（1）在战时、事变期间或者在戒严地区实施的，处 5 年以下有期徒刑或有期监禁；

（2）在其他情况下，处 3 年以下有期徒刑。

第 33 条 （逃往敌方营地）[3]

逃往敌方营地的，处死刑。

第 34 条 （未遂罪）[4]

本章犯罪的未遂罪，罚之。

---

[1] 本条被 2009 年 11 月 2 日第 9820 号法律全面修正。
[2] 本条被 2009 年 11 月 2 日第 9820 号法律全面修正。
[3] 本条被 2009 年 11 月 2 日第 9820 号法律全面修正。
[4] 本条被 2009 年 11 月 2 日第 9820 号法律全面修正。

第七章　军事服役失职罪

第 35 条（玩忽职守）[1]

因为玩忽职守具有下列各项规定的行为之一的，处无期徒刑或者 1 年以上有期徒刑：

（1）指挥官或者相当于指挥官的军官，尽管预见到会与敌人交战，但在执行任务时疏于准备与敌人交战的；

（2）军官在执行任务期间，当遭遇敌人或者面对危险时，无正当理由地抛弃其带领的军事单位或者部队的；

（3）承担攻击职责的人无正当理由地不攻击敌人，或者逃避其有职责面对的危险的；

（4）在情况紧急时，在没有不可避免事由的情况下，将被归为军事秘密并由他保管的文件或者物品丢弃给敌人的；

（5）在战时、事变期间或者在戒严地区负责运输或者供应军事用途的武器、弹药、粮食、衣服或者其他物品的人，在没有不可避免事由的情况下，将它们移走或者使它们短缺的。

第 36 条（扰乱军事飞行纪律）[2]

以违反有关飞行的法律、法规或者命令操纵航空器的方式扰乱军事飞行纪律的，应当依照下列规定处罚：

（1）在面对敌人时实施的，处 1 年以上有期徒刑或有期监禁；

（2）在战时、事变期间或者在戒严地区实施的，处 3 年以下有期徒刑或有期监禁；

（3）在其他情况下，处 1 年以下有期徒刑或有期监禁。

第 37 条（以欺骗导航手段导致危险）[3]

以虚假的信号或者其他手段，对军用船舶或者航空器的安全航

---

〔1〕　本条被 2009 年 11 月 2 日第 9820 号法律全面修正。
〔2〕　本条被 2009 年 11 月 2 日第 9820 号法律全面修正。
〔3〕　本条被 2009 年 11 月 2 日第 9820 号法律全面修正。

行造成危险的，应当依照下列规定处罚：

（1）在战时、事变期间或者在戒严地区实施的，处死刑、无期徒刑或者 5 年以上有期徒刑；

（2）在其他情况下，处无期徒刑或者 2 年以上有期徒刑。

第 38 条（虚假命令，虚假通知，虚假报告）[1]

1. 就军事事务发布虚假命令、发出虚假通知或者做出虚假报告的，应当依照下列规定处罚：

（1）在面对敌人时实施的，处死刑、无期徒刑或者 5 年以上有期徒刑；

（2）在战时、事变期间或者在戒严地区实施的，处 7 年以下有期徒刑；

（3）在其他情况下，处 1 年以下有期徒刑。

2. 承担就军事事务发布命令、发出通知或者做出报告职责的人，实施第 1 款的犯罪的，应当对第 1 款各项所定刑罚加重 1/2 予以处罚。

第 39 条（虚假传递命令等）[2]

在战时、事变期间或者在戒严地区负责传递有关军事事务的命令、通知、报告的人，做虚假的传递或者不予传递的，应当根据第 38 条的规定处罚。

第 40 条（违反哨兵规则）[3]

1. 无正当理由地命令更换哨兵，或者不遵守既定规则更换哨兵的，应当依照下列规定处罚：

（1）在面对敌人时实施的，处死刑、无期徒刑或者 2 年以上有期徒刑；

（2）在战时、事变期间或者在戒严地区实施的，处 5 年以下有期徒刑；

---

〔1〕 本条被 2009 年 11 月 2 日第 9820 号法律全面修正。
〔2〕 本条被 2009 年 11 月 2 日第 9820 号法律全面修正。
〔3〕 本条被 2009 年 11 月 2 日第 9820 号法律全面修正。

（3）在其他情况下，处 2 年以下有期徒刑。

2. 哨兵在值班时睡觉或者醉酒的，应当根据第 1 款处罚。

第 41 条 （意图逃避服役的欺骗) [1]

1. 意图逃避服役而伤害自己的身体的，应当依照下列规定处罚：

（1）在面对敌人时实施的，处死刑、无期徒刑或者 5 年以上有期徒刑；

（2）在其他情况下，处 3 年以上有期徒刑。

2. 意图逃避服役而假装患病或者使用其他欺骗手段的，应当依照下列规定处罚：

（1）在面对敌人时实施的，处 10 年以下有期徒刑；

（2）在其他情况下，处 1 年以下有期徒刑。

第 42 条 （供应有毒食品) [2]

1. 向军队供应有毒食品的，处 10 年以下有期徒刑。

2. 实施第 1 款的犯罪导致他人死亡或者受伤的，处死刑、无期徒刑或者 5 年以上有期徒刑。

3. 过失地实施第 1 款的犯罪的，处 5 年以下有期徒刑或者有期监禁。

4. 意图有利于敌人而实施第 1 款的犯罪的，处死刑、无期徒刑或者 5 年以上有期徒刑。

第 43 条 （拒绝派遣部队) [3]

指挥官在收到有权力要求其派遣部队之人的请求时，无正当理由地不遵从其派遣部队请求的，处 7 年以下有期徒刑或者有期监禁。

---

[1] 本条被 2009 年 11 月 2 日第 9820 号法律全面修正。

[2] 本条被 2009 年 11 月 2 日第 9820 号法律全面修正。

[3] 本条被 2009 年 11 月 2 日第 9820 号法律全面修正。

第八章　不服从命令罪

第44条（不服从命令）[1]

抵制或者不服从上级的正当命令的，应当依照下列规定处罚：

（1）在面对敌人时实施的，处死刑、无期徒刑或者10年以上有期徒刑；

（2）在战时、事变期间或者在戒严地区实施的，处1年以上7年以下有期徒刑；

（3）在其他情况下，处3年以上有期徒刑。

第45条（以团伙方式不服从命令）[2]

以团伙方式实施第44条的犯罪的，应当依照下列规定处罚：

（1）在面对敌人时实施的，为首者，处死刑；其他人，处死刑或者无期徒刑；

（2）在战时、事变期间或者在戒严地区实施的，为首者，处无期徒刑或者7年以上有期徒刑；其他人，处1年以上监禁；

（3）在其他情况下，为首者，处3年以上有期徒刑；其他人，处7年以下有期徒刑。

第46条（不服从上级的约束）[3]

在实施袭击时不服从上级的约束的，处3年以下有期徒刑。

第47条（违反命令）[4]

有义务遵守正当命令或者规则的人，违反或者不遵守该命令或者规则的，处2年以下有期徒刑或者有期监禁。

---

[1]　本条被2009年11月2日第9820号法律全面修正。
[2]　本条被2009年11月2日第9820号法律全面修正。
[3]　本条被2009年11月2日第9820号法律全面修正。
[4]　本条被2009年11月2日第9820号法律全面修正。

第九章　袭击、胁迫、伤害与杀人罪

第 48 条（袭击或者胁迫长官）[1]

袭击或者胁迫长官的，应当按照下列规定处罚：

（1）在面对敌人时实施的，处 1 年以上 10 年以下有期徒刑；

（2）在其他情况下，处 5 年以下有期徒刑。

第 49 条（以团伙等方式袭击或者胁迫长官）[2]

1. 以团伙形式实施第 48 条的犯罪的，应当依照下列规定处罚：

（1）在面对敌人时实施的，为首者，处无期徒刑或者 10 年以上有期徒刑；其他人，处 3 年以上有期徒刑；

（2）在其他情况下，为首者，处无期徒刑或者 5 年以上有期徒刑；其他人，处 1 年以上有期徒刑。

2. 两个以上的人以非团伙的形式共同实施第 48 条的犯罪的，应当将第 48 条规定的刑罚加重 1/2 予以处罚。

第 50 条（加重的袭击或者胁迫长官）[3]

携带致命武器或其他危险物品实施第 48 条的犯罪的，应当依照下列规定处罚：

（1）在面对敌人时实施的，处死刑、无期徒刑或者 5 年以上有期徒刑；

（2）在其他情况下，处无期徒刑或者 2 年以上有期徒刑。

第 51 条（删除）[4]

第 52 条（袭击长官导致死伤）[5]

1. 实施第 48 条至第 50 条的犯罪，导致其长官死亡的，应当依

---

〔1〕　本条被 2009 年 11 月 2 日第 9820 号法律全面修正。

〔2〕　本条被 2009 年 11 月 2 日第 9820 号法律全面修正。

〔3〕　本条被 2009 年 11 月 2 日第 9820 号法律全面修正。

〔4〕　2009 年 11 月 2 日第 9820 号法律删除。

〔5〕　本条被 2009 年 11 月 2 日第 9820 号法律全面修正。

照下列规定处罚：

（1）在面对敌人时实施的，处死刑、无期徒刑或者10年以上有期徒刑；

（2）在战时、事变期间或者在戒严地区实施的，处死刑、无期徒刑或者5年以上有期徒刑；

（3）在其他情况下，处无期徒刑或者5年以上有期徒刑。

2. 实施第48条至第50条的犯罪（实施第49条第1款的犯罪的为首者除外），导致其长官死亡的，应当依照下列规定处罚：

（1）在面对敌人时实施的，处无期徒刑或者3年以上有期徒刑；

（2）在其他情况下，处1年以下有期徒刑。

第52-2条（伤害长官）[1]

伤害长官的，应当依照下列规定处罚：

（1）在面对敌人时实施的，处无期徒刑或者3年以上有期徒刑；

（2）在其他情况下，处1年以上有期徒刑。

第52-3条（以团伙等方式伤害长官）[2]

1. 以团伙形式实施第52-2条的犯罪的，应当依照下列规定处罚：

（1）在面对敌人时实施的，为首者，处无期徒刑或者10年以上有期徒刑；其他人，处无期徒刑或者5年以上有期徒刑；

（2）在其他情况下，为首者，处无期徒刑或者7年以上有期徒刑；其他人，处3年以上有期徒刑。

2. 两个以上的人以非团伙的形式共同实施第52-2条的犯罪的，应当将第52-2条规定的刑罚加重1/2予以处罚。

第52-4条（对长官的加重伤害）[3]

携带致命武器或其他危险物品实施第52-2条的犯罪的，应当依照下列规定处罚：

---

[1] 本条被2009年11月2日第9820号法律全面修正。
[2] 本条由2009年11月2日第9820号法律新增。
[3] 本条由2009年11月2日第9820号法律新增。

（1）在面对敌人时实施的，处死刑、无期徒刑或者 10 年以上有期徒刑；

（2）在其他情况下，处无期徒刑或者 3 年以上有期徒刑；

第 52-5 条（对长官的严重伤害）〔1〕

实施第 52 条第 2 款、第 52-2 条至第 52-4 条的犯罪，导致长官的生命危险或者导致长官的残疾或者无法治愈或难以治愈的疾病的，应当依照下列规定处罚：

（1）在面对敌人时实施的，处死刑、无期徒刑或者 10 年以上有期徒刑；

（2）在战时、事变期间或者在戒严地区实施的，处死刑、无期徒刑或者 3 年以上有期徒刑。但实施第 52-3 条第 1 款第 2 项犯罪之人的为首者，处死刑、无期徒刑或者 7 年以上有期徒刑；

（3）在其他情况下（实施第 52-3 条第 1 款第 2 项犯罪之人的为首者除外），处无期徒刑或者 3 年以上有期徒刑。

第 52-6 条（伤害长官导致死亡）〔2〕

实施第 52-2 条至第 52-5 条的犯罪，导致长官死亡的，应当依照下列规定处罚：

（1）在面对敌人时实施的，处死刑、无期徒刑或者 10 年以上有期徒刑；

（2）在战时、事变期间或者在戒严地区实施的，处死刑、无期徒刑或者 5 年以上有期徒刑；

（3）在其他情况下（实施第 52-3 条第 1 款第 2 项犯罪之人的为首者除外），处无期徒刑或者 5 年以上有期徒刑。

第 53 条（杀害长官及其预备和共谋）〔3〕

1. 杀害长官的，处死刑或者无期徒刑。

2. 预备或者共谋实行第 1 款的犯罪的，处 1 年以上有期徒刑。

---

〔1〕 本条被 2009 年 11 月 2 日第 9820 号法律全面修正。
〔2〕 本条被 2009 年 11 月 2 日第 9820 号法律全面修正。
〔3〕 本条被 2009 年 11 月 2 日第 9820 号法律全面修正。

第 54 条（袭击或者胁迫哨兵）[1]

袭击或者胁迫哨兵的，应当依照下列规定处罚：

（1）在面对敌人时实施的，处 7 年以下有期徒刑；

（2）在其他情况下，处 5 年以下有期徒刑。

第 55 条（以团伙等方式袭击或者胁迫哨兵）[2]

1. 以团伙形式实施第 54 条的犯罪的，应当依照下列规定处罚：

（1）在面对敌人时实施的，为首者，处 5 年以上有期徒刑；其他人，处 3 年以上有期徒刑；

（2）在其他情况下，为首者，处 2 年以上有期徒刑；其他人，处 1 年以上有期徒刑。

2. 两个以上的人以非团伙的形式共同实施第 54 条的犯罪的，应当将第 54 条规定的刑罚加重 1/2 予以处罚。

第 56 条（加重的袭击或者胁迫哨兵）[3]

携带致命武器或其他危险物品实施第 54 条的犯罪的，应当依照下列规定处罚：

（1）在面对敌人时实施的，处死刑、无期徒刑或者 3 年以上有期徒刑；

（2）在其他情况下，处 1 年以上有期徒刑。

第 57 条（删除）[4]

第 58 条（袭击或者胁迫哨兵导致死伤）[5]

1. 实施第 54 条至第 56 条的犯罪，导致哨兵死亡的，应当依照下列规定处罚：

（1）在面对敌人时实施的，处死刑、无期徒刑或者 5 年以上有

---

〔1〕 本条被 2009 年 11 月 2 日第 9820 号法律全面修正。

〔2〕 本条被 2009 年 11 月 2 日第 9820 号法律全面修正。

〔3〕 本条被 2009 年 11 月 2 日第 9820 号法律全面修正。

〔4〕 2009 年 11 月 2 日第 9820 号法律删除。

〔5〕 本条被 2009 年 11 月 2 日第 9820 号法律全面修正。

期徒刑；

（2）在战时、事变期间或者在戒严地区实施第54条的犯罪的，处死刑、无期徒刑或者3年以上有期徒刑；实施第55条或者第56条的犯罪的，处死刑、无期徒刑或者5年以上有期徒刑；

（3）在其他情况下，实施第54条的犯罪的，处无期徒刑或者3年以上有期徒刑；实施第55条或者第56条的犯罪的，处无期徒刑或者5年以上有期徒刑。

2. 实施第54条或者第55条的犯罪，导致哨兵受伤的，应当依照下列规定处罚：

（1）在面对敌人时实施的，处无期徒刑或者3年以上有期徒刑。但实施第55条第1款第1项的犯罪的，处无期徒刑或者5年以上有期徒刑；

（2）在其他情况下（实施第55条第1款第2项的犯罪之人的为首者除外），处1年以上有期徒刑。

第58-2条（伤害哨兵）[1]

伤害哨兵的，应当依照下列规定处罚：

（1）在面对敌人时实施的，处无期徒刑或者3年以上有期徒刑；

（2）在其他情况下，处1年以上有期徒刑。

第58-3条（以团伙等方式伤害哨兵）[2]

1. 以团伙形式实施第58-2条的犯罪的，应当依照下列规定处罚：

（1）在面对敌人时实施的，为首者，处无期徒刑或者7年以上有期徒刑；其他人，处无期徒刑或者5年以上有期徒刑；

（2）在其他情况下，为首者，处2年以上有期徒刑；其他人，处3年以上有期徒刑。

2. 两个以上的人以非团伙的形式共同实施第58-2条的犯罪的，应当将第58-2条规定的刑罚加重1/2予以处罚。

---

〔1〕 本条被2009年11月2日第9820号法律全面修正。

〔2〕 本条由2009年11月2日第9820号法律新增。

第58-4条 （加重的伤害哨兵）[1]

携带致命武器或其他危险物品实施第58-2条的犯罪的，应当依照下列规定处罚：

（1）在面对敌人时实施的，处死刑、无期徒刑或者5年以上有期徒刑；

（2）在其他情况下，处3年以上有期徒刑。

第58-5条 （对哨兵的严重伤害）[2]

实施第58条第2款、第58-2条和第58-3条第2款的犯罪，导致哨兵的生命危险或者导致哨兵的残疾或者无法治愈或难以治愈的疾病的，应当依照下列规定处罚：

（1）在面对敌人时实施的，处无期徒刑或者5年以上有期徒刑；

（2）在其他情况下，处2年以上有期徒刑。

第58-6条 （伤害哨兵导致死亡）[3]

实施第58-2条至第58-5条的犯罪，导致哨兵死亡的，应当依照下列规定处罚：

（1）在面对敌人时实施的，处死刑、无期徒刑或者5年以上有期徒刑；

（2）在战时、事变期间或者在戒严地区实施第58-2条的犯罪的，处死刑、无期徒刑或者3年以上有期徒刑；实施第58-3条至第58-5条的犯罪的，处死刑、无期徒刑或者5年以上有期徒刑；

（3）在其他情况下，实施第58-2条的犯罪的，处无期徒刑或者3年以上有期徒刑；实施第58-3条至第58-5条的犯罪的，处无期徒刑或者5年以上有期徒刑。

第59条 （杀害哨兵及其预备和共谋）[4]

1. 杀害哨兵的，处死刑或者无期徒刑。

---

〔1〕 本条由2009年11月2日第9820号法律新增。

〔2〕 本条被2009年11月2日第9820号法律全面修正。

〔3〕 本条被2009年11月2日第9820号法律全面修正。

〔4〕 本条被2009年11月2日第9820号法律全面修正。

2. 预备或者共谋实行第 1 款的犯罪的，处 1 年以上 10 年以下有期徒刑。

第 60 条（对值班军人等的袭击、胁迫等）[1]

1. 袭击或者胁迫既不是长官也不是哨兵的值班人员（限于军人或者第 1 条第 3 款各项所列人员，以下称为"军人等"）的，应当依照下列规定处罚：

（1）在面对敌人时实施的，处 7 年以下有期徒刑；

（2）在其他情况下，处 5 年以下徒刑或者 1000 万元以下罚金。

2. 以团伙形式或者携带致命武器或其他危险物品实施第 1 款的犯罪的，应当依照下列规定处罚：

（1）在面对敌人时实施的，处 3 年以上有期徒刑；

（2）在其他情况下，处 1 年以上有期徒刑。

3. 两个以上的人以非团伙的形式共同实施第 1 款的犯罪的，应当将第 1 款规定的刑罚加重 1/2 予以处罚。

4. 实施第 1 款至第 3 款的犯罪，导致既不是其长官也不是哨兵的值班军人等死亡的，应当依照下列规定处罚：

（1）在面对敌人时实施的，处死刑、无期徒刑或者 5 年以上有期徒刑；

（2）在战时、事变期间或者在戒严地区实施第 1 款的犯罪的，处死刑、无期徒刑或者 3 年以上有期徒刑；实施第 2 款或者第 3 款的犯罪的，处死刑、无期徒刑或者 5 年以上有期徒刑；

（3）在其他情况下，实施第 1 款的犯罪的，处无期徒刑或者 3 年以上有期徒刑；实施第 1 款或者第 3 款的犯罪的，处无期徒刑或者 5 年以上有期徒刑。

5. 实施第 1 款至第 3 款的犯罪，导致既不是其长官也不是哨兵的值班军人等受伤的，应当依照下列规定处罚：

（1）在面对敌人时实施的，处无期徒刑或者 3 年以上有期徒刑；

（2）在其他情况下，处 1 年以上有期徒刑。

---

〔1〕 本条被 2009 年 11 月 2 日第 9820 号法律全面修正。

第 60-2 条（伤害值班军人等）[1]

伤害既不是其长官也不是哨兵的值班军人等人员的，应当依照下列规定处罚：

(1) 在面对敌人时实施的，处无期徒刑或者 3 年以上有期徒刑；

(2) 在其他情况下，处 1 年以上有期徒刑。

第 60-3 条（以团伙等方式伤害值班军人等）[2]

1. 以团伙形式或者携带致命武器或其他危险物品实施第 60-2 条的犯罪的，应当依照下列规定处罚：

(1) 在面对敌人时实施的，处无期徒刑或者 5 年以上有期徒刑；

(2) 在其他情况下，处 3 年以上有期徒刑。

2. 两个以上的人以非团伙的形式共同实施第 60-2 条的犯罪的，应当将第 60-2 条规定的刑罚加重 1/2 予以处罚。

第 60-4 条（对值班军人等的严重伤害）[3]

实施第 60 条第 5 款、第 60-2 条和第 60-3 条第 2 款的犯罪，导致既不是其长官也不是哨兵的值班军人等的生命危险或者导致该军人的残疾、无法治愈或难以治愈的疾病的，应当依照下列规定处罚：

(1) 在面对敌人时实施的，处无期徒刑或者 5 年以上有期徒刑；

(2) 在其他情况下，处 2 年以上有期徒刑。

第 60-5 条（伤害值班军人等导致死亡）[4]

实施第 60-2 条至第 60-4 条的犯罪，导致既不是其长官也不是哨兵的值班军人等死亡的，应当依照下列规定处罚：

(1) 在面对敌人时实施的，处死刑、无期徒刑或者 5 年以上有期徒刑；

(2) 在战时、事变期间或者在戒严地区实施第 60-2 条的犯罪

---

〔1〕 本条被 2009 年 11 月 2 日第 9820 号法律全面修正。

〔2〕 本条由 2009 年 11 月 2 日第 9820 号法律新增。

〔3〕 本条被 2009 年 11 月 2 日第 9820 号法律全面修正。

〔4〕 本条被 2009 年 11 月 2 日第 9820 号法律全面修正。

的，处死刑、无期徒刑或者 3 年以上有期徒刑；实施第 60-3 条或者第 60-4 条的犯罪的，处无期徒刑或者 5 年以上有期徒刑；

（3）在其他情况下，实施第 60-2 条的犯罪的，处无期徒刑或者 3 年以上有期徒刑；实施第 60-3 条或者第 60-4 条的犯罪的，处无期徒刑或者 5 年以上有期徒刑。

第 60-6 条（关于袭击和胁迫值班军人等的犯罪的特例）[1]

军人等在下列地点袭击或者胁迫其他军人等人员的，《刑法典》第 260 条第 3 款和第 283 条第 3 款不应适用：

（1）《军事基地和军事设施保护法》第 2 条第 1 款规定的军事基地；

（2）《军事基地和军事设施保护法》第 2 条第 2 款规定的军事设施；

（3）《军事基地和军事设施保护法》第 2 条第 5 款规定的军用航空器；

（4）军用船舶。

第 61 条（特殊骚乱）[2]

以团伙形式或者携带致命武器或其他危险物品实施袭击、胁迫或者毁损财物的，应当依照下列规定处罚：

（1）为首者，处 3 年以上有期徒刑；

（2）指挥他人、积极扩大或维持其力量者，处 1 年以上 10 年以下有期徒刑；

（3）盲目随行他人的，处 2 年以上有期徒刑。

第 62 条（残酷行为）[3]

1. 滥用职权对他人实施虐待或者残酷行为的，处 5 年以下有期徒刑。

2. 以暴力对他人实施虐待或者残酷行为的，处 3 年以下有期徒

---

〔1〕 本条由 2016 年 5 月 29 日第 14181 号法律新增。
〔2〕 本条被 2009 年 11 月 2 日第 9820 号法律全面修正。
〔3〕 本条被 2009 年 11 月 2 日第 9820 号法律全面修正。

刑或者 700 万元以下罚金。

第 63 条（未遂罪）〔1〕

第 52-2 条至第 52-4 条、第 53 条第 1 款、第 58-2 条至第 58-4 条、第 59 条第 1 款、第 60-2 条和第 60-3 条犯罪的未遂罪，罚之。

第十章　侮辱罪

第 64 条（对长官的侮辱等）〔2〕

1. 当面侮辱长官的，处 2 年以下有期徒刑或者有期监禁。

2. 以发布文书、图画、图像、发表演讲或者其他公开表达方式，侮辱长官的，处 3 年以上有期徒刑或者有期监禁。

3. 通过公开陈述事实损毁长官名誉的，处 3 年以下有期徒刑或者有期监禁。

4. 通过公开陈述虚假事实损毁长官名誉的，处 5 年以下有期徒刑或者有期监禁。

第 65 条（侮辱哨兵）〔3〕

当面侮辱哨兵的，处 1 年以下有期徒刑或者有期监禁。

第十一章　与军用物品有关的犯罪

第 66 条（对军事设施等放火）〔4〕

1. 放火烧毁用于作战的军事工厂、船舶、航空器、设施、火车、电车、汽车或者桥梁的，处死刑、无期徒刑或者 10 年以上有期徒刑。

2. 放火烧毁存储军用物品的仓库的，应当依照下列规定处罚：

（1）当其中有军用物品的，处死刑、无期徒刑或者 7 年以上有

---

〔1〕　本条被 2009 年 11 月 2 日第 9820 号法律全面修正。
〔2〕　本条被 2009 年 11 月 2 日第 9820 号法律全面修正。
〔3〕　本条被 2009 年 11 月 2 日第 9820 号法律全面修正。
〔4〕　本条被 2009 年 11 月 2 日第 9820 号法律全面修正。

期徒刑；

（2）当其中没有军用物品的，处无期徒刑或者 5 年以上有期徒刑。

第 67 条（对存放于室外的军用物品纵火）[1]

放火烧毁存放于室外的武器、弹药、车辆、配备、设备、材料、食物、衣服或者其他军用物品的，应当依照下列规定处罚：

（1）在面对敌人时实施的，处死刑、无期徒刑或者 7 年以上有期徒刑；

（2）在其他情况下，处无期徒刑或者 3 年以上有期徒刑。

第 68 条（引爆爆炸物）[2]

通过引爆火药、气罐或者其他爆炸性物品损毁第 66 条和第 67 条规定的物品的，也应当根据第 66 条和第 67 条进行处罚。

第 69 条（损毁军事设施等）[3]

损毁第 66 条规定的物品，损毁铁路、电缆或其他军用设施或物品，或者以其他手段损毁其效用的，处无期徒刑或者 2 年以上有期徒刑。

第 70 条（损毁战利品）[4]

侵吞或者损毁在与敌人的战斗中获得的物品的，处 1 年以上 10 年以下有期徒刑。

第 71 条（倾覆或者损毁船舶和航空器）[5]

1. 通过碰撞、搁浅或者将其航行到危险的地方，倾覆或者损毁服役中的海军船舶的，处死刑、无期徒刑或者 5 年以上有期徒刑。

2. 坠落或者损毁服役中的航空器的，也应处以第 1 款规定的

---

〔1〕 本条被 2009 年 11 月 2 日第 9820 号法律全面修正。
〔2〕 本条被 2009 年 11 月 2 日第 9820 号法律全面修正。
〔3〕 本条被 2009 年 11 月 2 日第 9820 号法律全面修正。
〔4〕 本条被 2009 年 11 月 2 日第 9820 号法律全面修正。
〔5〕 本条被 2009 年 11 月 2 日第 9820 号法律全面修正。

刑罚。

3. 通过实施第 1 款或者第 2 款的犯罪杀害或者伤害他人的，处死刑、无期徒刑或者 10 年以上有期徒刑。

第 72 条 （未遂罪）[1]

第 66 条至第 70 条和第 71 条第 1 款和第 2 款犯罪的未遂罪，罚之。

第 73 条 （过失犯）[2]

1. 由于过失实施第 66 条至第 71 条之罪的，处 5 年以下有期徒刑或者 300 万元以下罚金。

2. 由于业务过失或者重大过失实施第 1 款之罪的，处 7 年以下有期徒刑或者 500 万元以下罚金。

第 74 条 （丢失军用物品）[3]

负责保管用于军事用途的枪支、弹药、爆炸物、车辆、配备、装备、材料、食品、衣服或其他物品的人，丢失这些物品的，处 5 年以下有期徒刑或者 300 万元以下罚金。

第 75 条 （军用物品等有关犯罪的刑罚加重)[4]

1. 针对用于军事用途的枪支、弹药、爆炸物、车辆、配备、装备、材料、食品、衣服、其他物品或者军队的财产利益，实施《刑法典》第 2 编第 38 章至第 41 章的犯罪的，应当依照下列规定处罚：

（1） 涉及枪支、弹药或者爆炸物的，处死刑、无期徒刑或者 5 年以上有期徒刑；

（2） 在其他情况下，处死刑、无期徒刑或者 1 年以上有期徒刑。

2. 对第 1 款的犯罪，应当处以比《刑法典》所定刑罚更重的刑罚。

3. 对第 1 款的犯罪，可以并处 3000 万元以下罚金。

---

[1]　本条被 2009 年 11 月 2 日第 9820 号法律全面修正。
[2]　本条被 2009 年 11 月 2 日第 9820 号法律全面修正。
[3]　本条被 2009 年 11 月 2 日第 9820 号法律全面修正。
[4]　本条被 2009 年 11 月 2 日第 9820 号法律全面修正。

第 76 条（预备和共谋）[1]

预备或者共谋实行第 66 条至第 69 条和第 71 条的犯罪的，处 7 年以下有期徒刑或者有期监禁。但在实行犯罪之前自首的，应当减轻或者免除处罚。

第 77 条（针对外国军事设施和军用物品的行为）[2]

本章的规定，也应当适用于对参加与大韩民国武装部队的联合行动的外国武装部队的军事设施或军用物品所实施的行为。

第十二章　违令罪

第 78 条（侵犯哨所）[3]

以欺骗哨兵的方式通过哨所，或者拒绝服从哨兵的停止命令的，应当按照下列规定处罚：

（1）在面对敌人时实施的，处 1 年以上 5 年以下有期徒刑或者有期监禁；

（2）在战时、事变期间或者在戒严地区实施的，处 3 年以下有期徒刑或者有期监禁；

（3）在其他情况下，处 1 年以下有期徒刑或者有期监禁。

第 79 条（未经许可休假）[4]

未经许可暂时离开服役地点或者指定地点，或者不在指定时间内到达指定地点的，处 1 年以下有期徒刑、1 年以下有期监禁或者 300 万元以下罚金。

第 80 条（泄露军事秘密）[5]

1. 泄露军事秘密的，处 10 年以下有期徒刑或者有期监禁。

---

[1]　本条被 2009 年 11 月 2 日第 9820 号法律全面修正。
[2]　本条被 2009 年 11 月 2 日第 9820 号法律全面修正。
[3]　本条被 2009 年 11 月 2 日第 9820 号法律全面修正。
[4]　本条被 2009 年 11 月 2 日第 9820 号法律全面修正。
[5]　本条被 2009 年 11 月 2 日第 9820 号法律全面修正。

2. 由于业务过失或者严重过失实施第 1 款的犯罪的，处 3 年以下有期徒刑、3 年以下有期监禁或者 700 万元以下罚金。

第 81 条 （非法使用密码）[1]

有下列行为之一的，处 2 年以上有期徒刑或者有期监禁：

（1） 未经许可发送密码的；

（2） 让未被授权接收密码的他人接收密码的；

（3） 不传递其接收的密码或者对这种密码作虚假传递的。

第十三章　抢掠罪

第 82 条 （抢掠）[2]

1. 利用军事力量或者对战争的恐惧，劫掠作战地区或者占领地区居民的财产的，处无期徒刑或者 3 年以上有期徒刑。

2. 在作战地区劫掠死者、伤者的衣服或者其他财产的，处 1 年以上有期徒刑。

第 83 条 （抢掠导致死亡或者受伤）[3]

1. 实施第 82 条的犯罪，杀害他人或者导致他人死亡的，处死刑或者无期徒刑。

2. 实施第 82 条的犯罪，伤害他人或者导致他人受伤的，处无期徒刑或者 7 年以上有期徒刑。

第 84 条 （在作战地区强奸）[4]

1. 在作战地区或者占领地区强奸他人的，处死刑。[5]

2. （删除）。[6]

---

[1] 本条被 2009 年 11 月 2 日第 9820 号法律全面修正。
[2] 本条被 2009 年 11 月 2 日第 9820 号法律全面修正。
[3] 本条被 2009 年 11 月 2 日第 9820 号法律全面修正。
[4] 本条被 2009 年 11 月 2 日第 9820 号法律全面修正。
[5] 2013 年 4 月 5 日第 11734 号法律修正。
[6] 2013 年 4 月 5 日第 11734 号法律删除。

第 85 条（未遂罪）〔1〕

本章犯罪的未遂罪，罚之。

第十四章　与战俘有关的犯罪

第 86 条（战俘）〔2〕

被敌人俘虏成为战俘之人，尽管本来可以返回盟军的某一军事单位或者基地，但不采取任何适当行动以返回，或者妨碍同样被俘虏成为战俘的盟军的其他人员返回盟军的某一军事单位或者基地的，处 2 年以下有期徒刑。

第 87 条（看守协助战俘脱逃）〔3〕

在看守或者护送战俘时协助其脱逃的，处 3 年以上有期徒刑。

第 88 条（协助战俘脱逃）〔4〕

1. 协助战俘脱逃的，处 10 年以下有期徒刑。

2. 为战俘脱逃提供工具或者以其他方式为其脱逃提供便利的，处 7 年以下有期徒刑。

第 89 条（非法夺走战俘）〔5〕

非法夺走战俘的，处 2 年以上有期徒刑。

第 90 条（庇护脱逃战俘）〔6〕

隐藏或者庇护脱逃战俘的，处 5 年以下有期徒刑。

第 91 条（未遂罪）〔7〕

第 87 条至第 90 条犯罪的未遂罪，罚之。

---

〔1〕　本条被 2009 年 11 月 2 日第 9820 号法律全面修正。
〔2〕　本条被 2009 年 11 月 2 日第 9820 号法律全面修正。
〔3〕　本条被 2009 年 11 月 2 日第 9820 号法律全面修正。
〔4〕　本条被 2009 年 11 月 2 日第 9820 号法律全面修正。
〔5〕　本条被 2009 年 11 月 2 日第 9820 号法律全面修正。
〔6〕　本条被 2009 年 11 月 2 日第 9820 号法律全面修正。
〔7〕　本条被 2009 年 11 月 2 日第 9820 号法律全面修正。

第十五章　强奸与猥亵罪

第 92 条（强奸）[1]

以暴力或者胁迫手段强奸第 1 条第 1 款至第 3 款规定之人的，处 5 年以上有期徒刑。

第 92-2 条（类强奸）[2]

以暴力或者胁迫手段，将其性器官插入第 1 条第 1 款至第 3 款规定之人的嘴、肛门或者任何身体其他部位（不包括生殖器官），或者将其手指等身体其他部位（不包括生殖器官）或者任何器具插入这些人员的生殖器官或者肛门的，处 3 年以上有期徒刑。

第 92-3 条（强制猥亵）[3]

以暴力或者胁迫手段对第 1 条第 1 款至第 3 款规定之人实施猥亵行为的，处 1 年以上有期徒刑。

第 92-4 条（准强奸和准强制猥亵）[4]

利用他人的心智丧失或者不能抗拒状态，奸淫第 1 条第 1 款至第 3 款规定之人或者对这些人实施猥亵行为的，应当根据第 92 条、第 92-2 条和第 92-3 条处罚。

第 92-5 条（未遂罪）[5]

第 92 条、第 92-2 条至第 92-4 条犯罪的未遂罪，罚之。

---

〔1〕　本条被 2009 年 11 月 2 日第 9820 号法律全面修正；2013 年 4 月 5 日第 11734 号法律修正。

〔2〕　本条由 2013 年 4 月 5 日第 11734 号法律新增。

〔3〕　本条由 2009 年 11 月 2 日第 9820 号法律新增。

〔4〕　本条由 2009 年 11 月 2 日第 9820 号法律新增；2013 年 4 月 5 日第 11734 号法律修正。

〔5〕　本条由 2009 年 11 月 2 日第 9820 号法律新增；2013 年 4 月 5 日第 11734 号法律修正。

第 92-6 条（猥亵）[1]

对第 1 条第 1 款至第 3 款规定之人实施肛交或者任何其他猥亵行为的，处 2 年以下有期徒刑。

第 92-7 条（强奸等伤害或者导致受伤）[2]

实施第 92 条、第 92-2 条至第 92-5 条之罪，因此伤害属于第 1 条第 1 款至第 3 款规定范围的他人或者导致这些人受伤的，处无期徒刑或者 7 年以上有期徒刑。

第 92-8 条（强奸等杀人或者导致死亡）[3]

实施第 92 条、第 92-2 条至第 92-5 条之罪，因此杀害属于第 1 条第 1 款至第 3 款规定范围的他人的，处死刑或者无期徒刑；导致这些人死亡的，处死刑、无期徒刑或者 10 年以上有期徒刑。

第十六章　其他犯罪

第 93 条（不阻止部属犯罪）[4]

明知其众多部属共同实施犯罪而不努力阻止的，处 3 年以下有期徒刑或者有期监禁。

第 94 条（卷入政治）[5]

1. 参加政党、政治组织或者实施下列行为的，处 5 年以下有期徒刑或者 5 年以下停止资格：

（1）支持或者妨碍组建、参加政党或者政治组织的；

（2）利用其职位散布支持或反对特定政党或政治人物的观点，

---

〔1〕 本条被 2009 年 11 月 2 日第 9820 号法律全面修正；2013 年 4 月 5 日第 11734 号法律修正。

〔2〕 本条由 2009 年 11 月 2 日第 9820 号法律新增；2013 年 4 月 5 日第 11734 号法律修正。

〔3〕 本条由 2009 年 11 月 2 日第 9820 号法律新增；2013 年 4 月 5 日第 11734 号法律修正。

〔4〕 本条被 2009 年 11 月 2 日第 9820 号法律全面修正。

〔5〕 本条被 2014 年 1 月 14 日第 12232 号法律全面修正。

或散布赞美或诽谤特定政党或政治人物的观点或事实意图形成这种公众舆论的;

(3) 支持或干扰为特定政党或政治人物筹款,或者使用或要求他人使用国家、地方政府或者《公共机构运行法》规定的公共机构资金用于特定政党或政治人物的;

(4) 为特定政党或个人进行竞选活动或者参与竞选活动对策会议的;

(5) 利用《促进信息通信网络利用和信息保护等的法律》规定的信息通信网络实施第 1 项至第 4 项的行为的;

(6) 要求第 1 条第 1 款第 1 项至第 3 项规定的人员或者其他公务员实施第 1 项至第 5 项所指的行为,或者作为与该行为相关的回报或报复,给予这些人员任何利益或不利或者许诺、告知这种利益或不利的。

2. 尽管有《军事法院法》第 291 条第 1 款的规定,但第 1 款犯罪的追诉时效期间为 10 年。

(二) 韩国对罚金等的临时措施法

(1951 年 9 月 8 日第 216 号法律制定;1958 年 7 月 24 日第 490 号法律修正;1962 年 5 月 31 日第 1084 号法律修正;1966 年 12 月 15 日第 1850 号法律修正;1976 年 12 月 22 日第 2907 号法律修正;1990 年 12 月 31 日第 4296 号法律修正;1996 年 11 月 23 日第 5167 号法律修正;2010 年 3 月 24 日第 10179 号法律修正)

第 1 条 (宗旨)[1]

本法的宗旨是,根据经济形势的变化对有关各种罚金、科料或者过怠料[2]的数额的特例作出规定。

---

[1] 本条被 2010 年 3 月 24 日第 10179 号法律全面修正。

[2] fine for negligence。——译者注。

第 2 条 （删除）[1]

第 3 条 （关于罚金数额的特殊情形）[2]

根据本法和从属法规计算出的，或者其他法律和从属法规中规定的罚金之上限低于 10 万元，其上限应当据此确定为 10 万元。

第 4 条 （罚金等的适用）[3]

（1）（删除）。[4]

（2）在适用 1953 年 2 月 14 日或者之前制订的法律和从属法规中的有关罚金或者过怠料的规定时，这些规定中的货币单位"圆"应被视为"元"。[5]

（3）在适用 1953 年 2 月 15 日至 1962 年 6 月 9 日期间制订的法律和从属法规中的有关罚金或者过怠料的规定时，这些规定中的货币单位"韩元"应被视为"元"。[6]

（4）在适用 1962 年 6 月 10 日至 1966 年 12 月 31 日期间制订的法律和从属法规中的有关罚金或者过怠料的规定时，上述罚金或过怠料的数额应确定为同一条款中规定数额的四倍。[7]

（5）在适用 1967 年 1 月 1 日至 1973 年 12 月 31 日期间制订的法律和从属法规中的有关罚金或者过怠料的规定时，上述罚金或过怠料的数额应确定为同一条款中规定数额的 2 倍。[8]

第 5 条 （适用的除外）[9]

在罚金、科料或者过怠料的数额是通过将固定数额乘以一定倍数确定时，第 4 条不应适用。

---

[1] 1962 年 5 月 31 日第 1084 号法律修正。

[2] 本条被 2010 年 3 月 24 日第 10179 号法律全面修正。

[3] 本条被 1976 年 12 月 22 日第 2907 号法律全面修正。

[4] 1996 年 11 月 23 日第 5167 号法律修正。

[5] 2010 年 3 月 24 日第 10179 号法律修正。

[6] 2010 年 3 月 24 日第 10179 号法律修正。

[7] 2010 年 3 月 24 日第 10179 号法律修正。

[8] 2010 年 3 月 24 日第 10179 号法律修正。

[9] 本条被 2010 年 3 月 24 日第 10179 号法律全面修正。

（三）韩国赦免法

（1948 年 8 月 30 日第 2 号法律制定；2007 年 12 月 21 日第 8721 号法律修正；2012 年 2 月 10 日第 11301 号法律修正；2016 年 1 月 6 日第号法律修正）

第 1 条（宗旨）[1]

本法规定与赦免、减刑和复权有关的事项。

第 2 条（赦免的种类）[2]

赦免分为大赦和特赦。

第 3 条（适用赦免等的人员）[3]

适用赦免、减刑和复权的人员，是下列人员：

（1）大赦：实施犯罪的人；

（2）特赦和减刑：被判处刑罚的人；

（3）复权：法律规定的资格被处刑判决剥夺或者停止的人。

第 4 条（赦免有关规定的比照适用）[4]

本法有关赦免的规定，应当比照适用于刑罚、对违反行政法规的处罚或者根据纪律惩戒法规的纪律惩戒处分或纪律惩戒处罚之免除。

第 5 条（赦免等的效力）[5]

1. 大赦、减刑和复权的效力如下：

（1）大赦：判决失去效力，以及对未被判决的人的追诉权消灭。但是有特殊规定的不在此限；

---

[1] 本条被 2012 年 2 月 10 日第 11301 号法律全面修正。

[2] 本条被 2012 年 2 月 10 日第 11301 号法律全面修正。

[3] 本条被 2012 年 2 月 10 日第 11301 号法律全面修正。

[4] 本条被 2012 年 2 月 10 日第 11301 号法律全面修正。

[5] 本条被 2012 年 2 月 10 日第 11301 号法律全面修正。

（2）特赦：刑罚执行予以免除。但是如果有从宽情节的，可以使其判决自此失去效力；

（3）普遍减刑：如果没有特殊规定的，刑罚予以变更；

（4）特别减刑：刑罚予以减轻。但是如果有从宽情节的，刑罚可予以变更；

（5）复权：恢复因判决的效力所致的被剥夺或停止的资格。

2. 处以刑罚的判决已经产生的刑罚效力，不得因赦免、减刑或者复权而改变。

第6条（复权的限制）[1]

对刑罚执行尚未被完成或者刑罚执行尚未被免除的人，不得准予复权。

第7条（对判处暂缓执行刑罚的人的赦免等）[2]

对被判处暂缓执行刑罚的人，可以通过特赦使处刑判决无效，或者可以通过减刑变更刑罚或缩短暂缓执行期间。

第8条（大赦等的实施）[3]

对一般人的大赦、对特定种类的犯罪或刑罚的减刑和复权，应当由总统令实施。在这种情况下，应当对特定种类的犯罪予以大赦。

第9条（特赦等的实施）[4]

对特定人的特赦、减刑和复权，应当由总统令作出。

第10条（请求特赦等）[5]

1. 法务部长官可请求总统对特定人准予特赦、减刑和复权。

2. 如果法务部长官根据第1款请求对特定人进行大赦、减刑和复权的，该请求将由赦免委员会根据第10-2条进行审查。

---

〔1〕 本条被 2012 年 2 月 10 日第 11301 号法律全面修正。
〔2〕 本条被 2012 年 2 月 10 日第 11301 号法律全面修正。
〔3〕 本条被 2012 年 2 月 10 日第 11301 号法律全面修正。
〔4〕 本条被 2012 年 2 月 10 日第 11301 号法律全面修正。
〔5〕 本条被 2012 年 2 月 10 日第 11301 号法律全面修正。

第 10-2 条（赦免委员会）[1]

1. 为了审查根据第 10 条第 1 款对特定人特赦、减刑和复权的请求的适当性，应当由法务部长官设立赦免委员会。[2]

2. 赦免委员会应当由 9 名成员组成，包括 1 名主席。[3]

3. 法务部长官应当担任主席，并任命或者委任委员会的成员，其中至少 4 名成员不得为公务员。[4]

4. 非公务员成员的任期为 2 年，并且只能连任 1 次。[5]

5. 赦免委员会进行的审查的程序和内容的披露范围和时间如下。但是第 2 项和第 3 项的内容中可识别个人身份的部分，在披露中应当予以删除。但如果存在需要满足公民知情权等理由的，赦免委员会可以另行决定：[6]

（1）成员的姓名和职业经历：在其被任命或委任后即刻披露；

（2）审查报告：在相关的特赦被给予后即刻披露；

（3）会议纪要：在相关的特赦被给予后满 5 年披露。

6. 成员不得泄露其在委员会履行职责过程中所获得的任何秘密。[7]

7. 在适用《刑法典》或其他法律的罚则时，成员应当视为公务员。[8]

8. 第 1 款至第 7 款未作规定的与赦免委员会有关的必要事项，应由法务部条例确定。[9]

---

[1]　本条由 2007 年 12 月 21 日第 8721 号法律新增。

[2]　2012 年 2 月 10 日第 11301 号法律修正。

[3]　2012 年 2 月 10 日第 11301 号法律修正。

[4]　2012 年 2 月 10 日第 11301 号法律修正。

[5]　2012 年 2 月 10 日第 11301 号法律修正。

[6]　2011 年 7 月 18 日第 10862 号法律修正。

[7]　2012 年 2 月 10 日第 11301 号法律修正。

[8]　2012 年 2 月 10 日第 11301 号法律修正。

[9]　2012 年 2 月 10 日第 11301 号法律修正。

第 11 条 （申请请求特赦等） [1]

检察总长可以主动依职权或根据指导刑罚执行的检察厅的检察官的报告或者囚犯被羁押的矫正机构的负责人的报告，向法务部长官申请提出对特定人特赦或减刑的请求。

第 12 条 （建议特赦等） [2]

1. 如果指导刑罚执行的检察厅的检察官或者囚犯被羁押的矫正机构的负责人打算建议对特定人特赦或者减刑的，应当向检察总长提交具体说明建议理由的报告并附有第 14 条规定的文书。

2. 在矫正机构负责人提交第 1 款的报告的情况下，该报告应当通过指导刑罚执行的检察厅的检察官传递。

第 13 条 （附随检察官意见） [3]

当检察官收到第 12 条第 2 款规定的报告时，应当对第 14 条第 3 项规定的事项进行调查，并将该报告附随其意见一并转送检察总长。

第 14 条 （附随于请求特赦等的申请的文书） [4]

请求对特定人特赦或减刑的申请，应当附随下列文书：

（1）被认证过的判决书的副本或摘录；

（2）计算刑期的文书；

（3）有关犯罪情节、案件当事人在矫正机构期间的性格、态度和行为、其未来的谋生手段和其他有用信息的调查文书。

第 15 条 （申请请求复权） [5]

1. 检察总长可以主动依职权、根据指导刑罚执行的检察厅的检察官的报告或者案件当事人的请求，向法务部长官申请提出对特定人复权的请求。

---

[1] 本条被 2012 年 2 月 10 日第 11301 号法律全面修正。

[2] 本条被 2012 年 2 月 10 日第 11301 号法律全面修正。

[3] 本条被 2012 年 2 月 10 日第 11301 号法律全面修正。

[4] 本条被 2012 年 2 月 10 日第 11301 号法律全面修正。

[5] 本条被 2012 年 2 月 10 日第 11301 号法律全面修正。

2. 只有在刑罚执行被完成或免除之日起经过 3 年时，才能根据第 1 款提交申请。

第 16 条 （附随于请求复权申请书的文书）[1]

请求复原的申请应当随附下列文书：

（1） 被认证过的判决书的副本或摘录；

（2） 证明刑罚执行已被完成或者免除的文件；

（3） 有关案件当事人在刑罚执行完成或免除后的行为、目前或未来的谋生手段和其他有用信息的调查文书；

（4） 在案件当事人提出请求的情况下，还应附随请求书。

第 17 条 （请求特定资格的复权）[2]

在打算针对特定资格请求复权的情况下，应当明确地说明要恢复的资格的类型。

第 18 条 （当事人请求复权）[3]

在复权请求是由案件当事人提出的情况下，应当通过指导刑罚执行的检察厅的检察官传递。

第 19 条 （附随检察官意见）[4]

当检察官收到第 18 条规定的报告时，应当对第 16 条第 3 项规定的事项进行调查，并将该报告附随其意见一并转送检察总长。

第 20 条 （对请求申请的驳回）[5]

1. 如果认为请求对特定人特赦、减刑、复权的申请没有根据的，法务部长官应将其原因通报检察总长。

2. 总检察总长应将第 1 款通报的原因通知有关的检察厅的检察官、有关的矫正机构负责人或者案件当事人。

---

[1] 本条被 2012 年 2 月 10 日第 11301 号法律全面修正。

[2] 本条被 2012 年 2 月 10 日第 11301 号法律全面修正。

[3] 本条被 2012 年 2 月 10 日第 11301 号法律全面修正。

[4] 本条被 2012 年 2 月 10 日第 11301 号法律全面修正。

[5] 本条被 2012 年 2 月 10 日第 11301 号法律全面修正。

第 21 条 （赦免等的函件的发出）[1]

如果总统下令对特定人进行特赦、减刑或者复权的，法务部长官应当向总检察总长发出特赦、减刑或者复权的函件。

第 22 条 （赦免等的函件的交付）[2]

当检察总长收到特赦、减刑或者复权的函件时，应当立即通过有关的检察厅的检察官交付案件当事人。在这种情况下，如果案件当事人在矫正机构中的，应通过矫正机构负责人交付。

第 23 条 （通知矫正机构负责人等）[3]

1. 当检察官收到对暂缓执行刑罚或者假释的人的特赦、减刑或者复权的函件时，应当通知案件当事人之前被羁押的矫正机构的负责人和正在监督的警察署。

2. 在对被保护观察的人给予特赦、减刑或复权的情况下，检察官应当通知正在监督的警察署。

第 24 条 （赦免等的函件的委托交付等）[4]

1. 在案件当事人居住在指导刑罚执行的检察厅管辖权范围以外的地方的情形下，可以委托对案件当事人的住所有管辖权的检察厅的检察官交付特赦、减刑或者复权的函件。

2. 在第 1 款的情形下，应当由被委托的检察厅的检察官做出第 23 条规定的通知。

第 25 条 （在判决书原件上的附加说明等）[5]

1. 当准予特赦、减刑或者复权时，指导刑罚执行的检察厅的检察官，应当在判决书原件上附加注明其理由。

2. 有关对特定人特赦、减刑或者复权的文书，应当附于审判记

---

[1] 本条被 2012 年 2 月 10 日第 11301 号法律全面修正。
[2] 本条被 2012 年 2 月 10 日第 11301 号法律全面修正。
[3] 本条被 2012 年 2 月 10 日第 11301 号法律全面修正。
[4] 本条被 2012 年 2 月 10 日第 11301 号法律全面修正。
[5] 本条被 2012 年 2 月 10 日第 11301 号法律全面修正。

录中。

第 26 条 (对赦免等的函件的交付的报告)[1]

当检察官已向案件当事人发出特赦、减刑或者复权的函件时，该检察官应立即向法务部长官报告。

第 27 条 (对被军事法院判刑的人的赦免等)[2]

对于在军事法院被判刑的人而言，本法规定的法务部长官的职责应当由国防部长官履行，本法规定的检察总长和检察官的职责应当由在判处刑罚的军事法院履行军事检察官职责的军事司法人员履行。

(四) 韩国刑事判决消灭法

(1980 年 12 月 18 日第 3281 号法律制定；1984 年 7 月 30 日第 3736 号法律修正；1987 年 12 月 4 日第 3993 号法律修正；1991 年 5 月 31 日第 4369 号法律修正；1993 年 8 月 5 日第 4569 号法律修正；1993 年 12 月 10 日第 4591 号法律修正；1994 年 1 月 5 日第 4704 号法律修正；2002 年 12 月 5 日第 6747 号法律修正；2005 年 7 月 29 日第 7624 号法律修正；2007 年 5 月 17 日第 8435 号法律修正；2008 年 3 月 14 日第 8891 号法律修正；2010 年 3 月 31 日第 10211 号法律修正；2013 年 6 月 4 日第 11849 号法律修正；2015 年 8 月 11 日第 13457 号法律修正；2017 年 12 月 19 日第 15258 号法律修正)

第 1 条 (宗旨)[3]

本法的宗旨是，制定管理先前的犯罪记录和侦查记录资料的标准以及刑罚失去效力的标准，从而确保有前科者的正常社会复归。

---

[1] 本条被 2012 年 2 月 10 日第 11301 号法律全面修正。

[2] 本条被 2012 年 2 月 10 日第 11301 号法律全面修正；2016 年 1 月 6 日第 13722 号法律修正。

[3] 本条被 2010 年 3 月 31 日第 10211 号法律全面修正。

第 2 条　（定义）〔1〕

本法所使用的术语定义如下：

（1）"罪犯"，是指被判处《刑法典》第 41 条规定的刑罚的人；

（2）"罪犯名录"，是指由检察厅或者军事检察厅管理的包括被判处停止资格或者更重刑罚的罪犯的记录的名单；

（3）"罪犯名牌"，是指由对罪犯的登记地有管辖权的市/区/邑/面的办公室管理的被判处停止资格或者更重刑罚的罪犯的名牌；

（4）"侦查资料卡"，是指国家警察署管理的包括侦查机关采集的犯罪嫌疑人的指纹并且描述犯罪嫌疑人的个人信息、涉嫌事实等的卡片（包括其内容由计算机系统保存和管理或者被记录和存储于磁带、缩微胶卷或其他类似介质中）；

（5）"犯罪记录资料"，是指侦查资料卡中的下列资料：

（a）罚金或者更重刑罚的判处、免除或者暂缓宣告；

（b）保安羁押、治疗羁押和保护观察；

（c）刑罚暂缓宣告的失效；

（d）暂缓执行的撤销；

（e）与罚金或者更重的刑罚同时判处或者适用的没收、追征、社区服务令、参加讲座令等；

（6）"侦查记录资料"，是不包括犯罪记录的记录在侦查资料卡中的其余侦查资料，例如轻于罚金的刑罚的判处、检察官的不起诉处分以及其他类似处分；

（7）"犯罪记录"，是指罪犯名录、罪犯名牌和犯罪记录资料；

（8）"犯罪记录查询"，是指比对罪犯名录或者计算机化的犯罪记录资料以查看和核实（包括通过比对信息通讯网络查看和核实）手段查询个人身份和犯罪记录；

（9）"侦查记录查询"，是指比对计算机化的侦查记录资料以查看和核实（包括通过比对信息通讯网络查看和核实）手段查询个人身份和侦查记录。

----

〔1〕　本条被 2010 年 3 月 31 日第 10211 号法律全面修正。

第 3 条 （罪犯名录）[1]

当判处停止资格或更重刑罚的判决确定时，地方检察厅及其支厅和大检察厅应当立即将该罪犯记录在罪犯名录上。

第 4 条 （罪犯名牌）[2]

1. 地方检察厅及其支厅和大检察厅应当对被判停止资格或更重刑罚的罪犯制作罪犯名牌，并送交对罪犯登记地有管辖权的市/区/邑/面的办公室。

2. 在下列情况下，地方检察厅及其支厅和大检察厅应当将事实通知其已送交罪犯名牌的政府办公室：

（1）暂缓执行的失效或撤销；

（2）暂缓执行期间届满；

（3）刑罚根据本法第 7 条或者《刑法典》第 81 条失去效力；

（4）被准予赦免、减刑或者复权；

（5）根据启动再审的决定进行新的审判。

第 5 条 （侦查资料卡）[3]

1. 司法警察应当为犯罪嫌疑人制作侦查资料卡，并将其送交国家警察署。但是，如果犯罪嫌疑人有下列情形之一的，不适用这一规定：

（1）接受即决审判的人员；

（2）司法警察接受告诉或指控但检察厅决定不起诉的嫌疑人。

2. 负责制作侦查资料卡的司法警察的范围由总统令规定。

第 5-2 条 （侦查资料卡的管理等）[4]

1. 国家警察厅厅长应当指定负责保存和管理侦查资料卡的人员。

2. 国家警察厅厅长应当将侦查资料卡具体内容区分为犯罪记录

---

[1] 本条被 2010 年 3 月 31 日第 10211 号法律全面修正。

[2] 本条被 2010 年 3 月 31 日第 10211 号法律全面修正。

[3] 本条被 2010 年 3 月 31 日第 10211 号法律全面修正。

[4] 本条被 2010 年 3 月 31 日第 10211 号法律全面修正。

和侦查记录将其录入计算机系统并且进行管理。

3. 在对犯罪记录资料查询或者侦查记录资料查询的做出答复时，应当详细说明用途、资料的制作者和查询者的姓名、制作日期和时间以及其他必要事项。

第 6 条 (犯罪记录查询、侦查记录查询和对其回复的 限制等) 〔1〕

1. 如果符合下列条件之一的，对以侦查资料卡为基础的犯罪记录和侦查记录的查询，可以对该记录的全部或部分在对该查询目的而言认为必要的最小范围内做出答复：〔2〕

（1）对进行刑事侦查或者审判有必要的；

（2）对执行刑罚或者提供社区服务或参加讲座命令有必要的；

（3）对执行保安羁押、治疗羁押、保护观察等保护命令或者保安观察有必要的；

（4）申请人申请确认侦查资料卡的具体信息或者申请到外国的入境或居留许可的；

（5）根据总统令对《国家情报院法》第 3 条第 2 款规定的安全事务进行背景调查的；

（6）对允许外国人归化、恢复其国籍或者居留于本国有必要的；

（7）对招收服兵役的学员或任命军官、准尉、士官、文职人员以及选拔这些职位的候选人有必要的；

（8）对与强制军事服务有关的征募现役军事人员或者公益服务人员有必要的；

（9）对核实被剥夺被任命为公务员、授权、许可、授勋、总统表彰、总理表彰等资格的事由、对已被启动惩戒程序的公务员进行惩戒处罚的具体事由（仅限于查阅犯罪记录及其答复）或者其他法律中规定的限制向公务员支付年金等的原因有需要；

---

〔1〕 本条被 2010 年 3 月 31 日第 10211 号法律全面修正。

〔2〕 2013 年 6 月 4 日第 11849 号法律修正；2015 年 8 月 11 日第 13457 号法律修正；2017 年 12 月 19 日第 15258 号法律全面修正。

（10）其他法律允许查询犯罪记录和侦查记录并做出答复的情形。

2. 负责管理侦查资料卡或者在执行公务过程中查阅以侦查资料卡为基础的犯罪记录和侦查记录的人，不得泄露其内容。

3. 除出于第 1 款规定的目的外，任何人不得获取犯罪记录数据或这侦查记录数据。

4. 根据第 1 款得到对犯罪记录资料或侦查记录资料的查询的答复或者获得此类数据的人员，不得将其用于法律规定以外的任何目的。

5. 第 1 款各项的对犯罪记录和侦查记录的查询和答复的具体范围，应当由总统令规定。

第 7 条（刑罚的失去效力）〔1〕

1. 从刑罚执行被完成或者免除之日起，如果没有再被判处停止资格或者更重的刑罚的，经过下列各项规定的期间，刑罚即告失效。但是，拘役和科料应当从刑罚执行被完成或者免除之时失效：

（1）3 年以上有期监禁或者有期徒刑：10 年；

（2）不超过 3 年的有期监禁或者有期徒刑：5 年；

（3）罚金：2 年。

2. 在一个判决判处数个刑罚的情况下，从每一个刑罚的执行均被完成或免除之日起，经过第 1 款对其中最重的刑罚规定的期间，刑罚即告失效。但是，在适用第 1 款第 1 项和第 2 项时，监禁和徒刑应被视为同种刑罚，并且各刑罚的期间应当累加。

第 8 条（罪犯名录和罪犯名牌的整理）〔2〕

1. 有下列情形的，应当删除罪犯名录上的有关栏目和摒弃罪犯名牌：

（1）相关的刑罚根据本法第 7 条或者《刑法典》第 81 条规定失效的；

---

〔1〕 本条被 2010 年 3 月 31 日第 10211 号法律全面修正。
〔2〕 本条被 2010 年 3 月 31 日第 10211 号法律全面修正。

（2）暂缓执行刑罚的期间届满的；

（3）停止资格的期间届满的；

（4）被准予大赦、使刑罚失效的特赦或者复权的。

2. 根据第 1 款删除罪犯名录上有关栏目的方法等，应当由总统令做出规定。

第 8-2 条 （侦查记录资料的整理）[1]

1. 有下列情形的，在经过第 2 款和第 3 款各项规定的相应保存期间后，应当删除计算机化的侦查记录资料中的有关事项：

（1）检察官基于被排除嫌疑、无权提起公诉、不构成犯罪或者暂停起诉做出不起诉处分的；

（2）法院做出的无罪、免诉或者驳回起诉的判决终局生效的；

（3）法院驳回起诉的裁定终局生效的。

2. 与第 1 款中各项有关的侦查记录资料的保存期间，应当遵照以下各项的规定。在这种情况下，该期限应自有关处分被做出或者裁定或判决终局生效之日起算：

（1）对法定刑为死刑、无期监禁或者无期徒刑、10 年以上有期监禁或者有期徒刑的犯罪：10 年；

（2）对法定刑为 2 年以上有期监禁或者有期徒刑的犯罪：5 年；

（3）对法定刑为期间低于 2 年的有期监禁或者有期徒刑、剥夺或者停止资格、拘役或者罚金的犯罪：立即删除。但是，在做出第 1 款的暂缓起诉处分或者做出第 1 款第 2 项或第 3 项的判决或裁定的情形下，保存期间为 5 年。

3. 尽管有第 2 款的规定，但在对《青少年法》第 2 条的青少年做出第 1 款的处分、判决或裁定终局生效时，侦查记录资料的保存期间应当遵照以下各项的规定：

（1）在第 1 款的基于暂停起诉做出不起诉处分的情形下：自该处分之日起 3 年；

（2）在第 1 款的基于被排除嫌疑、无权提起公诉或者不构成犯

---

[1] 本条被 2010 年 3 月 31 日第 10211 号法律全面修正。

罪做出不起诉处分的情形下：直至采取该种处分；

（3）在第 1 款第 2 项的判决或者第 1 款第 3 项的裁定的情形下：直至该判决或裁定终局生效。

4. 根据第 1 款删除侦查记录资料中有关事项的方法，应当由总统令做出规定。

第 8-3 条（提交资料和请求改正）[1]

1. 如果法务部长官认为对于改进与犯罪记录资料或侦查记录资料的保存、管理、查询有关的事务或者纠正非法或不公正的事项有必要的，可以要求负责保存、管理、查询犯罪记录资料或侦查记录资料的机构的负责人要提交查询和答复分类账簿等相关材料。在这种情况下，除非另有特殊理由，已收到提交此类材料请求的机构负责人应当遵守该请求。

2. 如果法务部长官在审查根据第 1 款提交的材料后发现需要改进或纠正的事项的，可以要求所述机构的负责人采取纠正等必要措施。

第 9 条（罚则）[2]

1. 负责管理犯罪记录资料或者侦查记录资料的人，接受非法请求，实施下列行为的，处 1 年以下有期徒刑：

（1）破坏、隐匿犯罪记录资料或侦查记录资料，或者以其他方式损害其效用的；

（2）虚假地记载犯罪记录资料或侦查记录资料的具体内容，或者在没有正当理由的情况下更改其具体内容的；

（3）虚假地记载有待根据犯罪记录资料或侦查记录资料予以证明之事项的具体内容的。

2. 对制作犯罪记录资料或侦查记录资料所需的文书实施下列行为之一的，处与第 1 款相同的刑罚：

（1）以破坏、隐匿或者其他方式破坏其效用的；

---

〔1〕 本条被 2010 年 3 月 31 日第 10211 号法律全面修正。
〔2〕 本条被 2010 年 3 月 31 日第 10211 号法律全面修正。

（2）虚假记载或者变更其具体内容的。

第 10 条（罚则）〔1〕

1. 违反第 6 条第 1 款或者第 2 款答复或者泄露侦查资料卡的具体内容的，处 5 年以下有期徒刑或者 5000 万元以下罚金。

2. 违反第 6 条第 3 款获取犯罪记录资料或者侦查记录资料的，处 2 年以下有期徒刑或者 2000 万元以下罚金。

3. 违反第 6 条第 4 款使用犯罪记录资料和侦查记录资料的，处与第 2 款相同的刑罚。

（五）韩国关于国际刑事法院管辖罪行的处罚等的法律

（2007 年 12 月 21 日第 8719 号法律制定；2011 年 4 月 12 日第 10577 号法律修正）

第一章　总　则

第 1 条（宗旨）

本法的宗旨是，根据《国际刑事法院罗马规约》（以下称为"《国际刑事法院规约》"）惩处国际刑事法院管辖的罪行、规定大韩民国与国际刑事法院之间的合作程序，以尊重人的尊严、价值和实现国际社会的正义。

第 2 条（定义）〔2〕

本法所使用的术语定义如下：

（1）"种族灭绝罪等"，是指第 8 条至第 14 条所指的犯罪；

（2）"国际刑事法院"，是指根据 1998 年 7 月 17 日在意大利罗马举行的联合国全权代表大会通过并于 2002 年 7 月 1 日生效的《国际刑事法院罗马规约》设立的法院；

---

〔1〕 本条被 2010 年 3 月 31 日第 10211 号法律全面修正。

〔2〕 本条被 2011 年 4 月 12 日第 10577 号法律全面修正。

（3）"《日内瓦公约》"，是指 1949 年 8 月 12 日《改善战地武装部队伤者病者境遇的日内瓦公约》（第一公约）、1949 年 8 月 12 日《改善海上武装部队伤者病者及遇船难者境遇的日内瓦公约》（第二公约）、1949 年 8 月 12 日《关于战俘待遇的日内瓦公约》（第三公约）和 1949 年 8 月 12 日《关于战时保护平民的日内瓦公约》（第四公约）；

（4）"外国人"，是指不具有大韩民国国籍的人；

（5）"奴役"，是指对一人行使附属于所有权的任何权力，包括在贩卖人口特别是贩卖妇女和儿童的过程中行使这种权力；

（6）"强迫怀孕"，是指以影响任何人口的族裔构成或者实施其他严重违反国际法的行为为目的，强迫妇女怀孕或者通过无正当理由的非法禁闭强迫怀孕妇女维持怀孕的行为；

（7）"受国际人道法保护的人"，是指任何下列人员：

（a）在国际武装冲突的情况下，受《日内瓦公约》和 1949 年 8 月 12 日《日内瓦公约关于保护国际性武装冲突受难者的附加议定书》（第 1 议定书）保护的受伤、生病或遇船难的人员、战俘或者平民；

（b）在非国际武装冲突的武装冲突的情况下，受伤、生病或遇船难的人员或者处于该武装冲突有关各方控制下的未直接参与敌对行动的人员；

（c）在国际或者非国际武装冲突的情况下，已经投降或丧失自卫能力的敌对武装的成员或者战斗人员。

第 3 条（适用范围）

1. 本法应当适用于在大韩民国领域内实施本法规定犯罪的韩国公民或者外国人。

2. 本法应当适用于在大韩民国领域外实施本法规定的犯罪的韩国公民。

3. 本法应当适用于在处于大韩民国领域外但在大韩民国注册的船舶或者航空器上实施本法规定犯罪的外国人。

4. 本法应当适用于在大韩民国领域外对大韩民国或者其公民实

施本法规定的犯罪的外国人。

5. 本法应当适用于在大韩民国领域外实施种族灭绝等犯罪的居住于大韩民国领域内的外国人。

第 4 条（基于上级命令的行为）[1]

1. 负有服从政府或上级命令法律义务的人，在不知道命令非法情况下根据政府或者上级的命令实施种族灭绝等犯罪时，如果该命令不是明显非法并且其存在不知道该命令非法之正当理由的，不处罚。

2. 在第 1 款的情况下，任何实施第 8 条或者第 9 条规定的犯罪的命令应当被视为明显非法。

第 5 条（指挥官和其他上级的责任）[2]

当军事指挥官（包括那些实际行使军事指挥官权力的人，下同）或者某一组织或机构的上级（包括实际行使上级权力的人，下同）知道处于其有效指挥和控制之下的下属正在实施或者打算实施种族灭绝等犯罪时，不采取任何必要和合理的措施阻止的，不仅实施种族灭绝等犯罪的人应当予以处罚，该指挥官或者上级也应当处以各相关条款规定的刑罚。

第 6 条（时效法规的不适用）[3]

对种族灭绝等犯罪，不应适用《刑事诉讼法典》第 249 条至第 253 条、《军事法院法》第 291 条至第 295 条规定的公诉时效和《刑法典》第 77 条至第 80 条规定的有罪判决的执行时效。

第 7 条（免诉判决）[4]

对国际刑事法院已经作出终局有罪或者无罪判决的涉及种族灭绝等犯罪的被起诉案件，应当作出免诉判决。

---

〔1〕 本条被 2011 年 4 月 12 日第 10577 号法律全面修正。
〔2〕 本条被 2011 年 4 月 12 日第 10577 号法律全面修正。
〔3〕 本条被 2011 年 4 月 12 日第 10577 号法律全面修正。
〔4〕 本条被 2011 年 4 月 12 日第 10577 号法律全面修正。

第二章 国际刑事法院管辖犯罪的刑罚

第 8 条 (种族灭绝罪) [1]

1. 杀害某一民族、种族、族裔或者宗教团体的成员，意图完全或者部分消灭该群体的，处死刑、无期监禁或者 7 年以上有期监禁。

2. 出于第 1 款规定的目的，实施任何下列行为的，处无期监禁或者 5 年以上有期监禁：

（1）致使第 1 款所指的任何团体的成员在身体上或精神上遭受严重伤害的；

（2）故意使第 1 款所指的任何团体处于某种蓄意安排的生活条件下，以毁灭其全部或局部的身体的；

（3）实施强制措施，意图防止第 1 款所指的任何团体内的生育的；

（4）强迫转移第 1 款所指的任何团体的儿童至另一团体的。

3. 实施第 2 款规定的行为导致他人死亡，应当处以第 1 款所指的刑罚。

4. 煽动实施第 1 款或者第 2 款规定的犯罪的，处 5 年以上有期监禁。

5. 第 1 款或者第 2 款规定的犯罪的未遂罪，亦罚之。

第 9 条 (反人类罪) [2]

1. 通过实施与国家、组织或机构的袭击政策有关的针对平民人口的广泛或者有系统的袭击杀害他人的，处死刑、无期监禁或者 7 年以上有期监禁。

2. 通过实施与国家、组织或机构的袭击政策有关的针对平民人口的广泛或者有系统的袭击，实施下列行为之一的，处无期监禁或者 5 年以上有期监禁：

---

〔1〕 本条被 2011 年 4 月 12 日第 10577 号法律全面修正。

〔2〕 本条被 2011 年 4 月 12 日第 10577 号法律全面修正。

（1）故意地施加意图导致该人口部分毁灭的生活条件，尤其是剥夺获得食物和药物的机会；

（2）奴役人民；

（3）违反国际法，以驱逐或者强迫迁移方式使居民离开其合法居留地；

（4）违反国际法监禁居民或者以其他方式剥夺他们的人身自由；

（5）无正当理由地以使身体或精神遭受重大痛苦的方式，对处于其羁押或者控制之下的人进行折磨；

（6）实施强奸、性奴役、强迫卖淫、强迫怀孕、强迫绝育或者严重程度相当的任何其他形式的性暴力；

（7）基于政治、种族、民族、族裔、文化、宗教、性别或者为国际法不容的其他理由，剥夺或者限制某一团体或者集体的成员的基本人权；

（8）意图使某人长时间不受法律保护，在国家或者政治组织的授权、支持或者默认下实施下列任何行为的：

（a）逮捕、拘禁、略诱或和诱（以下称为"逮捕等"）某人，并拒绝提供有关该人的被逮捕等的相关事实、身份、命运、下落等的信息或者提供不正确的信息；

（b）有义务提供（a）目所述信息的人拒绝提供此类信息或者提供不正确的信息；

（9）以第1项至第8项所列以外的其他方法实施的对人的身体或精神造成严重的痛苦或伤害的其他不人道行为。

3. 某一种族团体的成员实施第1款或者第2款所指的行为，意图维持对任何其他种族团体的系统性的压迫和统治的制度的，应当处以各该款规定的刑罚。

4. 实施第2款任何一项所列的行为或者第3款所指的行为（仅限于第2款各项所列的行为）导致他人死亡的，应当处以第1款规定的刑罚。

5. 第1款至第3款规定的犯罪的未遂罪，亦罚之。

第 10 条（危害人员的战争罪）[1]

1. 在国际或非国际性武装冲突（不包括内部动乱和紧张局势，如暴动、孤立和零星的暴力行为或其他性质相同的行为，下同）中杀害根据国际人道法受保护的人员的，处死刑、无期监禁或者 7 年以上有期监禁。

2. 在国际或非国际武装冲突中实施下列任何行为的，处无期监禁或者 5 年以上有期监禁：

（1）劫持受到国际人道法保护的人员作为人质的；

（2）对受到国际人道法保护的人员施加酷刑或残伤肢体，造成身体或者健康的严重痛苦或严重伤害的；

（3）对受到国际人道法保护的人员实施强奸、强迫卖淫、性奴役、强迫怀孕或者强迫绝育的。

3. 在国际或非国际武装冲突中实施下列任何行为的，处 3 年以上有期监禁：

（1）违反国际法将受国际人道法保护的人员从其现居住地驱逐或者强制迁移的；

（2）未经公正和正规的审判，对受国际人道法保护的人员做出判决或者执行这些判决的；

（3）在未事先获得自愿和明确同意的情况下，对受国际人道法保护的人员进行不具有出于医疗目的等正当化理由的任何种类的医学或者科学实验，可能对这些人员的生命或身体造成严重损害的；

（4）伤害无条件投降或者失去自卫能力的敌对部队的成员或战斗人员的；

（5）征召或者招募不满 15 岁的人加入武装部队或者团体，或者利用他们参与敌对行动的。

4. 在国际或非国际武装冲突中严重地侮辱和贬低受国际人道法保护的人员的，处 1 年以上有期监禁。

5. 在国际或非国际武装冲突中实施下列任何行为的，处 3 年以

---

〔1〕 本条被 2011 年 4 月 12 日第 10577 号法律全面修正。

上有期监禁：

（1）无正当理由地拘禁受国际人道法保护的人员的；

（2）将其部分平民人口迁移到被占领土的；

（3）强迫受国际人道法保护的人员在敌国的军队中服役的；

（4）强迫敌国国民参加针对其本国的战争行动的。

6. 实施第 2 款、第 3 款或者第 5 款规定的犯罪导致他人死亡的，处死刑、无期监禁或者 7 年以上有期监禁。

7. 第 1 款至第 5 款规定的犯罪的未遂罪，亦罚之。

第 11 条 （危害财产和权利的战争罪）〔1〕

1. 在国际或非国际性武装冲突中，劫掠敌国或敌方财产的财产，或者在非武装冲突必要性所迫切需要的情况下，违反国际法大规模破坏、征用或没收敌国或敌方财产的，处无期监禁或者 3 年以上有期监禁。

2. 在国际或非国际性武装冲突中，违反国际法宣布取消、停止或者在法院中不承认敌方所有或者大部分国民的权利和诉讼权的，处 3 年以上有期监禁。

3. 第 1 款或者第 2 款规定的犯罪的未遂罪，亦罚之。

第 12 条 （危害人道活动、特殊标志等的战争罪）〔2〕

1. 在国际或非国际武装冲突中实施下列任何行为的，处 3 年以上有期监禁：

（1）故意指令攻击根据《联合国宪章》进行的人道主义援助或维持和平行动所涉人员、设施、物资、单位或车辆，如果这些人员和物体有权得到国际法给予平民和民用物体的保护的；

（2）指令攻击合法使用《日内瓦公约》所订特殊标志的建筑物、装备、医疗单位、运输工具和医疗单位人员的。

2. 在国际或非国际武装冲突中，通过不当使用《日内瓦公约》所订特殊标志、休战旗、敌方或联合国的旗帜、军事标志或制服，

---

〔1〕 本条被 2011 年 4 月 12 日第 10577 号法律全面修正。

〔2〕 本条被 2011 年 4 月 12 日第 10577 号法律全面修正。

导致他人死亡或者严重伤害的，应当按照下列规定处罚：

（1）导致他人死亡的，处死刑、无期监禁或者 7 年以上有期监禁；

（2）导致他人受到严重伤害的，处无期监禁或者 5 年以上有期监禁。

3. 第 1 款或者第 2 款规定的犯罪的未遂罪，亦罚之。

第 13 条 （使用违禁手段的战争罪）[1]

1. 在国际或非国际武装冲突中实施下列任何行为的，处无期监禁或者 3 年以上有期监禁：

（1）指令攻击平民人口本身或未直接参加敌对行动的个别平民的；

（2）指令攻击非军事目标的专用于宗教、教育、艺术、科学或慈善事业的建筑物、历史纪念物、医院和伤病人员收容所，或者攻击不设防城镇、村庄、住所、建筑物或者不涉及人身危险的水坝或其他设施的；

（3）发动造成平民伤亡或民用物体严重破坏并且明显超过军事行动的必要性的攻击；

（4）为防止针对特定目标的军事行动而利用受国际人道法保护的人员作为防御手段的；

（5）以违反国际人道法剥夺平民生存所必需的物品或者阻碍其供应的方式，将平民的饥饿作为战争手段的；

（6）作为军事指挥官指挥或者强迫部属无一例外地杀死敌方战斗人员的；

（7）使用国际法禁止的背信弃义方式，杀、伤属于敌军或作战对手的人员的。

2. 实施第 1 款第 1 项至第 6 项中规定的任何一项犯罪，导致根据国际人道法受保护的人员死亡或受伤的，应当根据下列规定处罚：

（1）导致该人员死亡的，处死刑、无期监禁或者 7 年以上有期

---

〔1〕 本条被 2011 年 4 月 12 日第 10577 号法律全面修正。

监禁；

（2）导致该人员受严重伤害的，处无期监禁或者 5 年以上有期监禁。

3. 在国际或非国际性武装冲突中，发动致使自然环境遭受广泛、长期和严重破坏的明显超出军事行动必要性的袭击的，处 3 年以上有期监禁。

4. 第 1 款或者第 3 款规定的犯罪的未遂罪，亦罚之。

第 14 条（使用违禁武器的战争罪）〔1〕

1. 在国际或非国际性武装冲突中使用下列任何武器的，处无期监禁或者 5 年以上有期监禁：

（1）毒物或有毒武器；

（2）生物或者化学武器；

（3）在人体内易于膨胀或变扁的子弹。

2. 实施第 1 款规定犯罪给他人的生命、身体或者财产造成损害的，处死刑、无期监禁或者 7 年以上有期监禁。

3. 第 1 款规定的犯罪的未遂罪，亦罚之。

第 15 条（指挥官的失职等犯罪）〔2〕

1. 军事指挥官或者组织或机构的上级，由于疏于或者抛弃其职责未能防止或者制止在其有效指挥和控制下的部属实施灭绝种族罪等的，处 7 年以上有期监禁。

2. 因为过失未能防止或者制止第 1 款规定的犯罪的，处 5 年以上有期监禁。

3. 军事指挥官或者组织或机构的上级，不向调查机关报告实施了灭绝种族罪等的在其有效指挥和控制下的部属的，处 5 年以上有期监禁。

---

〔1〕 本条被 2011 年 4 月 12 日第 10577 号法律全面修正。

〔2〕 本条被 2011 年 4 月 12 日第 10577 号法律全面修正。

第 16 条 （妨害司法罪）[1]

1. 针对国际刑事法院调查或者审理的任何案件，实施下列各项规定的任何行为的，处 5 年以下有期监禁，单处或者并处 1500 万元以下罚金：

（1）提供虚假证据的；

（2）以暴力或者胁迫手段妨碍参考证人或证人的出庭或作证或者证据的收集或提供的；

（3）向参考证人或证人许诺提供、实际提供或者提议提供金钱、有价物或者其他财产利益，以妨碍该证人的出庭或作证或者证据的收集或提供的；

（4）参考证人或者证人收受、索取或者约定第 3 款所指的金钱、有价物或者其他财产利益的。

2. 第 1 款也应当适用于应国际刑事法院的请求或者要求在大韩民国进行的程序。

3. 针对第 1 款规定的案件，实施《刑法典》第 152 条、第 154 条、第 155 条第 1 款至第 3 款或者《对特定犯罪加重处罚等的法律》第 5 条至第 9 条所指的任何行为的，应当处以各相应条款规定的刑罚。在这种情形下，《刑法典》第 155 条第 4 款不应适用。

4. 针对第 1 款规定的案件，对国际刑事法院的官员实施《刑法典》第 136 条、第 137 条或者第 144 条所指的任何行为的，应当处以各相应条款规定的刑罚。在这种情况下，对该条而言，国际刑事法院的官员应被视为公务员。

5. 针对第 1 款规定的案件，对国际刑事法院的官员实施《刑法典》第 133 条所指的任何行为的，应当处以所述条款规定的刑罚。在这种情况下，对该条而言，国际刑事法院的官员应被视为公务员。

6. 本条中的"国际刑事法院官员"，是指根据《国际刑事法院规约》负责国际刑事法院管理事务的人员，包括法官、检察官、副检察官、书记官长和副书记官长。

---

〔1〕 本条被 2011 年 4 月 12 日第 10577 号法律全面修正。

第 17 条 (排除基于告诉才起诉的犯罪和不应违背被害人 意志追诉的犯罪的适用)〔1〕

对种族灭绝等犯罪，即使没有告诉或者违背被害人明确的意愿，也可能被公诉。

第 18 条 (对《国际刑事法院规约中的犯罪要件的考虑》)〔2〕

在对第 8 条至第 14 条而言有必要的情况下，可以根据《国际刑事法院规约》第 9 条考虑 2002 年 9 月 9 日《国际刑事法院规约》缔约国大会通过的犯罪要件。

第三章　与国际刑事法院的合作

第 19 条 (《引渡法》的比照适用)〔3〕

1. 大韩民国与国际刑事法院之间移交犯罪人的，应当比照适用《引渡法》。但是，如果《国际刑事法院规约》的任何规定与《引渡法》不一致的，应当以《国际刑事法院规约》为准。

2. 在第 1 款的情况下，《引渡法》中的"请求国"应被视为"国际刑事法院"，"引渡条约"应被视为"《国际刑事法院规约》"。

第 20 条 (《国际刑事司法互助法》的比照适用)〔4〕

1.《国际刑事司法互助法》应当比照适用于国际刑事法院所请求的互助或者就国际刑事法院的刑事调查或者司法程序对国际刑事法院所请求的互助。但是，如果《国际刑事法院规约》的任何规定与《国际刑事司法互助法》不一致的，应当以《国际刑事法院规约》为准。

2. 在第 1 款的情形下，《国际刑事司法互助法》中的"外国"

---

〔1〕　本条被 2011 年 4 月 12 日第 10577 号法律全面修正。
〔2〕　本条被 2011 年 4 月 12 日第 10577 号法律全面修正。
〔3〕　本条被 2011 年 4 月 12 日第 10577 号法律全面修正。
〔4〕　本条被 2011 年 4 月 12 日第 10577 号法律全面修正。

应被视为"国际刑事法院",而"互助条约"应被视为"国际刑事法院规约"。

(六) 韩国国家安全法

(1948 年 12 月 1 日第 10 号法律制定;1949 年 12 月 19 日第 85 号法律修正;1950 年 4 月 21 日第 128 号法律修正;1958 年 12 月 26 日第 500 号法律修正;1960 年 6 月 10 日第 549 号法律修正;1962 年 9 月 24 日第 1151 号法律修正;1980 年 12 月 31 日第 3318 号法律修正;1987 年 12 月 4 日第 3993 号法律修正;1991 年 5 月 31 日第 4373 号法律修正;1994 年 1 月 5 日第 4704 号法律修正;1997 年 1 月 13 日第 5291 号法律修正;1997 年 12 月 13 日第 5454 号法律修正;2011 年 9 月 15 日第 11042 号法律修正;2016 年 1 月 6 日第 13722 号法律修正)

第一章　总则

第 1 条（宗旨等）

1. 本法的宗旨是,通过规制可能危害国家安全的反国家活动,确保国家安全以及国民的生存和自由。

2. 在本法的解释和适用中,应当将其限制在为了达到第 1 款所指的宗旨所需的最低限度内,并且不得扩大解释或者不合理地限制宪法所保障的公民基本人权。[1]

第 2 条（定义）

1. "反国家组织",是指僭用政府头衔或者旨在反抗国家的,具有指挥领导系统的国内外组织或团体。[2]

2. （删除）。[3]

---

[1]　1991 年 5 月 31 日第 4373 号法律新增。

[2]　1991 年 5 月 31 日第 4373 号法律修正。

[3]　1991 年 5 月 31 日第 4373 号法律删除。

第二章 犯罪与刑罚

第 3 条（反国家组织的组建等）

1. 组建或者加入反国家组织的，应当按照下列规定处罚：

（1）为首者，处死刑或者无期监禁；

（2）骨干或者其他从事领导职责的人，处死刑、无期监禁或者5 年以上尤其监禁；

（3）其他人，处 2 年以上有期监禁。

2. 劝诱他人加入反国家组织的，处 2 年以上有期监禁。

3. 第 1 款和第 2 款所指犯罪的未遂罪，亦罚之。

4. 预备或者共谋实行第 1 款第 1 项至第 2 项所指的犯罪的，处2 年以上有期监禁。

5. 预备或者共谋实行第 1 款第 3 项所指的犯罪的，处 10 年以上有期监禁。〔1〕

第 4 条（目的的实现）

1. 如果反国家组织的成员或者接受其命令的人，实施行为以实现其目的的，应当按照下列规定处罚：〔2〕

（1）实施《刑法典》第 92 条至第 97 条、第 99 条、第 250 条第2 款、第 338 条或者第 340 条第 3 款规定的行为的，应当根据各相应条款规定的刑罚处罚；

（2）实施《刑法典》第 98 条规定的行为，或者刺探、收集、泄露、传递、居间经纪国家秘密的，应当按照下列规定处罚：

（a）如果该军事秘密或者国家秘密是仅限于有限的人员可以获取以避免对国家安全的重大损害并且对敌对国家或反国家组织保密的事实、事物或者知识的，处死刑或者无期监禁；

（b）如果是（a）目所指以外的军事秘密或者国家秘密的，处

---

〔1〕 1991 年 5 月 31 日第 4373 号法律修正。

〔2〕 1991 年 5 月 31 日第 4373 号法律修正。

死刑、无期监禁或者 7 年以上有期监禁；[1]

（3）实施《刑法典》第 115 条、第 119 条第 1 款、第 147 条、第 148 条、第 164 条至第 169 条、第 177 条至第 180 条、第 192 条至第 195 条、第 207 条、第 208 条、第 210 条、第 250 条第 1 款、第 252 条、第 253 条、第 333 条至第 337 条、第 339 条或者第 340 条第 1 款和第 2 款规定的行为的，处死刑、无期监禁或者 10 年以上有期监禁；

（4）破坏国家或者公共组织使用的交通工具、通讯设备、建筑物或者其他重要设施，或者略诱或和诱人员，或者移动、移走船舶、航空器、汽车、武器和其他物品的，处死刑、无期监禁或者 5 年以上有期监禁；

（5）实施《刑法典》第 214 条至第 217 条、第 257 条至第 259 条或第 262 条规定的行为，或者损毁、藏匿、伪造或变造属于国家秘密的文书或物品的，处 3 年以上有期监禁；

（6）煽动或者宣传第 1 项至第 5 项所指的行为，或者编造、散布可能引起社会秩序混乱的虚假事实的，处 2 年以上有期监禁。

2. 第 1 款所指犯罪的未遂罪，亦罚之。

3. 预备或者共谋实行第 1 款第 1 项至第 4 项所指的犯罪的，处 2 年以上有期监禁。

4. 预备或者共谋实行第 1 款第 5 项和第 6 项所指的犯罪的，处 10 年以上有期监禁。

第 5 条（自愿支持与接受钱物）

1. 意图支持反国家组织及其成员或者接受该组织命令的人，自愿实施第 4 条第 1 款规定的行为的，应当根据第 4 条第 1 款的规定处罚。

2. 在明知可能会危害国家的存立和安全或者自由民主的基本秩

---

〔1〕 根据宪法法院于 1997 年 1 月 16 日做出的在有限范围内具有合宪性的裁定，本项（b）目中规定的"军事或国家秘密"，只要被认为是"不为公众所知、如果被泄露肯定会威胁国家安全的具有重大价值的事实、事物或者知识"，就不违反《宪法》。

序的情况下，从反国家组织的成员或者接受其命令的人处接受金钱或其他物品的，处 7 年以下有期监禁。[1]

3. 第 1 款和第 2 款所指犯罪的未遂罪，亦罚之。

4. 预备或者共谋实行第 1 款所指的犯罪的，处 10 年以下有期监禁。

5. （删除）。[2]

第 6 条 （潜入与逃离）

1. 在明知可能会危害国家的存立和安全或者自由民主的基本秩序的情况下，从反国家组织控制的地区潜入或者逃离到该地区的，处 10 年以上有期监禁。[3]

2. 潜入或者逃离以接受反国家组织或其成员的命令或者与反国家组织或其成员商议实现目的的，处死刑、无期监禁或者 5 年以上有期监禁。[4]

3. （删除）。[5]

4. 第 1 款和第 2 款所指犯罪的未遂罪，亦罚之。

5. 预备或者共谋实行第 1 款所指的犯罪的，处 7 年以下有期监禁。

6. 预备或者共谋实行第 2 款所指的犯罪的，处 2 年以上有期监禁。[6]

第 7 条 （颂扬、煽动等）

1. 在明知可能会危害国家的存立和安全或者自由民主的基本秩序的情况下，颂扬、煽动或宣传反国家组织及其成员或者接受其命令人的活动，或者以行为与其合作或宣传、煽动国家变乱的，处 7

---

[1] 1991 年 5 月 31 日第 4373 号法律修正。

[2] 1991 年 5 月 31 日第 4373 号法律删除。

[3] 1991 年 5 月 31 日第 4373 号法律修正。

[4] 根据宪法法院于 1998 年 8 月 27 日做出的裁定，就适用于所述行为肯定会威胁到国家的存立和安全或自由民主基本秩序的情况来说，本款不违反《宪法》。

[5] 1991 年 5 月 31 日第 4373 号法律删除。

[6] 1991 年 5 月 31 日第 4373 号法律修正。

年以下有期监禁。[1]

2. （删除）。[2]

3. 以第 1 款所指的行为为目的，组建或者加入一个组织的，处 1 年以上有期监禁。[3]

4. 第 3 款所指的组织的成员就有关可能造成社会秩序混乱的事项编造或者散布虚假事实的，处 2 年以上有期监禁。[4]

5. 意图实施第 1 款、第 3 款或者第 4 款所指的行为，制作、进口、复制、持有、运输、分发、出售或者获取文书、图画或者其他表达材料的，应当按照各款规定的刑罚处罚。[5]

6. 第 1 款或者第 3 至第 5 款所指犯罪的未遂罪，亦罚之。[6]

7. 预备或者共谋实行第 3 款所指的犯罪的，处 5 年以下有期监禁。[7]

第 8 条 （会面、通信等）

1. 在明知可能会危害国家的存立和安全或者自由民主的基本秩序的情况下，以会面、通信或者其他方法与反国家组织的成员或接受反国家组织命令的人进行联络的，处 10 年以下有期监禁。[8]

2. （删除）。[9]

3. 第 1 款所指犯罪的未遂罪，亦罚之。[10]

4. （删除）。[11]

---

[1] 1991 年 5 月 31 日第 4373 号法律修正。
[2] 1991 年 5 月 31 日第 4373 号法律删除。
[3] 1991 年 5 月 31 日第 4373 号法律修正。
[4] 1991 年 5 月 31 日第 4373 号法律修正。
[5] 1991 年 5 月 31 日第 4373 号法律修正。
[6] 1991 年 5 月 31 日第 4373 号法律修正。
[7] 1991 年 5 月 31 日第 4373 号法律修正。
[8] 1991 年 5 月 31 日第 4373 号法律修正。
[9] 1991 年 5 月 31 日第 4373 号法律删除。
[10] 1991 年 5 月 31 日第 4373 号法律修正。
[11] 1991 年 5 月 31 日第 4373 号法律删除。

第 9 条 （提供便利）

1. 在明知他人正在实施或者打算实施本法第 3 条至第 8 条规定的犯罪的情况下，向其提供枪支、弹药、火药和其他武器的，处 5 年以上有期监禁。[1]

2. 在明知他人正在实施或者打算实施本法第 3 条至第 8 条规定的犯罪的情况下，向其提供金钱或其他财产利益，或者提供藏匿、会面、通讯、联络场所，或者以其他方式为提供便利的，处 10 年以下有期监禁。但是，如果与本犯之间有亲属关系的，可以减轻或者免除处罚。[2]

3. 第 1 款和第 2 款所指犯罪的未遂罪，亦罚之。

4. 预备或者共谋实行第 1 款所指的犯罪的，处 1 年以上有期监禁。

5. （删除）。[3]

第 10 条 （知情不举) [4]

在明知他人是实施了第 3 条、第 4 条、第 5 条第 1 款、第 3 款（仅限于第 1 款犯罪的未遂罪）和第 4 款所规定的犯罪的人的情况下，不报告侦查机关或者情报机关的，处 5 年以下有期监禁或者 200 万元以下罚金。但是，如果与本犯之间有亲属关系的，可以减轻或者免除处罚。

第 11 条 （特殊放弃职责)

在明知他人实施了本法规定的犯罪的情况下，从事刑事调查或者情报工作的公务员放弃其职责的，处 10 年以下有期监禁。但是，如果与本犯之间有亲属关系的，可以减轻或者免除处罚。

第 12 条 （诬告与编造)

1. 意图使他人受到刑事处分，对本法所规定的犯罪进行诬告、

---

〔1〕 1991 年 5 月 31 日第 4373 号法律修正。

〔2〕 1991 年 5 月 31 日第 4373 号法律修正。

〔3〕 1991 年 5 月 31 日第 4373 号法律删除。

〔4〕 本条被 1991 年 5 月 31 日第 4373 号法律全面修正。

提供伪证或者编造、湮灭或隐匿证据的，应当按照各条规定的刑罚处罚。

2. 履行犯罪侦查或者情报职责的公务员、其助手或者指挥履行该职责的人员，滥用其权力实施第 1 款所指的行为的，也应当处以第 1 款所指的刑罚。但是，如果其法定最低刑不满 2 年的，应为 2 年。

第 13 条 （特殊加重）[1]

实施本法、《军事刑法典》第 13 条和第 15 条、《刑法典》第二编第一章（内乱罪）和第二章（外患罪）规定的犯罪被判处监禁或者更重的刑罚的人，在刑罚执行没有完成或者在刑罚执行被完成或被免除后不超过 5 年时，再实施第 3 条第 1 款第 3 项以及第 2 款至第 5 款、第 4 条第 1 款第 1 项中所指的《刑法典》第 94 条第 2 款以及第 97 条和第 99 条、第 4 条第 1 款第 5 项和第 6 项以及第 2 款至第 4 款、第 5 条、第 6 条第 1 款以及第 4 款至于第 6 款、第 7 条至第 9 条规定的犯罪的，对该罪的法定最高刑为死刑。

第 14 条 （停止资格的并科）

如果实施本法规定的犯罪被判处有期徒刑的，可以并处期间不超过前述最长刑期的停止资格。[2]

第 15 条 （没收与追征）

1. 因犯本法规定的犯罪所接受的报酬，应当没收。但如果无法没收的，应当追征与其价值相当的金额。

2. 如果检察官不对实施本法所规定的犯罪的人提出起诉的，可以命令将扣押物销毁或者收归国库。

---

　[1]　根据宪法法院于 2002 年 11 月 28 日做出的违反宪法的裁定，本条中规定的"因为实施本法规定的前述犯罪、《军事刑法典》第 13 条和第 15 条或者《刑法典》第二编第一章（内乱罪）和第二章（外患罪）规定的犯罪，被判处徒刑或者更重刑罚的人，在刑罚未执行完毕或者刑罚执行完毕或赦免之后 5 年内，实施本法第 7 条第（5）款和第（1）款……规定的犯罪的，对该罪的法定最高刑为死刑"失去效力。
　[2]　1991 年 5 月 31 日第 4373 号法律修正。

第 16 条（刑罚的减轻与免除）

有下列各项情形之一的，应当减轻或者免除处罚：

（1）犯罪人在实施本法规定的犯罪后自首的；

（2）实施本法规定的犯罪的人告发实施犯本法规定的犯罪的其他人，或者阻止他人实施本法规定的犯罪的；

（3）（删除）。[1]

第 17 条（其他法律适用的排除）

《工会与劳动关系调整法》第 39 条的规定，不适用于实施本法规定的任何犯罪的人。[2]

……

（七）韩国关于对特定犯罪加重处罚等的法律

（1966 年 2 月 23 日第 1744 号法律制定；1968 年 7 月 15 日第 2032 号法律修正；1973 年 2 月 24 日第 2550 号法律修正；1980 年 12 月 18 日第 3280 号法律修正；1983 年 12 月 31 日第 3717 号法律修正；1984 年 8 月 4 日第号法律修正；1989 年 3 月 25 日第 4090 号法律修正；1990 年 1 月 13 日第 4206 号法律修正；1990 年 12 月 31 日第 4291 号法律修正；1994 年 1 月 5 日第 4702 号法律修正；1994 年 6 月 28 日第 4760 号法律修正；1995 年 8 月 4 日第 4962 号法律修正；1995 年 12 月 29 日第 5056 号法律修正；1997 年 8 月 22 日第 5341 号法律修正；1997 年 12 月 13 日第 5454 号法律修正；1999 年 12 月 28 日第 6040 号法律修正；2000 年 1 月 12 日第 6146 号法律修正；2000 年 12 月 29 日第 6305 号法律修正；2002 年 3 月 25 日第 6664 号法律修正；2004 年 10 月 16 日第 7226 号法律修正；2005 年 5 月 31 日第 7545 号法律修正；2005 年 8 月 4 日第 7678 号法律修正；2005 年 8 月 4 日第 7654 号法律修正；2005 年 12 月 29 日第 7767 号法律修正；

---

[1] 1991 年 5 月 31 日第 4373 号法律删除。

[2] 1997 年 12 月 13 日第 5454 号法律修正。

2007 年 1 月 3 日第 8169 号法律修正；2007 年 12 月 21 日第号法律修正；2008 年 12 月 26 日第 9169 号法律修正；2010 年 1 月 1 日第 9919 号法律修正；2010 年 3 月 31 日第 10210 号法律修正；2011 年 12 月 31 日第 11136 号法律修正；2013 年 4 月 5 日第 11731 号法律修正；2013 年 7 月 30 日第 11955 号法律修正；2015 年 7 月 22 日第 13351 号法律修正；2015 年 7 月 24 日第 13440 号法律修正；2016 年 1 月 6 日第 13717 号法律修正；2016 年 12 月 27 日第 14474 号法律修正；2018 年 12 月 18 日第 15981 号法律修正；2019 年 12 月 24 日第 16829 号法律修正)

第 1 条（宗旨）[1]

本法的宗旨是，通过对《刑法典》《海关法》《税收犯罪处罚法》《地方税收基本法》《森林资源创造和管理法》《麻醉品管制法》规定的特定犯罪加重刑罚等，维护良好的社会秩序和促进国民经济的发展。[2]

第 2 条（对受贿的加重处罚）[3]

1. 实施《刑法典》第 129 条、第 130 条或者第 132 条规定的犯罪的，应当根据其收受、要求或者约定的贿赂数额（在本条以下称为"受贿数额"）按照下列规定加重处罚：

（1）如果受贿数额不低于 1 亿元的，处无期徒刑或者 10 年以上有期徒刑；

（2）如果受贿数额不低于 5000 万元但低于 1 亿元的，处 7 年以上有期徒刑；

（3）如果受贿数额不低于 3000 万元但低于 5000 万元的，处 5

---

〔1〕 本条被 2010 年 3 月 31 日第 10210 年号法律全面修正。

〔2〕 2011 年 12 月 31 日第 11136 年号法律修正。

〔3〕 本条被 2010 年 3 月 31 日第 10210 年号法律全面修正；根据 2012 年 12 月 27 日宪法法院作出的有限违宪裁决（2011Hun-Ba117 号），认为本款所提到的《刑法典》第 129 条第 1 款中的"公务员"包括《关于建立济州自治道及开发免税国际城市的特别法》第 299 条第 2 款（指该法于 2007 年 7 月 27 日被第 8566 号法律修正之前的版本）规定的济州自治道影响评估综合审议委员会成员中的委任成员的解释，是违反宪法的。

年以上有期徒刑。

2. 实施《刑法典》第 129 条、第 130 条或者第 132 条规定的犯罪的，应当并处对相应犯罪（包括第 1 款规定的情形）规定的刑罚和受贿数额 2 倍以上 5 倍以下罚金。

第 3 条（居间受贿）[1]

收受、要求或者约定与居间属于公务员职责的事项有关的金钱、物品或者利益的，处 5 年以下有期徒刑或者 1000 万元以下罚金。

第 4 条（受贿主体范围的扩大）[2]

1. 在适用《刑法典》第 129 条至第 132 条时，来自于由总统令规定的下列机构或者组织中的执行官员应当被视为公务员：

（1）其不少于 1/2 的资本由国家或地方政府直接或间接投资的机构或组织，或者不少于 1/2 的基本资产由国家或地方政府以捐助或补贴等财政支持构成的机构或组织；

（2）因为其事务具有重大公共性质，国家或地方政府通过行使股东权利对其重要决策、官员任免等运作实施指示、监督或者实质控制，对国民经济和行业有重大影响的由法规予以规定的机构或组织。

2. 第 1 款所指的执行官员的范围，应当考虑第 1 款所指的机构或组织的设立宗旨、资产、雇员人数以及相关执行官员的具体职责，由总统令予以规定。

第 4-2 条（对逮捕、拘禁等的加重处罚）[3]

1. 实施《刑法典》124 条或者第 125 条规定的犯罪，导致人员受伤的，处 1 年以上有期徒刑。

2. 实施《刑法典》124 条或者第 125 条规定的犯罪，导致人员死亡的，处无期徒刑或者 3 年以上有期徒刑。

---

〔1〕 本条被 2010 年 3 月 31 日第 10210 年号法律全面修正。
〔2〕 本条被 2010 年 3 月 31 日第 10210 年号法律全面修正。
〔3〕 本条被 2010 年 3 月 31 日第 10210 年号法律全面修正。

第 4-3 条 （对泄露公务秘密的加重处罚）[1]

违反《国民议会法》第 54-2 条第 2 款的，处 5 年以下有期徒刑或者 500 万元以下罚金。

第 5 条 （国库等的损失）[2]

《会计工作人员责任法》第 2 条第 1 项、第 2 项或者第 4 项（仅限于协助第 1 项或者第 2 项规定的人并负责部分会计事务的人）规定的人，在明知可能对国库或者地方政府造成损失的情况下，实施《刑法典》第 355 条所指的与其职责有关的犯罪的，应当按照下列规定予以加重处罚：

（1）如果国库或者地方政府的损失不低于 5 亿元的，处无期徒刑或者 5 年以上有期徒刑；

（2）如果国库或者地方政府的损失不低于 1 亿元但低于 5 亿元的，处 3 年以上有期徒刑。

第 5-2 条 （对略诱与和诱的加重处罚）[3]

1. 对未满 13 周岁的未成年人实施《刑法典》第 287 条规定的犯罪的，应当根据略诱与和诱的目的，应当按照下列规定予以加重刑罚：[4]

（1）意图获取财产或者财产利益，利用被略诱或者和诱的未成年人的父母或者其他担忧该未成年人安全的人的担忧实施该犯罪的，处无期徒刑或者 5 年以下有期徒刑；

（2）意图杀害被略诱或者和诱的未成年人而实施该犯罪的，处无期徒刑或者 7 年以上有期徒刑。

2. 实施《刑法典》第 287 条规定的犯罪的人针对 13 周岁以下的未成年人实施了下列行为的，应当按照下列规定予以加重处罚：[5]

---

〔1〕 本条被 2010 年 3 月 31 日第 10210 年号法律全面修正。
〔2〕 本条被 2010 年 3 月 31 日第 10210 年号法律全面修正。
〔3〕 本条被 2010 年 3 月 31 日第 10210 年号法律全面修正。
〔4〕 2016 年 1 月 6 日第 13717 年号法律修正。
〔5〕 2016 年 1 月 6 日第 13717 年号法律修正。

（1）如果利用被略诱或者和诱的未成年人的父母或者其他担忧该未成年人安全的人的担忧获取或者索要财产或财产利益的，处无期徒刑或者 10 年以上有期徒刑；

（2）如果杀害被略诱或者和诱的未成年人的，处死刑或者无期徒刑；

（3）如果袭击、伤害、拘禁、遗弃被略诱或者和诱的未成年人，或者对该未成年人实施残酷行为的，处无期徒刑或者 5 年以上有期徒刑；

（4）如果实施第 3 项规定的犯罪导致该未成年人死亡的，处无期徒刑或者 7 年以上有期徒刑。

3. 以协助实施第 1 款或第 2 款犯罪的人、藏匿或者任何其他方法，阻止被略诱或者和诱的未成年人回家的，处 5 年以上有期徒刑。

4. （删除）[1]

5. （删除）[2]

6. 第 1 款或者第 2 款（第 2 项第 4 项除外）规定的犯罪的未遂罪，亦罚之。[3]

7. 窝藏实施第 1 款或者第 2 款规定的犯罪的人，或者使该人能够逃跑的，处 3 年以上 25 年以下有期徒刑。[4]

8. 预备或者共谋实行第 1 款或者第 2 款第 1 项和第 2 项规定的犯罪的，处 1 年以上 10 年以下有期徒刑。[5]

第 5-3 条（对肇事逃逸机动车驾驶人的加重处罚）[6]

1. 《道路交通法》第 2 条规定的机动车或者摩托车的机动车驾

---

[1] 2013 年 4 月 5 日第 11731 号法律删除。

[2] 2013 年 4 月 5 日第 11731 号法律删除。

[3] 2013 年 4 月 5 日第 11731 号法律修正。

[4] 2013 年 4 月 5 日第 11731 号法律修正；2016 年 1 月 6 日第 13717 号法律修正。

[5] 2013 年 4 月 5 日第 11731 号法律修正；2016 年 1 月 6 日第 13717 号法律修正。

[6] 本条被 2010 年 3 月 31 日第 10210 年号法律全面修正。

驶人（以下称为"肇事驾驶人"）实施了《刑法典》第 268 条规定的犯罪，在未采取《道路交通法》第 54 条第 1 款中规定的救援被害人等措施的情况下逃逸的，应当按照下列规定予以加重处罚：

（1）如果在被害人死亡后逃逸或者在其逃逸后被害人死亡的，处无期徒刑或者 5 年以上有期徒刑；

（2）如果被害人受伤的，处 1 年以下有期徒刑或者 500 万元以上 3000 万元以下罚金。

2. 如果肇事驾驶人将受害人带离事故现场并且在抛弃受害人后逃走的，应当按照下列规定予以加重处罚：

（1）如果在被害人死亡后逃逸或者在其逃逸后被害人死亡的，处死刑、无期徒刑或者 5 年以上有期徒刑；

（2）如果被害人受伤的，处 3 年以上有期徒刑。

第 5-4 条（对惯常盗窃、抢劫等的加重处罚）[1]

1. （删除）。[2]

2. 惯常地与 5 个或者 5 个以上的人共同地实施《刑法典》第 329 条至第 331 条规定的犯罪或者其未遂罪的，处 2 年以上 20 年以下有期徒刑。[3]

3. （删除）[4]

4. （删除）[5]

5. 因《刑法典》第 329 条至第 331 条、第 333 条至 336 条、第 340 条和第 362 条规定的犯罪或者其未遂罪不少于 3 次被判处徒刑的人，再次实施这种犯罪并且构成累犯的，应当按照下列规定予以加重处罚：[6]

---

［1］ 本条被 2010 年 3 月 31 日第 10210 年号法律全面修正。

［2］ 在被 2015 年 2 月 26 日宪法法院作出的违宪裁决之后，本条第 1 款被 2016 年 1 月 6 日第 13717 号法律修正。

［3］ 2016 年 1 月 6 日第 13717 年号法律修正。

［4］ 2016 年 1 月 6 日第 13717 年号法律删除。

［5］ 2016 年 1 月 6 日第 13717 号法律删除。

［6］ 2016 年 1 月 6 日第 13717 年号法律修正。

（1）如果实施《刑法典》第 329 条至第 331 条规定的犯罪（包括其未遂罪）的，处 2 年以上 20 年以下有期徒刑；

（2）如果实施《刑法典》第 333 条至第 336 条和第 340 条第 1 款规定的犯罪（包括其未遂罪）的，处无期徒刑或者 10 年以上有期徒刑；

（3）如果实施《刑法典》第 362 条规定的犯罪的，处 2 年以上 20 年以下有期徒刑。

6. 因《刑法典》第 329 条至第 331 条规定的犯罪或者其未遂罪不少于两次被判处徒刑并且其刑罚执行已被完成或免除的人，惯常地实施《刑法典》第 329 条至第 331 条规定的犯罪或其未遂罪，或者实施第 2 款规定的犯罪的，处 3 年以上 25 年以下有期徒刑。[1]

第 5-5 条（对抢劫等的累犯的加重处罚)[2]

因为《刑法典》第 337 条或者第 339 条规定的犯罪（或者其未遂罪）被判处过任何刑罚的人，在刑罚执行已被完成或免除后 3 年内再实施该罪的，处死刑、无期徒刑或者 10 年以上有期徒刑。

第 5-6 条（删除)[3]

第 5-7 条（删除)[4]

第 5-8 条（删除)[5]

第 5-9 条（对报复性犯罪的加重处罚)[6]

1. 意图报复就其本人或另一人的刑事案件的侦查或审判提供犯罪侦查线索（例如告发、告诉、做出陈述、作证、提交材料），实施《刑法典》第 250 条第 1 款规定的犯罪的，处死刑、无期徒刑或

---

〔1〕 在被 2015 年 11 月 26 日宪法法院作出的违宪裁决之后，本条第 6 款被 2016 年 1 月 6 日第 13717 年号法律修正。

〔2〕 本条被 2010 年 3 月 31 日第 10210 年号法律全面修正。

〔3〕 1994 年 1 月 5 日第 4702 号法律删除。

〔4〕 1994 年 1 月 5 日第 4702 号法律删除。

〔5〕 2013 年 4 月 5 日第 11731 号法律删除。

〔6〕 本条被 2010 年 3 月 31 日第 10210 年号法律全面修正。

者 10 年以上有期徒刑。意图阻止提供犯罪侦查线索（例如告发、告诉、做出陈述、作证、提交材料），使告发或告诉被撤回或者做出虚假陈述、提供虚假证词或者提交虚假材料，实施该罪的，予以相同的处罚。

2. 出于第 1 款所指的意图，实施《刑法典》第 257 条第 1 款、第 260 条第 1 款、第 276 条第 1 款或者第 283 条规定的犯罪的，处 1 年以上有期徒刑。

3. 在第 2 款所指的实施《刑法典》第 257 条第 1 款、第 260 条第 1 款、第 276 条第 1 款或者第 283 条规定的犯罪中，导致他人死亡的，处无期徒刑或者 3 年以上有期徒刑。

4. 在没有正当理由的情况下，对知道与自己的刑事案件或者另一人的刑事案件有关的必要事实的人或者其亲属，强迫访问或者施加任何强力的，处 3 年以下有期徒刑或者 3000 万元以下罚金。

第 5-10 条 （对操作机动车辆的驾驶员的暴行等的加重处罚) [1]

1. 对正在操作机动车（包括驾驶用于《客运服务法》第 2 条第 3 项所定义的客运业务的机动车辆的驾驶人停下机动车辆让乘客上车、上车等情形）的驾驶人，施加暴行或者胁迫的，处 5 年以下有期徒刑或者 2000 万元以下罚金。 [2]

2. 实施第 1 款所指的犯罪，导致他人受伤的，处 3 年以下有期徒刑；导致他人死亡的，处无期徒刑或者 5 年以上有期徒刑。

第 5-11 条 （危险驾驶导致伤亡) [3]

在因为酒精或者毒品的影响难以正常驾驶的状态下驾驶汽车（包括摩托车），对他人造成伤害的，处 1 年以上 15 年以下有期徒刑或者 1000 万元以上 3000 万元以下罚金；导致他人死亡的，处无期徒刑或者 3 年以上有期徒刑。

---

〔1〕 本条被 2010 年 3 月 31 日第 10210 年号法律全面修正。

〔2〕 2015 年 6 月 22 日第 13351 号法律修正。

〔3〕 本条被 2010 年 3 月 31 日第 10210 年号法律全面修正；2018 年 12 月 18 日第 15981 号法律修正。

第 5-12 条（对逃逸船舶的船长和船员的加重处罚）[1]

《海上安全法》第 2 条中定义的船舶的船长或船员实施了《刑法典》第 268 条规定的犯罪，在未采取《关于水上搜寻救助等的法律》第 18 条第 1 款但书中规定的救援被害人等措施的情况下逃逸的，应当按照下列规定予以加重处罚：[2]

（1）如果在被害人死亡后逃逸或者在其逃逸后被害人死亡的，处无期徒刑或者 5 年以上有期徒刑；

（2）如果被害人受伤的，处 1 年以上有期徒刑或者 1000 万元以上 1 亿元以下罚金。

第 5-13 条（对在儿童保护区导致儿童伤亡的加重处罚）[3]

机动车辆（包括摩托车）驾驶人，在不履行采取《道路交通法》第 12 条第 1 款的措施和在同条第 3 款所指的儿童保护区驾驶时注意儿童安全的义务的情况下，针对儿童（指 13 岁以下的人，下同）实施《关于交通事故处理特例的法律》第 3 条第 1 款规定的犯罪的，应当按照下列规定予以加重处罚：

（1）如果导致儿童死亡的，处 3 年以上有期徒刑；

（2）如果导致儿童受伤的，处 1 年以上 15 年以下有期徒刑或者 500 万元以上 3000 万元以下罚金。

第 6 条（对违反《海关法》的犯罪的加重处罚）[4]

1. 实施《海关法》第 269 条第 1 款所指的犯罪的，应当按照下列规定予以加重处罚：

（1）如果进出口商品的价值（以下称为"商品价值"）不少于 1 亿元的，处无期徒刑或者 7 年以上有期徒刑；

（2）如果商品价值不少于 3000 万不少于 1 亿元的，处 3 年以上有期徒刑。

---

[1] 2013 年 7 月 30 日第 11955 号法律新增。
[2] 2015 年 6 月 24 日第 13340 号法律修正。
[3] 2019 年 12 月 24 日第 16829 号法律新增。
[4] 本条被 2010 年 3 月 31 日第 10210 年号法律全面修正。

2. 实施《海关法》第 269 条第 2 款所指的犯罪的，应当按照下列规定予以加重处罚：

（1）如果进口商品价值不低于 5 亿元的，处无期徒刑或者 5 年以上有期徒刑；

（2）如果进口商品价值不低于 2 亿元但低于 5 亿的，处 3 年以上有期徒刑。

3. 实施《海关法》第 269 条第 3 款所指的犯罪，如果出口或者退回商品价值不少于 5 亿元的，处 1 年以上有期徒刑。

4. 实施《海关法》第 270 条第 1 款第 1 项、第 4 款或者第 5 款所指的犯罪的，应当按照下列规定予以加重处罚：

（1）如果被减少、免除、逃避或者退还的税款数额不低于 2 亿元的，处无期徒刑或者 5 年以上有期徒刑；

（2）如果被减少、免除、逃避或者退还的税款数额不低于 5000 万元但低于 2 亿的，处 3 年以上有期徒刑。

5. 实施《海关法》第 270 条第 1 款第 2 项或者第 2 款所指的犯罪的，应当按照下列规定予以加重处罚：

（1）如果进口商品价值不低于 5 亿元的，处 3 年以上有期徒刑；

（2）如果进口商品价值不低于 2 亿元但低于 5 亿元的，处 1 年以上有期徒刑。

6. 在第 1 款至第 5 款的情形下，应当按照下列规定并处罚金：

（1）在第 1 款所指的情形下，处商品价值 2 倍以上 10 倍以下罚金；

（2）在第 2 款所指的情形下，处进口商品价值 2 倍的罚金；

（3）在第 3 款所指的情形下，处与出口或者退回商品价值相等的罚金；

（4）在第 4 款所指的情形下，处被减少、免除、逃避或者退还的税款数额 2 倍以上 10 倍以下的罚金；

（5）在第 5 款所指的情形下，处与出口商品价值相等的罚金。

7. 实施《海关法》第 271 条所指的犯罪的，应当判处与第 1 款至第 6 款对正犯或者既遂犯规定的刑罚相同的刑罚。

8. 建立组织或者团伙实施《海关法》第 269 条至第 271 条或者第 274 所指的犯罪，或者惯常地实施这些犯罪的，处无期徒刑或者10 年以上有期徒刑。

第 7 条 （相关公务员使用武器）〔1〕

在海上实施《海关法》第 269 条或者第 270 条所指的犯罪的人在接到停止命令后仍然试图逃跑，并且使用武器以阻止其逃跑企图存在实质理由的情况下，对违反《海关法》的人员有控制权的公务员可以使用武器。

第 8 条 （对逃税的加重处罚）〔2〕

1. 实施《税收犯罪处罚法》第 3 条第 1 款、第 4 条、第 5 条和《地方税收基本法》第 102 条第 1 款规定的犯罪的，应当按照下列规定予以加重处罚：〔3〕

（1）如果逃避、退还、未征、未缴的税款金额（以下称为"逃税金额等"）每年不低于 10 亿元，处无期徒刑或者 5 年以上有期徒刑；

（2）如果逃税金额等每年不低于 5 亿元但低于 10 亿元的，处 3 年以上有期徒刑。

2. 在第 1 款的情形下，应当并处相当于逃税金额等 2 倍以上 5 倍以下的罚金。

第 8-2 条 （对违反开具税务发票的义务等的加重处罚）〔4〕

1. 出于营利目的，实施《税收犯罪处罚法》第 10 条第 3 款和第 10 条第 4 款前段规定的犯罪的，应当按照下列规定予以加重处罚：

（1）如果记入税务发票和会计财务报表中的供应价值，记入由

---

〔1〕 本条被 2010 年 3 月 31 日第 10210 年号法律全面修正。

〔2〕 本条被 2010 年 3 月 31 日第 10210 年号法律全面修正。

〔3〕 2011 年 12 月 31 日第 11136 年号法律修正；2016 年 12 月 27 日第 14474 年号法律修正。

〔4〕 本条被 2010 年 3 月 31 日第 10210 年号法律全面修正。

卖方开具的税务发票的总资产负债表中或者由买方开具的税务发票的总资产负债表中的供应价值，或者买卖总金额（以下称为"供应价值总金额等"）不低于 50 亿元的，处 3 年以上有期徒刑；

（2）如果供应价值总金额等不低于 30 亿元但低于 50 亿元的，处 1 年以上有期徒刑。

2. 在第 1 款的情形下，应当并处将增值税税率乘以供应价值总金额等计算出的税额 2 倍以上 5 倍以下的罚金。

第 9 条（对违反《森林资源创造与管理法》的犯罪等的加重处罚）[1]

1. 实施违反《森林资源创造与管理法》第 73 条和第 74 条规定的犯罪的，应当按照下列规定予以加重处罚：[2]

（1）如果森林产品的原始价值不低于 1 亿元，或者森林破坏面积不低于 5 万平方米的，处 3 年以上 25 年以下有期徒刑；

（2）如果森林产品的原始价值不低于 1000 万元但低于 1 亿元，或者森林破坏面积不低于 5000 平方米但低于 5 万平方米的，处 2 年以上 20 年以下有期徒刑。

2. （删除）。[3]

第 10 条 （删除）[4]

第 11 条 （对毒品犯罪人等的加重处罚）[5]

1. 实施《麻醉品管制法》第 58 条第 1 款第 1 项至第 4 项、第 6 项和第 7 项规定的犯罪（不包括交易、转让、接受、提供有关物质的犯罪或者为了交易、协助交易、转让、接受而持有或拥有有关物

---

[1] 本条被 2010 年 3 月 31 日第 10210 年号法律全面修正。

[2] 2016 年 1 月 6 日第 13717 年号法律修正。

[3] 2016 年 1 月 6 日第 13717 年号法律删除。

[4] 在 2015 年 11 月 27 日被宪法法院作出的违宪裁决之后，本条被 2016 年 1 月 6 日第 13717 年号法律删除。

[5] 本条被 2010 年 3 月 31 日第 10210 年号法律全面修正。

质的犯罪）或者其未遂罪的，应当按照下列规定予以加重处罚：〔1〕

（1）如果进口、出口、制造、携带、持有等的麻醉品和精神药物的价值不低于 5000 万元的，处无期徒刑或者 10 年以上有期徒刑；

（2）如果进口、出口、制造、携带、持有等的麻醉品和精神药物的价值不低于 500 万元但低于 5000 万元的，处无期徒刑或者 7 年以上有期徒刑。

2. 实施《麻醉品管制法》第 59 条第 1 款至第 3 款、第 6 项和第 60 条规定的犯罪（仅限于与麻醉药品和精神药物有关的犯罪）的，应当按照下列规定予以加重处罚：〔2〕

（1）如果携带、持有、种植、使用、进口、出口、制造等的麻醉药品和精神药物的价值不低于 5000 万元的，处无期徒刑或者 7 年以上有期徒刑；

（2）如果携带、持有、种植、使用、进口、出口、制造等的麻醉药品和精神药物的价值不低于 500 万元但低于 5000 万元的，处无期徒刑或者 3 年以上有期徒刑。

第 12 条 （代表外国人规避法律）〔3〕

以外国人的资金代表外国人获取禁止或限制外国人获取的财产权利的，应当按照下列规定处罚：

（1）如果财产权利的价值不少于 1 亿元的，处无期徒刑或者 10 年以上有期徒刑；

（2）如果财产权利的价值少于 1 亿元的，处无期徒刑或者 3 年以上有期徒刑。

第 13 条 （没收）〔4〕

犯罪行为人通过实施第 3 条或者第 12 条规定犯罪所获取的任何

---

〔1〕 在 2014 年 4 月 24 日被宪法法院作出的违宪裁决之后，本款被 2016 年 1 月 6 日第 13717 年号法律修正。

〔2〕 2016 年 1 月 6 日第 13717 年号法律修正。

〔3〕 本条被 2010 年 3 月 31 日第 10210 年号法律全面修正。

〔4〕 本条被 2010 年 3 月 31 日第 10210 年号法律全面修正。

财产应当被没收，如果无法没收的，应当追征与其价值相当的金额。

第 14 条（诬告）〔1〕

针对本法规定的犯罪实施《刑法典》第 156 条规定的犯罪的，处 3 年以上有期徒刑。

第 15 条（特殊的放弃职责）〔2〕

从事犯罪侦查职责的公务员，在发现有人实施本法所规定的犯罪的情况下，放弃其职责的，处 1 年以上有期徒刑。

第 16 条（关于起诉的特殊情形）〔3〕

对第 6 条和第 8 条规定的犯罪，即使没有告发或者告诉，也可以提起公诉。

（八）韩国处罚燃烧瓶的使用等的法律

（1989 年 6 月 16 日第 4129 号法律制定；1991 年 3 月 8 日第 4338 号法律修正；2010 年 7 月 23 日第 10378 号法律修正）

第 1 条（宗旨）〔4〕

本法的宗旨是惩罚制作、储存、携带、持有或者使用燃烧瓶的人，以保护人民的生命、身体、财产与维护公共的安宁和秩序。

第 2 条（定义）〔5〕

本法所使用的术语"燃烧瓶"，是指带有用来使易燃物质在泄漏或散布时燃烧的引燃或点火装置，用来损害人民的生命、身体、财产的装有易燃物质（例如汽油或煤油）的玻璃瓶或其他容器。

---

〔1〕 本条被 2010 年 3 月 31 日第 10210 年号法律全面修正。
〔2〕 本条被 2010 年 3 月 31 日第 10210 年号法律全面修正。
〔3〕 本条被 2010 年 3 月 31 日第 10210 年号法律全面修正。
〔4〕 本条被 2010 年 7 月 23 日第 10378 号法律全面修正。
〔5〕 本条被 2010 年 7 月 23 日第 10378 号法律全面修正。

第 3 条（燃烧瓶的使用）[1]

1. 使用燃烧瓶危及任何人的生命、身体、财产的，处 5 年以下有期徒刑或者 500 万元以下罚金。

2. 对第 1 款所指犯罪的未遂犯，应当予以相应的处罚。

第 4 条（燃烧瓶的制作、持有等）[2]

1. 制作、储存、携带、持有燃烧瓶的，处 3 年以下有期徒刑或者 300 万元以下罚金。

2. 意图用于制作燃烧瓶，储存、携带、持有装有易燃物质（例如汽油或煤油）的能被用作带有引燃或点火装置的燃烧瓶的玻璃瓶或其他容器的，应当按照第 1 款的规定处罚。

3. 意图用于制作燃烧瓶，在易受燃烧瓶袭击区域储存、携带、持有用于制作燃烧瓶的抗议者物品的，处 1 年以下有期徒刑或者 100 万元以下罚金。

（九）韩国破坏船舶与海上构筑物处罚法

（2003 年 5 月 27 日第 6880 号法律制定；2008 年 6 月 13 日第 9109 号法律修正；2012 年 2 月 10 日第 11302 号法律修正；2017 年 12 月 12 日第 15155 号法律修正）

第 1 条（宗旨）[3]

本法的宗旨是，通过制止对营运中的船舶和海上构筑物的有害行为，确保船舶安全营运和海上构筑物的安全。

第 2 条（定义）[4]

本法所使用的术语定义如下：

---

[1] 本条被 2010 年 7 月 23 日第 10378 号法律全面修正。
[2] 本条被 2010 年 7 月 23 日第 10378 号法律全面修正。
[3] 本条被 2012 年 2 月 10 日第 11302 号法律全面修正。
[4] 本条被 2012 年 2 月 10 日第 11302 号法律全面修正。

（1）“船舶”，是指任何种类的非永久依附于海床的船舶，例如汽船、帆船、浮动艇筏和潜水器。但是，军舰、国家拥有或经营的用作海军辅助舰的船舶或者用于海关或警察目的船舶，应被排除在外；

（2）“营运”，是指在海上使用中的船舶的各种状态，例如航行、锚泊、系泊和待命；

（3）“大韩民国的船舶”，是指根据《船舶法》、《渔船法》等相关法律和从属法规在大韩民国注册的船舶；

（4）“外国船舶”，是指在外国注册的船舶；

（5）“海上构筑物”，是指永久附着在《联合国海洋法公约》所定义的大陆架上的，用于勘探和开发资源、海洋科学研究或者任何其他经济目的的人工岛屿、设施或者构筑物；

（6）“外国人”，是指不具有大韩民国国籍的个人。

第3条（对外国人的适用范围）〔1〕

本法也应当适用于以下外国人：

（1）在大韩民国领域外对大韩民国船舶实施第5条至第13条规定的犯罪的外国人；

（2）针对大韩民国领域外的大韩民国大陆架上的海上构筑物或者在其上实施第5条至第13条规定的犯罪的外国人；

（3）在大韩民国领域外实施第5条至第13条规定的犯罪但停留于大韩民国领域内的外国人。

第4条（犯罪人的引渡）〔2〕

1. 营运中的大韩民国船舶的船长，可以向属于《制止危及海上航行安全非法行为公约》（以下称为《海上航行安全公约》）缔约国的外国政府当局引渡被认为有合理理由地相信其实施了第5条至第13条规定的犯罪的人（以下称为“犯罪人”）。在这种情况下，除有不可避免的事由或事件需要紧急行动外，船长应当在其引渡犯

〔1〕本条被2012年2月10日第11302号法律全面修正。

〔2〕本条被2012年2月10日第11302号法律全面修正。

罪人之前事先向法务部长官报告被引渡人的详情、引渡理由、预定的引渡日期和时间、接收国以及其他有关事实以获批准。

2. 如果大韩民国船舶的船长打算根据第 1 款将犯罪人引渡到外国的，除非有特殊情况，应当在进入外国领水之前将被引渡人、其引渡意图以及引渡理由告知该外国的主管政府当局，并且除犯罪人以外还应当一起提供有关的证据。

3. 如果船舶的船长根据第 1 款引渡了犯罪人的，应当立即向法务部长官报告接收人的详情、引渡的日期、时间和地点、接收当局以及其他有关事实。

4. 如果属于《海上航行安全公约》缔约国的外国的船舶的船长打算向大韩民国引渡犯罪人的，除非另有特殊情况，《刑事诉讼法》第 196 条第 1 款规定的相关检察官或者司法警察（包括《关于履行司法警察职责人员及其职责范围的法律》第 5 条第 18 项规定的负责渔业监督的七级或更高级别的公务员，下同）应当接受引渡。在这种情况下，除有不可避免的事由或事件需要紧急行动外，司法警察应当根据有关检察官的命令继续接受引渡。

5. 如果司法警察接受根据第 4 款被引渡的犯罪人的，应当立即将其结果报告有关的检察官。

6. 如果相关的检察官或者司法警察接受根据第 4 款被交付的犯罪人的，可以要求船舶的船长出示或者提交调查所指控的犯罪所必需的证据，并要求船上人员出现在其面前。在这种情况下，船舶的营运不应当因为该调查被不适当地耽误。

7. 法务部长官可要求根据第 4 款所接受的犯罪人曾在其上的外国船舶的注册国接受对该犯罪人的引渡。关于请求接受的程序，应当比照适用《国际刑事司法互助法》第 29 条至第 32 条，但"请求互助"应被视为"请求接受"，而"书面互助请求"应被视为"书面接受请求"。

8. 有关检察官在收到根据第 7 款提出接受请求的国家的接受引渡通知后，应当指示矫正机构、羁押中心或相关犯罪人被羁押的任何其他羁押场所的负责人引渡该犯罪人。在这种情况下，《引渡法》

第 36 条、第 37 条第 1 款、第 39 条第 1 款、第 40 条第 1 款和第 41
条应当比照适用于其程序。

第 5 条（暴行、胁迫、伤害和杀人）[1]

1. 意图危及营运中的船舶或者海上构筑物的安全，杀害在营运
中的船舶或者海上构筑物上的人员的，处死刑、无期徒刑或者 7 年
以上有期徒刑。

2. 意图危及营运中的船舶或者海上构筑物的安全，对在营运中
的船舶或者海上构筑物上的人员实施身体伤害、施加暴行或者胁迫
的，处 3 年以上有期徒刑。

3. 预备或者共谋故意地实行第 1 款规定的犯罪的，处 10 年以
下有期徒刑。但在实行意图的犯罪之前自首的，应当减轻或者免除
处罚。

第 6 条（劫持船舶）[2]

1. 以暴力、威胁或者任何其他手段夺取船舶，或者强迫任何人
操纵船舶的，处无期徒刑或者 5 年以上有期徒刑。

2. 预备或者共谋故意地实行第 1 款规定的犯罪的，处 5 年以下
有期徒刑。但在实行意图的犯罪之前自首的，应当减轻或者免除
处罚。

第 7 条（损毁船舶）[3]

破坏营运中的船舶或者海上构筑物，或者对营运中的船舶或海
上构筑物或者其装载的货物造成危及船舶或海上构筑物安全程度的
损坏的，处 3 年以上有期徒刑。

第 8 条（对于船舶营运有关的设备或设施的损毁等）[4]

意图危及营运中的船舶的安全，对与船舶营运有关的任何设备
或设施予以毁灭、严重损坏或者导致出现故障的，处 10 年以下有期

〔1〕 本条被 2012 年 2 月 10 日第 11302 号法律全面修正。
〔2〕 本条被 2012 年 2 月 10 日第 11302 号法律全面修正。
〔3〕 本条被 2012 年 2 月 10 日第 11302 号法律全面修正。
〔4〕 本条被 2012 年 2 月 10 日第 11302 号法律全面修正。

徒刑。

第 9 条 （安装或者装载危险物品）〔1〕

在船舶或者海上构筑物上安装或者装载可能危及营运中的船舶或者海上构筑物安全的任何物品的，处 7 年以下有期徒刑。

第 10 条 （传递虚假信息）〔2〕

传递虚假信息，从而危及船舶的营运安全的，处 7 年以下有期徒刑或者 5000 万元以下罚金。

第 11 条 （未遂罪）〔3〕

第 5 条第 1 款和第 2 款（暴行除外）、第 6 条第 1 款和第 7 条至第 10 条规定的犯罪的未遂罪，亦罚之。

第 12 条 （劫持船舶过程中的杀人、过失致死或者伤害）〔4〕

1. 在实施第 6 条第 1 款规定的犯罪或者其未遂罪的过程中，杀害他人或者导致他人死亡的，处死刑、无期徒刑或者 10 年以上有期徒刑；而在实施该犯罪或者其未遂罪的过程中，伤害他人或者导致他人身体受伤的，处无期徒刑或者 7 年以上有期徒刑。

2. 在实施第 5 条第 1 款、第 2 款和第 7 条规定的犯罪或者其未遂罪（不包括第 5 条第 2 款中的施加暴行的情形）的过程中，杀害他人或者导致他人死亡的，处死刑、无期徒刑或者 7 年以上有期徒刑；而在实施该犯罪或者其未遂罪的过程中，伤害他人或者导致他人身体受伤的，处无期徒刑或者 5 年以上有期徒刑。

3. 在实施第 8 条至第 10 条规定的犯罪或者其未遂罪的过程中，杀害他人或者导致他人死亡的，处死刑、无期徒刑或者 5 年以上有期徒刑；而在实施该犯罪或者其未遂罪的过程中，伤害他人或者导致他人身体受伤的，处无期徒刑或者 3 年以上有期徒刑。

---

〔1〕 本条被 2012 年 2 月 10 日第 11302 号法律全面修正。

〔2〕 本条被 2012 年 2 月 10 日第 11302 号法律全面修正；2017 年 12 月 12 日第 15155 号法律修正。

〔3〕 本条被 2012 年 2 月 10 日第 11302 号法律全面修正。

〔4〕 本条被 2012 年 2 月 10 日第 11302 号法律全面修正。

4. 第 1 款至第 3 款规定的犯罪的未遂罪，亦罚之。

第 13 条 （刑事强迫）[1]

以通告他人其将实施第 5 条第 1 款和第 2 款、第 7 条或者第 8 条规定的犯罪威胁该人，意图妨碍该人行使权利或者强迫该人从事其没有义务从事的行为，可能危及营运中的船舶或者海上构筑物的安全的，处 5 年以下有期徒刑或者 3000 万元以下罚金。

（十） 韩国关于交通事故处理特例的法律

（1981 年 12 月 31 日第 3490 号法律制定；1984 年 8 月 4 日第 3744 号法律修正；1993 年 6 月 11 日第 4548 号法律修正；1995 年 1 月 5 日第 4872 号法律修正；1996 年 8 月 14 日第 5157 号法律修正；1997 年 8 月 30 日第 5408 号法律修正；2003 年 5 月 29 日第 6891 号法律修正；2005 年 5 月 31 日第 7545 号法律修正；2007 年 12 月 21 日第 8718 号法律修正；2008 年 3 月 21 日第 8979 号法律修正；2010 年 1 月 25 日第 9941 号法律修正；2011 年 4 月 12 日第 10575 号法律修正；2011 年 6 月 8 日第 10790 号法律修正；2016 年 1 月 27 日第 13829 号法律修正；2016 年 12 月 2 日第 14277 号法律修正）

第 1 条 （宗旨）[2]

本法的宗旨是，通过对因业务或重大过失引起交通事故的车辆驾驶人进行刑事处罚的特例做出规定，促进交通事故造成损害的迅速赔偿和提升人们的日常生活的便利。

第 2 条 （定义）[3]

本法所使用的术语应当做如下定义：[4]

---

〔1〕 本条被 2012 年 2 月 10 日第 11302 号法律全面修正；2017 年 12 月 12 日第 15155 号法律修正。

〔2〕 本条被 2011 年 4 月 12 日第 10575 号法律全面修正。

〔3〕 本条被 2011 年 4 月 12 日第 10575 号法律全面修正。

〔4〕 2011 年 6 月 8 日第 10790 号法律修正。

（1）"车辆"，是指《道路交通法》第2条第17项（a）目规定的车辆和《工程机械管理法》第2款第1款第1项规定的工程机械；

（2）"交通事故"，是指由于车辆交通造成的人员死亡或伤害或者财产损失。

第3条（刑罚的特例）[1]

1. 车辆驾驶人因为交通事故而实施《韩国刑法典》第268条规定的犯罪的，处5年以下有期徒刑或者2000万元以下罚金。

2. 由于车辆运输，驾驶人因为业务过失或重大过失致人伤害实施第1款所指的交通事故相关犯罪或者《道路交通法》第151条的犯罪的，不能违背受害人明确的意志进行追诉。但是，这一规定不适用于下列情形：车辆驾驶人因为业务过失或重大过失伤害实施第1款所指的交通事故相关犯罪，在不采取《道路交通法》第54条第1款所规定的包括向受害者提供援助在内的必需措施的情况下离开事故现场，或者在将受害人从事故现场转移并抛弃之后离开事故现场的；车辆驾驶人实施了上述犯罪并且违反《道路交通法》第44条第2款拒绝接受清醒测试（车辆驾驶人要求或者同意进行血液样本测试的除外）的；车辆驾驶人因为下列各项中的行为所致而实施这些犯罪的：[2]

（1）违反《道路交通法》第5条的规定的信号、交通警察发出的信号或者禁止通行或暂停通行的安全信号指示驾驶车辆的；

（2）违反《道路交通法》第13条第3款的规定越过马路中线，或违反该法第62条的规定过马路、掉头或者逆向行驶的；

（3）以超出《道路交通法》第17条第1或者第2款规定的速度限制20公里/小时或者以上的速度驾驶车辆的；

（4）违反《道路交通法》第21条第1款、第22条、第23条规定的禁止超车或者禁止切入的方式、禁止时间和禁止地点驾驶车辆，

---

〔1〕 本条被2011年4月12日第10575号法律全面修正。

〔2〕 2016年1月27日第13829号法律修正；2016年12月2日第14277号法律修正。

或者违反《道路交通法》第 60 条第 2 款规定的高速公路上的行驶方式驾驶车辆的；

（5）违反《道路交通法》第 24 条规定的交叉道口通行方式驾驶车辆的；

（6）以疏于遵守《道路交通法》第 27 条第 1 款规定的保护人行横道上行人义务的方式驾驶车辆的；

（7）违反《道路交通法》第 43 条第 1 款、《工程机械管理法》第 26 条或者《道路交通法》第 96 条的规定，在未取得驾驶证或工程机械驾驶证或者未持有国际驾驶证的情况下驾驶车辆的。在这种情形下，暂时吊销驾驶证或工程机械驾驶证或禁止驾驶车辆情况，应被视为未取得驾驶证或工程机械驾驶证或者未持有国际驾驶证；

（8）违反《道路交通法》第 44 条第 1 款的规定在酒精影响下驾驶车辆，或者违反《道路交通法》第 45 条的规定在因为毒品的影响而被认为难以正常驾驶时驾驶车辆的；

（9）违反《道路交通法》第 13 条第 1 款对道路的人行道的规定或者违反该法第 13 条第 2 款规定的穿越人行横道方法驾驶车辆的；

（10）违反《道路交通法》第 39 条第 3 款规定的防止乘客下车的义务驾驶车辆的；

（11）违反遵守《道路交通法》第 12 条第 1 款的措施并且注意该法第 12 条第 3 款的儿童保护区内的儿童安全驾驶车辆的义务，导致儿童受伤害的；

（12）违反了《道路交通法》第 39 条第 4 款在未采取必要措施防止货物掉落的情况下驾驶的。

第 4 条（保险承保等的特例）[1]

1. 如果发生交通事故的车辆被《保险业务法》第 4 条、第 126 条至第 128 条，《旅客运输服务法》第 60 条、第 61 条，或者《卡车运输业务法》第 51 条规定的保险或者互助金承保的，对实施第 3 条

---

[1] 本条被 2011 年 4 月 12 日第 10575 号法律全面修正。

第 2 款主文规定的犯罪的驾驶人，不应被起诉。但是，该规定不适用于下列任何一种情况：

（1）属于第 3 条第 2 款但书规定的情形；

（2）受害人的身体伤害导致危及生命的危险、残疾、无法治愈或非常难以治愈的状态；

（3）如果由于保险合同或互助合同无效或提前终止、有关合同具有免责条款或者其他原因，保险公司、互助协会或者互助金管理人支付保险费或扣除额的义务不再存在的。

2. 第 1 款所指的"保险或互助金"，是指《保险业务法》所指的保险公司或者《旅客运输服务法》或《卡车运输业务法》所指的互助协会或互助管理人根据已授权的保险条款或已批准的互助条款（无论被保险人或互助协会合伙人与受害人之间是否存在损害赔偿协议）为之支付的保险或者互助金，用于替代被保险人或互助协会合伙人根据总统令的规定预先支付受害人医疗费的通常费用的总金额和保险或互助条款中确定的对其他损害支付的标准金额，最终赔偿生效的终局判决确定的涉及被保险人或互助协会合伙人的交通事故的损害赔偿和与该判决相应的其他名义的债务的总额。

3. 第 1 款所指的有保险或互助金承保的事实，应由保险公司、互助协会或者互助管理人以书面形式陈述第 2 款所指的要旨方式予以证明。

第 5 条（罚则）[1]

1. 管理保险公司、互助协会或者互助管理人经营活动的人，虚假地制作第 4 条第 3 款所指的文书的，处 3 年以下有期监禁或者 1000 万元以下罚金。

2. 第 1 款适用于明知（文书虚假而）使用虚假文书的人。

3. 管理保险公司、互助协会或者互助管理人经营活动的人，无正当理由地不签发第 4 条第 3 款所指的文书的，处 1 年以下有期徒刑或者 300 万元以下罚金。

---

[1] 本条被 2011 年 4 月 12 日第 10575 号法律全面修正。

第 6 条 （双罚规定）〔1〕

如果法人的代表人、代理人、员工或所雇用的任何其他人，在从事该法人的活动的过程中实施违反第 5 条规定的行为的，不仅要处罚直接实施该犯罪的人，还要对该法人处以该条规定的罚金。但是，如果该法人对预防该不法行为相关的活动尽到了合理的注意和监督义务没有过失的，不应适用前述规定。

（十一） 韩国非法支票取缔法

（1961 年 7 月 3 日第 645 号法律制定；1966 年 2 月 26 日第 1747 号法律修正；1993 年 12 月 10 日第 4587 号法律修正；2010 年 3 月 24 日第 10185 号法律修正）

第 1 条 （宗旨）〔2〕

本法的宗旨是通过取缔和惩处非法支票的签发，稳定国民的经济生活并保证支票的可流通票据功能。

第 2 条 （非法支票签发人的刑事责任）〔3〕

1. 签发或者开立任何下列非法支票的，处 5 年以下有期徒刑或者该支票面额 10 倍以下的罚金：

（1） 以虚构之人名义签发的支票；

（2） 与金融机构（包括邮局，以下相同）无支票合同时或者在金融机构采取暂停交易措施后签发的支票；

（3） 其上签名或名称和印章与在金融机构登记的签名、名称、印章不同的签发支票。

2. 第 1 款也应适用于签发或者开立由于存款不足、暂停交易措施或者支票合同解除或终止而在提示期间不能支付的支票的人。

3. 过失地实施第 1 款或者第 2 款规定的罪行的，处 3 年以下监

---

〔1〕 本条被 2010 年 1 月 25 日第 9941 号法律全面修正。

〔2〕 本条被 2010 年 3 月 24 日第 10185 号法律全面修正。

〔3〕 本条被 2010 年 3 月 24 日第 10185 号法律全面修正。

禁或者所涉支票面额 5 倍以下的罚金。

4. 如果签发或者开立非法支票的人撤回该支票，或者即使该非法支票具有没有被撤回但持有该非法支票的人明确反对追诉的，第 1 款或者第 2 款规定的罪行不应被追诉。

第 3 条（法人、团体等的刑事责任）[1]

1. 在第 2 条规定的情况下，当非法支票的签发人是法人或者其他任何组织时，支票上所注明的法人或组织的代表人或者开立该支票的人，应当被处罚，该法人或组织也应根据相关条款处以罚金。但是，如果该法人在对防止此类违法行为的相关义务上给予适当的注意和监督，没有过失的，不应适用本条。

2. 在代理人签发支票的情况下，除代理人外，还应当处罚委托人。

第 4 条（虚假报告的刑事责任）[2]

意图逃避支付支票中规定的金额或者逃避中止交易措施，而向金融机构虚假报告的，处 10 年以下有期徒刑或者 20 万元以下罚金。

第 5 条（伪造者或者变造者的刑事责任）[3]

伪造或者变造支票的，处 1 年以下有期徒刑或者该支票面额 10 倍以下的罚金。

第 6 条（有关刑事诉讼法典的特例）[4]

在根据本法宣告罚金判决的情况下，应当根据《刑事诉讼法》第 334 条第 1 款作出临时支付判决并且被告人仍应被羁押直到相关罚金被临时支付，不受《刑事诉讼法》第 331 条的影响。

第 7 条（金融机构的报告义务）[5]

1. 金融机构工作人员在履行职责过程中，发现第 2 条第 1 款

---

[1] 本条被 2010 年 3 月 24 日第 10185 号法律全面修正。
[2] 本条被 2010 年 3 月 24 日第 10185 号法律全面修正。
[3] 本条被 2010 年 3 月 24 日第 10185 号法律全面修正。
[4] 本条被 2010 年 3 月 24 日第 10185 号法律全面修正。
[5] 本条被 2010 年 3 月 24 日第 10185 号法律全面修正。

（包括签发人是法人或者任何其他组织的情况）或者第 5 条规定的支票时，应当在 48 小时内向调查机构报告；在其发现第 2 条第 2 款规定的支票（包括签发人是法人或者任何其他组织的情况）时，应当在 30 天内向调查机构报告。

2. 如果该人未根据第 1 款报告的，处 100 万元以下罚金。

（十二）韩国防止保险诈骗特别法

（2016 年 3 月 29 日第 14123 号法律制定）

第 1 条（宗旨）

本法的宗旨是，通过规定调查、预防和惩处保险诈骗的必要事项，保护投保人、被保险人和其他利害关系人的权益，从而促进保险业的健康发展和改善公民的福利。

第 2 条（定义）

本法所用的术语定义如下：

（1）"保险诈骗"，是指就保险风险的发生、原因或者具体情况欺骗保险人索赔保险金；

（2）"保险公司"，是指在获得《保险业务法》第 4 条规定的许可证后从事保险业务的人。

第 3 条（与其他法律的关系）

关于保险诈骗的调查或者预防，或者对实施保险诈骗人的处罚，本法应当优先于其他法律适用。

第 4 条（保险诈骗的报告等）

在存在怀疑保险合同的投保人、被保险人、预计将领受保险金的人或其他利害关系人（以下简称"投保人等"）就保险合同或保险金的支付从事保险诈骗的合理理由的情况下，保险公司可以就此向金融服务委员会报告。

第 5 条（投保人等的保护）

1. 在调查保险事故的过程中，保险公司应努力确保其不侵犯投保人等的个人信息。

2. 在没有总统令规定的理由的情况下，保险公司均不得以保险事故调查为由在赔付程序中延迟或拒绝赔付保险金或者减少保险金数额。

第6条（通知调查机构等）

1. 在存在怀疑投保人的行为是保险诈骗的合理理由的情况下，金融服务委员会、金融监管服务局或者保险公司应就此向主管调查机构报告，要求该调查机构进行调查或采取其他必要措施。

2. 根据第1款向主管调查机构提出报告或调查请求的，应当将有关保险事故的数据提交给调查机构。

第7条（调查机构要求对住院治疗的适当性进行审查）

1. 当调查机构认为应当就投保人住院治疗等对保险诈骗调查来说是否适当（以下称为"住院治疗适当性"）进行审查时，他们可以请求根据《国民健康保险法》第62条规定的健康保险审查评价院进行该审查。

2. 当健康保险审查评价院收到第1款所指的请求时，应当审查投保人住院治疗等的适当性，并将其结果通知调查机构。

第8条（保险诈骗罪）

骗取保险金或者帮助第三人骗取保险金的，处10年以下徒刑或者5000万元以下罚金。

第9条（常习犯）

习惯性地实施第8条规定的犯罪的，应当加重至对该罪所规定刑罚1/2以下处罚。

第10条（未遂）

第8条和第9条犯罪的未遂犯，应当处罚。

第11条（保险诈骗罪的加重处罚）

1. 实施第8条或者第9条所规定的罪行，获得或帮助第三人获得保险金（本条以下称为"保险诈骗获利"）5亿元以上的，应当受到如下加重处罚：

（1）保险诈骗获利至少50亿元的，处无期徒刑或者5年以上有期徒刑；

（2）保险诈骗获利5亿元以上不超过50亿元的，处3年以上有期徒刑。

2. 在符合第1款规定的情形下，可以并处不超过保险诈骗获利数额的罚金。

第 12 条（保密义务）

从事保险诈骗调查的人不得将其在履行职责过程中获得的信息或数据提供或泄露给第三方，也不得将其用于履行职责以外的目的。

第 13 条（授权）

在必要时，金融服务委员会可以根据总统令的规定，将本法规定的权力部分授权给金融监管服务局局长。

第 14 条（罚则）

违反第12条的规定将其在履行职责过程中获得的信息或数据提供或泄露给第三方，或者将其用于其预期目的以外的目的的，处3年以下有期徒刑或者3000万元以下罚金。

第 15 条（过怠料）

1. 保险公司违反第5条第2款的规定，延迟或拒绝偿付保险金，或者减少所偿付的保险金数额的，处以1千万元以下过怠料。

2. 第1款规定的过怠料应由金融服务委员会按照总统令的规定科处和征收。

第 16 条（比照适用之规定）

对于违反第11条而受到处罚的人，应当比照适用《对特定经济犯罪加重处罚等的法律》第14条。

（十三）韩国关于打击在国际商业交易中行贿外国公职人员的法律

（1998 年 12 月 28 日第 5588 号法律制定；2010 年 3 月 24 日第 10178 号法律修正；2014 年 10 月 15 日第 12775 号法律修正）

第 1 条（宗旨）[1]

本法的宗旨是，通过惩处在从事国际商业交易时行贿外国公职人员的罪行以促进建立良好的国际商业交易秩序，以及为履行《关于打击国际商业交易中行贿外国公职人员行为的公约》的必需事项作出规定。

第 2 条（外国公职人员的范围）[2]

本法中的"外国公职人员"一词是指下列人员之一：

（1）指在外国政府（包括从中央到地方的各级政府，以下相同）中担任立法、行政或者司法职务（无论是委任还是选任）的任何人；

（2）为外国行使公共职能并且符合下列情形之一的任何人：

（a）受外国政府委派从事公共事务的任何人；

（b）在根据任何法律和附属法规成立的以从事特定公共事务的公共组织或公共机构中担任职务的任何人；

（c）外国政府投资超过其实缴资本 50% 或外国政府对其管理的各个方面（例如重要业务运作的决策、执行官员的任命和罢免）实际上有控制权的企业的任何执行官员或员工。但是未被赋予任何特权（例如差别性补贴）的与一般私人业务实体公平竞争地从事业务的企业排除在外；

（3）代表国际公共组织行事的任何人。

---

[1] 本条被 2010 年 3 月 24 日第 10178 号法律全面修正。

[2] 本条被 2010 年 3 月 24 日第 10178 号法律全面修正。

第 3 条（行贿人的刑事责任等）[1]

1. 向与任何国际商业交易有关的外国公职人员承诺提供、提供或者提议提供贿赂，意图获得该交易的任何不正当利益的，处 5 年以下有期徒刑或者 2000 万元以下罚金。在这种情况下，如果犯罪所得的金钱利益超过 1000 万元的，处 5 年以下有期徒刑或者所得金钱利益数额 2 倍以下罚金。

2. 具有下列情形之一的，应当排除第 1 款规定的适用：

（1）根据该外国公职人员所属国家的适用的法律和从属法规被允许或要求的这种支付；

（2）（删除）。[2]

3. 对实施第 1 款规定的罪行应处有期徒刑的人，应当同时并处第 1 款规定的罚金。

第 4 条（双罚规定）[3]

如果法人的代表人或者法人的代理人、员工或者所雇用的任何其他人，实施与该法人的营业事务相关的第 3 条第 1 款规定的犯罪的，不仅要处罚该犯罪人，还要对该法人处 100 万元以下罚金。在这种情况下，如果犯罪所得的金钱利益超过 5 亿元的，该法人应处所得金钱利益数额 2 倍以下罚金。但是，如果该法人在对防止此类犯罪的相关义务上予以适当的注意和监督上没有过失的，不应适用本条。

第 5 条（没收）[4]

犯罪人（包括受到第 4 条规定处罚的法人）在实施犯罪过程中提供或者拥有的贿赂，或者犯罪人之外的其他人任何人明知地获得的贿赂，应当予以没收。

---

[1] 本条被 2010 年 3 月 24 日第 10178 号法律全面修正。

[2] 2014 年 10 月 15 日第 12775 号法律删除。

[3] 本条被 2010 年 3 月 24 日第 10178 号法律全面修正。

[4] 本条被 2010 年 3 月 24 日第 10178 号法律全面修正。

（十四）韩国非营利法人执行官员处罚法

（2011 年 4 月 12 日第 10581 号法律制定；2014 年 1 月 7 日第 12191 号法律修正）

意图逃避刑事追诉或者判决执行，理事、[1]监事或者代表理事、监事行事的个人或者员工以合并等手段导致非营利法人被解散的，处 5 年以下有期徒刑或者 5000 万元以下罚金。

（十五）韩国关于对特定经济犯罪加重处罚等的法律

（1983 年 12 月 31 日第 3693 号法律制定；1988 年 12 月 31 日第 4069 号法律修正；1990 年 12 月 31 日第 4292 号法律修正；1998 年 1 月 13 日第 5503 号法律修正；1998 年 1 月 13 日第 5505 号法律修正；2001 年 3 月 28 日第 6429 号法律修正；2002 年 12 月 5 日第 6746 号法律修正；2004 年 12 月 31 日第 7311 号法律修正；2007 年 5 月 17 日第 8444 号法律修正；2007 年 8 月 3 日第 8635 号法律修正；2008 年 12 月 26 日第 9170 号法律修正；2009 年 5 月 8 日第 9646 号法律修正；2012 年 2 月 10 日第 11304 号法律修正；2016 年 1 月 6 日第 13719 号法律修正；2016 年 3 月 29 日第 14122 号法律修正；2016 年 5 月 29 日第 14242 号法律修正；2017 年 12 月 19 日第 15256 号法律修正）

第 1 条（宗旨）[2]

本法的宗旨是，通过对违反良好的国民经济伦理的特定经济犯罪规定加重处罚和对犯罪行为人的就业等进行限制，以建立经济秩序和进一步促进国民经济的发展。

---

〔1〕 大致相当于中国的董事——译者注。
〔2〕 本条被 2012 年 2 月 10 日第 11304 号法律全面修正。

第2条（定义）〔1〕

本法中所使用的术语定义如下：〔2〕

1. "金融公司等"，是指下列情形之一：

（a）《韩国银行法》规定的韩国银行、《关于金融服务委员会的设立等的法律》规定的金融监管服务局和《银行法》和其他法律规定的银行；

（b）《金融投资服务和资本市场法》规定的投资交易员、投资经纪人、集体投资业务实体、信托业务实体、金融证券公司和综合性金融公司；

（c）《互助储蓄银行法》规定的互助储蓄银行及其联合会；

（d）《农业合作社法》规定的合作社和农协银行；

（e）《渔业合作社法》规定的渔业合作社和水协银行；

（f）《信用合作社法》规定的信用合作社及其联合会；

（g）《社区信用合作社法》规定的社区信用合作社及其联合会；

（h）《保险业务法》规定的保险业务经营者；

（i）《信用担保基金法》规定的信用担保基金；

（j）《韩国技术金融公司法》规定的韩国技术金融公司；

（k）总统令规定的从事与（a）目至（o）目所指的机构相同或类似业务的其他机构；

2. "储蓄"，是指针对任何下列对象，在任何金融公司等中存入、支付或者信托的行为，或从该金融公司等中收受、购买的行为：

（a）存款、零存整取存款、分期付款、互助会会费和信托财产；

（b）股票、债券、受益凭证、汇票、支票和债务凭证；

（c）保险费；

（d）总统令规定的与（a）目至（c）目所指对应的其他事项；

3. "贷款等"，是指金融公司等处理的贷款、债务的担保或者

---

〔1〕 本条被 2012 年 2 月 10 日第 11304 号法律全面修正。

〔2〕 2016 年 3 月 29 日第 14122 号法律修正；2016 年 5 月 29 日第 14242 号法律修正。

承付、给付、债券或者票据的贴现以及总统令规定的其他类似事务。

第 3 条 （对特定财产犯罪的加重处罚）〔1〕

1. 实施《刑法典》第 347 条（诈骗）、第 347-2 条（使用计算机等诈骗）、第 350 条（恐吓）、第 350-2 条（特殊恐吓）、第 351 条（仅限于第 347 条、第 347-2 条、第 350 条和第 350-2 条规定的惯犯）、第 355 条（侵占和背信）或者第 356 条（业务侵占和业务背信）规定的犯罪，如果其获得或者让他人获得的财产或者财产性收益（本条以下称为"收益数额"）价值不低于 5 亿元的，应当按照下列规定予以加重处罚：〔2〕

（1）如果收益数额不低于 50 亿元的，处无期徒刑或者 5 年以上有期徒刑；

（2）如果收益数额不低于 5 亿元但低于 50 亿元的，处 3 年以上有期徒刑。

2. 在第 1 款的情形下，可以并处金额不高于收益数额的罚金。

第 4 条 （将财产转移到国外罪）〔3〕

1. 违反法律，将属于大韩民国或大韩民国公民的财产转移到外国，或者通过在外国藏匿或者处分的方式私藏本来应当转入大韩民国的财产的，处 1 年以上有期徒刑或者该犯罪行为对象价值（本条以下称为"私藏金额"）2 倍以上 10 倍以下罚金。

2. 在第 2 款的情形下，如果私藏金额不低于 5 亿元的，应当按照下列规定予以加重处罚：

（1）如果私藏金额不低于 50 亿元的，处无期徒刑或者 10 年以上有期徒刑；

（2）如果私藏金额不低于 5 亿元但低于 50 亿元的，处 5 年以上有期徒刑。

---

〔1〕 本条被 2012 年 2 月 10 日第 11304 号法律全面修正。

〔2〕 2016 年 1 月 6 日第 13719 号法律修正；2017 年 12 月 19 日第 15256 号法律修正。

〔3〕 本条被 2012 年 2 月 10 日第 11304 号法律全面修正。

3. 第 1 款或者第 2 款的犯罪的未遂罪，应当按照对既遂罪规定的刑罚处罚。

4. 如果法人的代表人或者法人或个人的代理人、员工或所雇用的任何其他人，实施与该法人或个人的营业事务相关的第 1 款至第 3 款规定的犯罪的，不仅要处罚该犯罪人，还要对该法人或个人处以第 1 款规定的罚金。但是，如果该法人或个人在对预防该犯罪的相关营业事务给予了适当的注意和监督没有过失的，不应适用前述规定。

第 5 条 （收受财产等犯罪）[1]

1. 金融公司等的管理人员或者员工收受、要求或者约定与其职责有关的金钱、有价物或者其他利益的，处 5 年以下有期徒刑或者 10 年以下停止资格。

2. 金融公司等的管理人员或者员工接受与其职责有关的不正当请托，促成、要求或者约定给予第三人金钱、有价物或者其他利益的，应当处以与第 1 款相同的刑罚。

3. 金融公司等的管理人员或者员工利用其地位，斡旋与下属金融公司等或者其他金融公司等的管理人员或者员工的职责有关的事务，收受、要求或者约定金钱或者其他利益的，应当处以与第 1 款相同的刑罚。

4. 在第 1 款至第 3 款的情形下，如果收受、要求或者约定的金钱、有价物或者其他利益的价值（本条以下称为"收受金额"）不低于 3000 万韩元的，应当按照下列规定予以加重处罚：

（1）如果收受金额不低于 1 亿元的，处无期徒刑或者 10 年以上有期徒刑；

（2）如果收受金额不低于 5000 万元但低于 1 亿元的，处 7 年以上有期徒刑；

（3）如果收受金额不低于 3000 万元但低于 5000 万元的，处 5 年以上有期徒刑。

5. 在第 1 款至第 4 款的情形下，可以并处收受金额 2 倍以上 5

---

[1] 本条被 2012 年 2 月 10 日第 11304 号法律全面修正。

倍以下罚金。

第 6 条（给予财产等犯罪）[1]

1. 承诺给予、实际给予或者提议给予第 5 条规定的金钱、有价物或者其他利益的，处 5 年以下有期徒刑或者 3000 万元以下罚金。

2. 出于促成第 1 款规定的行为的目的向第三人交付金钱或者其他物品，或者在明知该情形的情况下接受该金钱或者其他物品的，处与第 1 款规定相同的刑罚。

第 7 条（通过斡旋收受财物）[2]

与斡旋属于金融公司等的管理人员或者员工职责的事务相关，收受、要求或者约定金钱、有价物或其他利益，或者促成、要求或者约定将之交付给第三人的，处 5 年以下有期徒刑或者 5000 万元以下罚金。

第 8 条（斡旋私人金融等犯罪）[3]

金融公司等的管理人员或者员工利用其地位，为了自己或者并非其所属金融公司等的第三人的利益，在自己或者并非其所属金融公司等的第三人的账户上贷款、担保债务、承付债务或者为之斡旋的，处 7 年以下有期徒刑或者 7000 万元以下罚金。

第 9 条（储蓄相关不当行为罪）[4]

1. 存储储蓄或者经纪储蓄的人，收受来自于金融公司等的管理人员或者雇员的与该储蓄有关的金钱、有价物或者其他利益（法律、合同或者该金融公司的其他相关规则所规定的利息、保险费、保险金、股息、佣金除外），或者或以任何借口让它们被交付给第三人的，处 5 年以下有期徒刑或者 5000 万元以下罚金。

2. 存储储蓄的人帮助经纪储蓄的另一人或者与该储蓄没有任何关系的人，从金融公司等获得与该储蓄有关的贷款等，或者经纪储

---

〔1〕 本条被 2012 年 2 月 10 日第 11304 号法律全面修正。
〔2〕 本条被 2012 年 2 月 10 日第 11304 号法律全面修正。
〔3〕 本条被 2012 年 2 月 10 日第 11304 号法律全面修正。
〔4〕 本条被 2012 年 2 月 10 日第 11304 号法律全面修正。

蓄的人从金融公司等获得与该储蓄有关的贷款等或者让与该储蓄无关的第三人获得贷款等的，处与第 1 款规定相同的刑罚。

3. 金融公司等的管理人员或者雇员给予第 1 款或者第 2 款所指的金钱、有价物、其他利益或者发放贷款的，应处与第 1 款或者第 2 款规定相同的刑罚。

4. 在第 1 款或者第 2 款所指的情形下，可以并处徒刑和罚金。

5. 金融公司等的管理人员或者雇员实施与其所属的金融公司等的职责有关的第 3 款规定的行为的，不仅要处罚该犯罪行为人，还要对其所属的金融公司等处以第 3 款规定的罚金。但是，如果其所属的金融公司等对预防该犯罪的相关义务给予了适当的注意和监督没有过失的，不应适用前述规定。

第 10 条（没收和追征）[1]

1. 在第 4 条第 1 款至第 3 款规定的情形下，犯罪人所私藏或者意图私藏的财产应当予以没收。

2. 在第 5 条至第 7 条、第 9 条第 1 款和第 3 款规定的情形下，犯罪人所获取的或者第三人在明知事实的情况下所获取的金钱、有价物或者其他利益，应当予以没收。

3. 在第 1 款或者第 2 款所指的情形下，如果无法没收的，应当追征与其价值相当的金额。

第 11 条（对未经许可的短期金融业务的加重处罚）[2]

1. 实施《金融投资服务和资本市场法》第 444 条第 22 项所规定的犯罪（仅限于与短期金融服务有关的情形），通过该业务获得的利息、贴现、收入和其他费用的金额（以下简称"费用金额"）不低于每年 1 亿元的，应当按照下列规定予以加重处罚：

（1）如果费用金额不低于 10 亿元的，处 3 年以上有期徒刑；

（2）如果费用金额不低于 1 亿元但低于 10 亿元的，处 1 年以上有期徒刑。

---

〔1〕 本条被 2012 年 2 月 10 日第 11304 号法律全面修正。

〔2〕 本条被 2012 年 2 月 10 日第 11304 号法律全面修正。

2. 在第 1 款所指的情形下，应当并处不低于费用金额 10%但低于费用金额的罚金。

第 12 条（报告义务等）〔1〕

1. 金融公司等的管理人员或者雇员在知悉受其监督的人实施了本法所规定的犯罪的事实后，应当毫不迟延地向其所属的金融公司等的负责人或者负责监查事务的部门的负责人报告。

2. 金融公司等的负责人、履行审计或监查职责的管理人员或雇员或者在监督组织中履行监督职责的人，在履行职责过程中知悉金融公司等的管理人员或雇员实施了本法规定的与其职责有关的任何犯罪后，应当毫不迟延地向侦查机关报告。

3. 无正当理由地违反第 1 款规定的，处 100 万元以下罚金。

4. 无正当理由地违反第 2 款规定的，处 200 万元以下罚金。

5. 如果实施第 3 款或者第 4 款所指犯罪的人是本犯的亲属的，可以减轻或者免除处罚。

6. 第 2 款所指的监督组织和履行监督职责的人员的范围，应当由总统令确定。

第 13 条（删除）〔2〕

第 14 条（规定期间的职业限制与授权和许可的禁止等）〔3〕

1. 被认定构成第 3 条、第 4 条第 2 款（包括未遂罪）、第 5 条第 4 款或者第 8 条规定的犯罪的人，在下列期间内不得受雇于任何金融公司等、其资本全部或部分由国家或地方政府投资的任何机构、接受国家或地方政府捐助和补贴的任何机构以及与被认定的犯罪有密切关系的任何企业。但是，在根据总统令规定获得司法部长批准的情形下，不适用前述规定：

（1）徒刑的执行被完成或者被决定不执行之日起 5 年；

（2）徒刑暂缓执行期间届满之日起 2 年；

（3）徒刑暂缓宣告期间。

2. 第 1 款所指的任何人或者该人担任代表或管理人员的在其中工作的任何企业，在第 1 款各项所指的期间内不能获得总统令规定的有关政府许可业务的许可、授权、执照、注册、指定等（本条以下称为"许可等"）。但是，在根据总统令规定获得司法部长批准的情形下，不适用前述规定。

3. 在第 1 款的情形下，其资本全部或部分由任何国家或地方政府投资的机构、任何接受国家或地方政府捐助和补贴的机构以及与任何被认定的犯罪有密切关系的企业的范围，其资本范围由国家或地方政府全部或部分投资的机构的范围，应当由总统令确定。

4. 如果有人违反第 1 款或者第 2 款的规定的，司法部长应当要求雇用该犯罪行为人的机构或企业的负责人或者已授予其许可等的行政机关的负责人解雇该人或者撤销许可等。

5. 收到第 4 款规定的解雇要求的机构或企业的负责人应当毫无延迟地遵守该请求。

6. 违反第 1 款、第 2 款或者第 5 款的规定的，处 1 年以下有期徒刑或者 500 万元以下罚金。

（十六）韩国关于处罚暴力等行为的法律

（1961 年 6 月 20 日第 625 号法律制定；1962 年 7 月 14 日第 1108 号法律修正；1980 年 12 月 18 日第 3279 号法律修正；1990 年 12 月 31 日第 4294 号法律修正；1993 年 12 月 10 日第 4590 号法律修正；2001 年 12 月 19 日第 6534 号法律修正；2004 年 1 月 20 日第 7078 号法律修正；2006 年 3 月 24 日第 7891 号法律修正；2014 年 12 月 30 日第 12896 号法律修正；2016 年 1 月 6 日第 13718 号法律修正）

第 1 条（宗旨）[1]

本法的宗旨是，对集体地或者惯常地实施暴力等行为的人，或

---

〔1〕 本条被 2014 年 12 月 30 日第 12896 号法律全面修正。

者携带致命武器或其他危险物品实施暴力等行为的人予以惩罚。

第 2 条 （袭击等）[1]

1. （删除）。[2]

2. 如果两个以上的人共同实施下列犯罪的，应当将《刑法典》相应条款所定刑罚加重 1/2 予以处罚：[3]

（1）《刑法典》第 260 条第 1 款、第 283 条第 1 款、第 319 条或者第 366 条规定的犯罪；

（2）《刑法典》第 260 条第 2 款、第 276 条第 1 款、第 283 条第 2 款或者第 324 条第 1 款规定的犯罪；

（3）《刑法典》第 257 条第 1 款和第 2 款、第 276 条第 2 款或者第 350 条规定的犯罪。

3. 因违反本法（包括《刑法典》各适用条款）被判处有期徒刑两次以上（包括各适用条款规定的累犯、特殊犯罪[4]和特殊犯罪累犯，以及未遂罪的累犯、特殊犯罪的未遂罪和特殊犯罪的未遂罪的累犯）的人，因为再次实施第 2 款规定的任何犯罪被作为并合犯处罚的，对该罪的刑罚应当根据下列分类予以加重：[5]

（1）实施第 2 款第 1 项规定的犯罪的，处 7 年以下有期徒刑；

（2）实施第 2 款第 2 项规定的犯罪的，处 1 年以上 12 年以下有期徒刑；

（3）实施第 2 款第 3 项规定的犯罪的，处 2 年以上 20 年以下有期徒刑。

4.《刑法典》第 260 条第 3 款和第 283 条第 3 款不适用于第 2

---

[1] 本条被 2014 年 12 月 30 日第 12896 号法律全面修正。

[2] 2016 年 1 月 6 日第 13178 号法律删除。

[3] 2016 年 1 月 6 日第 13178 号法律修正。

[4] 特殊犯罪（special crime）是韩国刑法立法中的一种立法现象，即有时在对某一犯罪的通常情况作出规定之后，还基于手段、后果的特殊性规定该罪的特殊犯罪，设置较重的法定刑。例如《刑法典》第 144 条的特殊妨碍公务、第 146 条的特殊脱逃、第 258-2 条的特殊伤害、第 261 条的特殊暴行等。——译者注。

[5] 2016 年 1 月 6 日第 13178 号法律修正。

款或者第 3 款所指的情形。

第 3 条 （聚众袭击等）

1. （删除）。[1]
2. （删除）。[2]
3. （删除）。[3]

4. 因违反本法（包括《刑法典》各适用条款）被判处有期徒刑两次以上（包括各适用条款规定的累犯、特殊犯罪和特殊犯罪累犯，以及未遂罪的累犯、特殊犯罪的未遂罪和特殊犯罪的未遂罪的累犯）的人，因为再次实施下列任何犯罪被作为并合犯处罚的，对该罪的刑罚应当根据下列分类予以加重：[4]

（1）《刑法典》第 261 条（仅限于实施第 260 条第 1 款所指的犯罪的情形）、第 284 条（仅限于实施第 283 条第 1 款所指的犯罪的情形）、第 320 条或者第 369 条第 1 款规定的犯罪，处 1 年以上 12 年以下有期徒刑；

（2）《刑法典》第 261 条（仅限于实施第 260 条第 2 款所指的犯罪的情形）、第 278 条（仅限于实施第 276 条第 1 款所指的犯罪的情形）、第 284 条（仅限于实施第 283 条第 2 款所指的犯罪的情形）或者第 324 条第 2 款规定的犯罪，处 2 年以上 20 年以下有期徒刑；

（3）《刑法典》第 258-2 条第 1 款、第 278 条（仅限于实施第 276 条第 2 款所指的犯罪的情形）或者第 350-2 条规定的犯罪，处 3 年以上 25 年以下有期徒刑。

第 4 条 （组织与组织的活动等）[5]

1. 组建旨在实施本法规定犯罪的组织或者团体，或者加入该组织或者团体、以其成员身份行事的，应当根据下列分类进行处罚：

---

[1] 2016 年 1 月 6 日第 13178 号法律删除。

[2] 2016 年 1 月 6 日第 13178 号法律删除。

[3] 2016 年 1 月 6 日第 13178 号法律修正。

[4] 2014 年 12 月 30 日第 12896 号法律修正；2016 年 1 月 6 日第 13178 号法律修正。

[5] 本条被 2014 年 12 月 30 日第 12896 号法律全面修正。

（1）领导者，处死刑、无期徒刑或者 10 年以上有期徒刑；

（2）主要成员，处无期徒刑或者 7 年以上有期徒刑；

（3）除上述成员外的其他成员，处 2 年以上有期徒刑。

2. 组建第 1 款的组织或团体的人或者加入该组织或团体的人，为了炫耀该组织或团体的力量或者为了该组织或团体的继续存在和维系，实施下列任何犯罪的，应当对该罪规定的刑罚的最长期间或者最短期间加重 1/2 予以处罚：[1]

（1）《刑法典》规定的犯罪中的下列犯罪：

（a）《刑法典》第 8 章妨碍执行公务罪中第 136 条或者第 141 条规定的犯罪；

（b）《刑法典》第 24 章杀人罪中第 250 条第 1 款、第 252 条、第 253 条或者第 255 条规定的犯罪；

（c）《刑法典》第 34 章妨害信用、业务与拍卖罪中第 314 条或者第 315 条规定的犯罪；

（d）《刑法典》第 38 章盗窃与抢劫罪中第 333 条、第 334 条、第 336 条、第 337 条、第 339 条、第 340 条第 1 款和第 2 款、第 341 条或者第 343 条规定的犯罪；

（2）第 2 条或者第 3 条规定的犯罪（包括《刑法典》可适用条款规定的累犯、特殊犯罪、特殊犯罪的累犯）。

3. 强迫或者诱使他人加入第 1 款规定的组织或者团体的，处 2 年以上有期徒刑。

4. 组建或者加入第 1 款的组织或团体并且为该组织或团体的继续存在和维系募集资金或物品的，处 3 年以上有期徒刑。

第 5 条 （对组织的利用和资助等）[2]

1. 利用第 4 条第 1 款的组织或团体让他人实施本法和其他刑罚法规规定的犯罪的，应当对相应犯罪规定的刑罚的最长期间或者最短期间加重 1/2 予以处罚。

---

〔1〕 2016 年 1 月 6 日第 13178 号法律修正。

〔2〕 本条被 2014 年 12 月 30 日第 12896 号法律全面修正。

2. 组建或者加入第 4 条第 1 款的组织或团体并且为该组织或团体的组建和维系捐助资金的，处 3 年以上有期徒刑。

第 6 条 （未遂罪)〔1〕

第 2 条、第 3 条、第 4 条第 2 款（不包括《刑法典》第 136 条、第 255 条、第 314 条、第 315 条、第 335 条、第 337 条后半部分的抢劫导致他人受伤、第 340 条第 2 款后半部分的海盗导致他人受伤或者第 343 条）和第 5 条所指犯罪的未遂罪，亦罚之。

第 7 条 （有实施犯罪倾向的人)〔2〕

无正当理由地携带、提供或者居间经纪很有可能被用于本法规定的犯罪的任何致命武器或者其他危险物品的，处 3 年以下有期徒刑或者 300 万元以下罚金。

第 8 条 （正当防卫等)〔3〕

1. 正在实施本法规定的犯罪的人以致命武器或者其他危险物品等对他人造成或者打算造成危险或伤害时，为防止或者防御这种危险或伤害而实施的任何行为不处罚。

2. 在第 1 款的情形下，如果防卫行为被认为是过度的，应当减轻处罚。

3. 在第 2 款的情形下，如果该行为是在夜间或者其他令人不安的状况下由于恐惧、惊愕、兴奋或者慌张而导致的，不处罚。

第 9 条 （司法警察的玩忽职守)〔4〕

1. 司法警察不对实施本法规定犯罪的人进行侦查、明知是犯罪人而不逮捕或者通过泄露侦查信息为该犯罪人的逃走提供便利的，处 1 年以上监禁。

2. 在收受、索取或者承诺贿赂后实施第 1 款的犯罪的，处 2 年以上有期徒刑。

---

〔1〕 本条被 2014 年 12 月 30 日第 12896 号法律全面修正。
〔2〕 本条被 2014 年 12 月 30 日第 12896 号法律全面修正。
〔3〕 本条被 2014 年 12 月 30 日第 12896 号法律全面修正。
〔4〕 本条被 2014 年 12 月 30 日第 12896 号法律全面修正。

第 10 条（司法警察的行政责任）[1]

1. 主管的地区检察厅负责人可以要求任命机关采取惩戒处分，以解雇或者替换尽管第 2 条至第 6 条的犯罪已经发生但不向其报告或者疏于侦查该犯罪的司法警察或者因为侦查能力不足和其他原因而被认为不胜任的司法警察。

2. 任命机关在收到第 1 款的要求后，应当在两周内对有关司法警察采取行政措施，并将有关情况通知主管的地区检察厅负责人。

（十七）韩国关于虐待儿童犯罪的处罚等的特例的法律

（2014 年 1 月 28 日第 12341 号法律制定；2015 年 7 月 24 日第 13426 号法律修正；2016 年 1 月 6 日第 13719 号法律修正；2016 年 5 月 29 日第 14172 号法律修正；2016 年 5 月 29 日第 14224 号法律修正；2017 年 12 月 19 日第号法律修正；2019 年 1 月 15 日第 16248 号法律修正）

第一章　一般规定

第 1 条（宗旨）

本法的宗旨是，通过对虐待儿童犯罪的处罚的内容、处罚的程序、保护受虐待儿童的程序和针对虐待儿童者的保护令做出特殊规定，保护儿童并帮助他们成长为健全的社会成员。

第 2 条（定义）

本法所使用的术语定义如下：[2]

（1）"儿童"，是指《儿童福利法》第 3 条第 1 项所定义的儿童；

（2）"保护人"，是指《儿童福利法》第 3 条第 3 项所定义的保

---

〔1〕　本条被 2014 年 12 月 30 日第 12896 号法律全面修正。

〔2〕　2016 年 1 月 6 日第 13179 号法律修正；2016 年 5 月 29 日第 14172 号法律修正。

护人；

（3）"虐待儿童"，是指《儿童福利法》第 3 条第 7 项所定义的虐待儿童；

（4）"虐待儿童犯罪"，是指由儿童保护人实施的下列任何虐待儿童犯罪：

（a）《刑法典》第 2 编第 25 章伤害与暴行罪中的第 257 条第 1 款和第 3 款（伤害）、第 258-2 条（特殊伤害）第 1 款（仅限于属于第 257 条第 1 款的犯罪）和第 3 款（仅限于第 1 款的犯罪中属于第 257 条第 1 款的犯罪）、第 260 条第 1 款（暴行）、第 261 条（特殊暴行）和第 262 条（暴行致死伤，仅限于导致受伤的犯罪）规定的犯罪；

（b）《刑法典》第 2 编第 28 章遗弃与虐待罪中第 271 条第 1 款（遗弃）、第 272 条（遗弃婴儿）、第 273 条第 1 款（虐待）、第 274 条（苦役儿童）和第 275 条（遗弃等致死伤，仅限于导致受伤的犯罪）规定的犯罪；

（c）《刑法典》第 2 编第 29 章非法逮捕与拘禁罪中第 276 条第 1 款（非法逮捕或者非法拘禁）、第 277 条第 1 款（加重非法逮捕或者加重拘禁）、第 278 条（特殊非法逮捕或者特殊非法拘禁）、第 280 条（未遂罪）和第 281 条（非法逮捕、非法拘禁等致死伤，仅限于导致受伤的犯罪）规定的犯罪；

（d）《刑法典》第 2 编第 30 章胁迫罪中第 283 条第 1 款（胁迫）、第 284 条（特殊胁迫）和第 286 条（未遂罪）规定的犯罪；

（e）《刑法典》第 2 编第 31 章略诱、和诱与贩卖人口罪中第 287 条（略诱、和诱未成年人）、第 288 条（出于猥亵等目的的略诱、和诱等）、第 289 条（贩卖人口）和第 290 条（在略诱、和诱、贩卖人口、运送等中伤害或者致伤他人）规定的犯罪；

（f）《刑法典》第 2 编第 32 章强奸与猥亵罪中第 297 条（强奸）、第 297-2 条（类强奸）、第 298 条（强制猥亵）、第 299 条（准强奸，准强制猥亵）、第 300 条（未遂罪）、第 301 条（强奸等伤害或导致受伤）、第 301-2 条（强奸等杀人或导致死亡）、第 302

条（奸淫未成年人等）、第 303 条（利用业务权力等奸淫）和第 305 条（奸淫或者猥亵儿童）规定的犯罪；

（g）《刑法典》第 2 编第 33 章侵害名誉罪中第 307 条（毁损名誉）、第 309 条（以出版物等毁损名誉）和第 311 条（侮辱）规定的犯罪；

（h）《刑法典》第 2 编第 36 章侵入住宅罪中第 321 条（非法搜查住宅或者身体）规定的犯罪；

（i）《刑法典》第 2 编第 37 章妨碍行使权利罪第 324 条（强迫）和第 324-5 条（未遂罪，仅限于第 324 条规定的犯罪）规定的犯罪；

（j）《刑法典》第 2 编第 39 章诈骗罪与敲诈罪中第 350 条（恐吓）、第 350-2 条（特殊恐吓）、第 352 条（未遂罪，仅限于第 350 条或者第 350-2 条规定的犯罪）规定的犯罪；

（k）《刑法典》第 2 编第 42 章损毁罪中第 366 条（财物等的损毁）规定的犯罪；

（l）《儿童福利法》第 71 条第 1 款各项（不包括第 3 项规定的犯罪）规定的犯罪；

（m）根据其他法律予以加重处罚的 a 至 l 项所列的犯罪；

（n）第 4 条（虐待儿童导致死亡）、第 5 条（对儿童的虐待和加重伤害）和第 6 条（惯犯）规定的犯罪；

（4-2）"对虐待儿童犯罪的举报等"，是指举报、请愿、刑事告诉或者控告等提供关于虐待儿童犯罪刑事调查提供线索的行为，为此做出陈述或者证人证言的行为，或者提交材料的其他行为，以及为逮捕犯罪人或其他活动提供信息；

（4-3）"虐待儿童犯罪的举报人等"，是指对虐待儿童犯罪做出举报等的人；

（5）"虐待儿童犯罪人"，是指实行虐待儿童犯罪的人及其共犯；

（6）"受害儿童"，是指因为虐待儿童犯罪而遭受直接伤害的儿童；

（7）"儿童保护案件"，是指因为虐待儿童犯罪而适用第 36 条第 1 款规定的保护令（以下称为"保护令"）的案件；

（8）"儿童受害人保护令案件"，是指因为虐待儿童犯罪而适用第 47 条的受害儿童保护令的案件；

（9）"专门的儿童保护机构"，是指《儿童福利法》第 45 条规定的专门的儿童保护机构；

（9-2）"寄养中心"，是指《儿童福利法》第 48 条规定的寄养中心；

（10）"儿童福利机构"，是指根据《儿童福利法》第 50 条建立的机构；

（11）"儿童福利机构工作人员"，是指在儿童福利机构中负责与儿童的咨询、指导、医疗、抚养以及与儿童福利机构中的儿童福利有关的其他事务的人员。

第 3 条（与其他法律的关系）

对任何虐待儿童犯罪，应当优先适用本法。但是，对于适用《关于性犯罪的处罚等的特例的法律》和《保护儿童及青少年免受性犯罪的法律》予以加重处罚的犯罪，则应当适用这些法律的规定。

第二章 对虐待儿童犯罪处罚的具体规定

第 4 条（虐待儿童导致死亡）

实施第 2 条第 4 项（a）目至（c）目规定的任何虐待儿童犯罪，导致该儿童死亡的，处无期徒刑或者 5 年以上有期徒刑。

第 5 条（对儿童的虐待和加重伤害）

实施第 2 条第 4 项（a）目至（c）目规定的任何虐待儿童犯罪，导致该儿童的生命危险、使其残疾或者感染无法治愈或难以治愈的疾病的，处 3 年以上有期徒刑。

第 6 条（惯犯）

惯常地实施第 2 条第 4 项（a）目至（m）目规定的犯罪的，应当加重该罪的刑罚数量 1/2 予以处罚。但是，对于应受其他法律规定的加重处罚的惯犯，不适用这一规定。

第7条（对儿童福利机构工作人员的加重处罚）

根据第 10 条第 2 款的规定有举报虐待儿童义务的人针对受其保护的儿童实施虐待儿童犯罪的，加重该罪所定刑罚 1/2 处罚。

第8条（刑罚和接受教育令的并处）

1. 在法院对虐待儿童犯罪人做出有罪判决（不包括暂缓宣告判决的情形）的情况下，可以同时命令犯罪人接受旨在防止其再次犯罪的教育（指《关于保护观察等的法律》中规定的接受教育命令，下同）或者完成 200 小时以下的虐待儿童治疗计划（以下称为"完成计划命令"）。

2. 在法院宣告暂缓刑罚执行的情况下，应当同时适用在刑罚执行暂缓期间根据第 1 款对虐待儿童犯罪人发布的接受教育命令；在法院宣告罚金或者徒刑的实刑判决的情况下，应当同时适用完成计划命令。

3. 在法院准予对虐待儿童犯罪人暂缓刑罚执行的情况下，除了根据第 1 款发布的接受教育命令外，还可以同时适用期间不超过暂缓执行期间的保护观察或者社区服务。

4. 根据第 1 款发布的接受教育或者完成计划命令，在准予暂停刑罚执行的情况下，应当在暂停执行期间内执行；在宣告罚金刑的情况下，应当在判决生效终局之日起 6 个月内执行；在判处徒刑实行的情况下，应当在刑罚期间内执行。

5. 在根据第 1 款发布的接受教育或者完成计划命令与罚金刑或者暂缓刑罚执行并处的情况下，应当由保护观察办公室主任执行；在与徒刑的实刑并处的情况下，应当由矫正机构负责人执行。但是，在儿童虐待犯罪人在与徒刑实刑并处的完成计划命令完成之前被释放或者假释，或者由于计入判决确定前的羁押日数等原因而不可能再执行刑罚的情况下，该命令的剩余部分应当由缓刑办公室主任执行。

6. 根据第 1 款发布的接受教育或者完成计划命令，应当应包括以下内容：

（1）有关虐待儿童行为的诊断和咨询；

（2）培养作为保护者的适当态度的教育；

（3）防止虐待儿童犯罪人再次犯罪所需的其他事项。

7. 对于本法规定以外的保护观察、社区服务和与刑罚并处的接受教育或者完成计划命令的有关事项，应当比照适用《关于保护观察等的法律》。

（十八）韩国关于家庭暴力犯罪的处罚等的特例的法律

（1997 年 12 月 13 日第 5436 号法律制定；1999 年 1 月 21 日第 5676 号法律修正；1999 年 12 月 31 日第 6082 号法律修正；2000 年 1 月 12 日第 6151 号法律修正；2002 年 1 月 26 日第 6626 号法律修正；2002 年 1 月 26 日第 6627 号法律修正；2002 年 12 月 18 日第 6783 号法律修正；2005 年 1 月 27 日第 7356 号法律修正；2006 年 2 月 21 日第 7849 号法律修正；2007 年 5 月 17 日第 8434 号法律修正；2007 年 8 月 3 日第 8580 号法律修正；2011 年 4 月 12 日第 10573 号法律修正；2011 年 8 月 4 日第 11002 号法律修正；2012 年 1 月 17 日第 11150 号法律修正；2014 年 1 月 28 日第 12340 号法律修正；2014 年 12 月 30 日第 12877 号法律修正；2015 年 7 月 24 日第 13426 号法律修正；2016 年 1 月 6 日第 13719 号法律修正；2016 年 5 月 29 日第 14224 号法律修正；2017 年 10 月 31 日第 14962 号法律修正）

第一章 总 则

第 1 条（宗旨）[1]

本法的宗旨是，通过规定惩治家庭暴力犯罪的程序的特例以帮助恢复被家庭暴力犯罪破坏的家庭的安宁与稳定、保持健康的家庭环境、保护受害人和其家庭成员的人权，以及通过发布保护令以改变实施家庭暴力犯罪者的环境并矫正其人格和行为。

---

〔1〕 本条被 2011 年 4 月 12 日第 10573 号法律全面修正。

第2条（定义）[1]

本法所用术语应当做如下定义：[2]

（1）"家庭暴力"，是指对家庭成员造成身体或心理伤害或者财产损毁的行为；

（2）"家庭成员"，是指下列人员之一：

（a）配偶（包括有事实婚姻关系的人，下同）或者以前的配偶；

（b）本人或者其配偶现在或以前的直系尊亲属或者卑亲属（包括通过收养具有事实上的父母子女关系的人，下同）；

（c）现在或以前有继父母子女关系或者父亲的合法妻子与情妇的孩子关系的人；

（d）共同生活的亲属；

（3）"家庭暴力犯罪"，是指下列任何犯罪：

（a）《刑法典》第2编第25章伤害与暴行罪中的第257条（伤害或者伤害尊亲属）、第258条（加重伤害或者加重伤害尊亲属）、第258-2条（特殊伤害）、第260条第1款和第2款（暴行或者对尊亲属的暴行）、第261条（特殊暴行）和第264条（惯犯）规定的犯罪；

（b）《刑法典》第2编第28章遗弃与虐待罪中第271条第1款和第2款（遗弃或者遗弃尊亲属）、第272条（遗弃婴儿）、第273条（虐待或者虐待尊亲属）和第274条（苦役儿童）规定的犯罪；

（c）《刑法典》第2编第29章非法逮捕与拘禁罪中第276条（逮捕、拘禁或者逮捕、拘禁尊亲属）、第277条（加重逮捕、拘禁或者加重逮捕、拘禁尊亲属）、第278条（特殊逮捕或者特殊拘禁）、第279条（惯犯）和第280条（未遂罪）规定的犯罪；

---

〔1〕 本条被2011年4月12日第10573号法律全面修正。

〔2〕 2011年7月25日第10921号法律修正；2011年8月4日第11002号法律修正；2012年1月17日第12877号法律修正；2014年12月30日第12877号法律修正；2016年1月6日第13719号法律修正。

(d)《刑法典》第 2 编第 30 章胁迫罪中第 283 条第 1 款和第 2 款（胁迫或者胁迫尊亲属）、第 284 条（特殊胁迫）、第 285 条（惯犯，仅限于第 283 条规定的犯罪）和第 286 条（未遂罪）规定的犯罪；

(e)《刑法典》第 2 编第 32 章强奸与猥亵罪中第 297 条（强奸）、第 297-2 条（类强奸）、第 298 条（强制猥亵）、第 299 条（准强奸，准强制猥亵）、第 300 条（未遂罪）、第 301 条（强奸等伤害或导致受伤）、第 301-2 条（强奸等杀人或导致死亡）、第 302 条（奸淫未成年人等）、第 305 条（奸淫或者猥亵儿童）、第 305-2 条（惯犯，仅限于第 297 条、第 297-2 条、第 298 条至第 300 条规定的犯罪）规定的犯罪；

(f)《刑法典》第 2 编第 32 章侵害名誉罪中第 307 条（毁损名誉）、第 308 条（毁损逝者名誉）、第 309 条（以出版物等毁损名誉）和第 311 条（侮辱）规定的犯罪；

(g)《刑法典》第 2 编第 36 章侵入住宅罪中第 321 条（非法搜查住宅或者身体）规定的犯罪；

(h)《刑法典》第 2 编第 37 章妨碍行使权利罪第 324 条（强迫）和第 324-5 条（未遂罪，仅限于第 324 条规定的犯罪）规定的犯罪；

(i)《刑法典》第 2 编第 39 章诈骗罪与敲诈罪中第 350 条（恐吓）、第 350-2 条（特殊恐吓）、第 352 条（未遂罪，仅限于第 350 条和第 350-2 条规定的犯罪）规定的犯罪；

(j)《刑法典》第 2 编第 42 章损毁罪中第 366 条（财物等的损毁）规定的犯罪；

(k) 根据其他法律予以加重处罚的 (a) 目至 (j) 目规定的犯罪；

(4)"家庭暴力犯罪人"，是指实行家庭暴力犯罪的人以及属于其家庭成员的共犯；

(5)"受害人"，是指遭受家庭暴力犯罪直接伤害的人；

(6)"家庭保护案件"，是指因为家庭暴力犯罪被适用根据本法发布的保护令的案件；

（7）"保护令"，是指法院在审理家庭保护案件后，根据第 40 条针对犯罪人发布的命令；

（7-2）"受害人保护令案件"，是指是指因为家庭暴力犯罪被适用第 55-2 条的受害人保护令的案件；

（8）"儿童"，是指《儿童福利法》第 3 条第 1 款所定义的儿童。

……

第二章　家庭保护案件

第一节　一般规定

……

第 18 条（保密等义务）[1]

1. 负责或者参与家庭暴力犯罪的调查或者家庭保护案件的调查、审理或执行的公务员或协助人，咨询师等或者咨询中心的负责人，或者第 4 条第 2 款规定的人员（包括曾经担任上述职位的人员），不应泄露其在履行职责过程中获悉的秘密信息。

2. 对于本法所指的家庭保护案件，任何人都不得在报纸等出版物中列明家庭暴力犯罪人、受害人、控告人、告诉人、报告人的地址、姓名、年龄、职业、相貌或者有助于他人识别其身份的其他个人信息和照片，或通过广播媒体播放此类信息。

3. 负责对处于保护下的受害人或受害儿童进行教育或照料的学校或儿童保育机构的老师或工作人员，在无正当理由的情况下不得向任何人（包括享有亲权的家庭暴力犯罪行为人）泄露将相关儿童送往学校、儿童进入学校、变更学校或者进入机构（包括变更机构）的事实。[2]

……

---

[1]　本条被 2011 年 4 月 12 日第 10573 号法律全面修正。

[2]　2011 年 6 月 7 日第 10789 号法律修正。

第二节　保护令

第 40 条（保护令的决定等）[1]

1. 在审理后认为保护令有必要采取的情况下，法官可以作出采取下列处分的决定：

（1）限制家庭暴力犯罪人接触受害人或者家庭成员；

（2）限制家庭暴力犯罪人以《电信基本法》第 2 条第 1 项规定的电信方式接触受害人或者家庭成员；

（3）限制家庭暴力犯罪人对受害人行使亲权；

（4）命令参与《关于保护观察等的法律》规定的社区服务或者讲座；

（5）《关于保护观察等的法律》规定的保护观察；

（6）将犯罪人委托《关于家庭暴力防范和受害人保护等的法律》中规定的保护机构进行监督；

（7）将犯罪人委托给医疗机构治疗；

（8）将犯罪人委托给咨询中心等接受咨询。

2. 第 1 款各项规定的处分可以被同时适用。

3. 在适用第 1 款第 3 项规定的处分的情况下，可以将受害人送交其他亲权监护人、亲属或者适当的机构。

4. 如果法院决定发布保护令，应当毫不延迟地将事实通知检察官、家庭暴力犯罪人、受害人、保护观察官和被委托执行保护令的保护机构、医疗机构或咨询中心等（以下称为"受委托机构"）的负责人。但是，如果其是私人机构的，法院应当征得该机构负责人的同意。

5. 在适用第 1 款第 4 项至第 8 项规定的处分的情况下，应将矫正家庭暴力犯罪人所必需的参考资料送交保护观察官或者受委托机构的负责人。

6. 根据第 1 款第 6 项被委托监督家庭暴力犯罪人的机构，应向

---

〔1〕　本条被 2011 年 4 月 12 日第 10573 号法律全面修正。

家庭暴力犯罪人提供矫正其人格和行为所必需的教育。

……

第三章　受害人保护令

……

第 55-2 条（受害人保护令等）[1]

1. 如果认为有必要保护受害人，法官可以基于受害人或其法定代理人的请求，决定对家庭暴力犯罪人发布下列受害人保护令：

（1）从受害人或家庭成员居住的住所或者被其占用的房间驱逐等，以将该犯罪人与受害人隔离；

（2）禁止进入受害人或家庭成员的住所和/或工作场所 100 米范围内；

（3）禁止通过《电信业务法》第 2 条第 1 项规定的电信方式接触受害人或家庭成员；

（4）限制具有亲权的家庭暴力犯罪人行使亲权。

2. 第 1 款规定的受害人保护令可以被同时适用。

3. 受害人或其法定代表人可以请求撤销根据第 1 款发布的受害人保护令或者变更其种类。

4. 在认为有充分理由的情况下，法官可以主动依职权或者基于第 3 款提出的请求，决定撤销相关的受害人保护令或者变更该命令的种类。

5. 如果认为有必要保护受害人的，法院可以基于受害人或其法定代理人的请求或者主动依职权，要求检察官在一定期间内采取下列各项规定的措施保护受害人免受危险。在这种情况下，检察官可以要求对受害人的住所或当前位置具有管辖权的警察署长采取措施保护受害人免受危险，并且除非存在正当理由警察署长应当遵守该要求：[2]

（1）保护受害人出现在法庭参加家庭保护案件、受害人保护令

---

〔1〕 2011 年 7 月 25 日第 10921 号法律新增。

〔2〕 2014 年 12 月 30 日第 12877 号法律新增。

案件或者对方当事人是家庭暴力犯罪人的其他家庭诉讼程序的审理的措施;

(2) 保护受害人行使其探望其子女权利的措施;

(3) 总统令规定的保护受害人免受危险的其他措施。

6. 第 5 款规定的采取保护受害人免受危险措施的其他必要事项,包括方式、期间和执行程序,应当由总统令作出规定。[1]

……

第 55-4 条 (临时保护令) [2]

1. 在根据第 55-2 条第 1 款申请受害人保护令时,如果认为对保护受害人而言是必要的,法官可以裁定对家庭暴力犯罪人发布第 55-2 条第 1 款任何一项规定的临时保护令。

2. 临时保护令在受害人保护令做出决定之前一直有效。但是,如果认为必要,法官可以限制其期限。

3. 第 55-2 条第 3 款和第 4 款应当比照适用临时保护令的撤销或者其类型的变更。在此情况下,"受害人保护令"应被视为"临时保护令"。

……

第四章　罚　则

第 63 条 (不遵守保护令等犯罪) [3]

1. 家庭暴力犯罪人有下列情形之一的,处 2 年以下有期徒刑、2000 万元以下罚金或者拘留:

(1) 在第 40 条第 1 款第 1 项至第 3 项规定的保护令最终确定后,不遵守该保护令的;

(2) 不遵守第 55-2 条规定的受害人保护令或者第 55-4 条规定的临时保护令的。

---

〔1〕 2014 年 12 月 30 日第 12877 号法律新增。

〔2〕 2011 年 7 月 25 日第 10921 号法律新增。

〔3〕 本条被 2011 年 7 月 25 日第 10921 号法律全面修正。

2. 家庭暴力犯罪人惯常地实施第 1 款的犯罪的，处 3 年以下有期徒刑或者 3000 万元以下罚金。[1]

第 64 条（违反保密等义务的犯罪）[2]

1. 协助人（律师除外）、咨询师等或者咨询中心等的负责人等（包括曾经担任这些职务的人员），违反第 18 条第 1 款的保密义务的，处 1 年以下有期徒刑、2 年以下停止资格或者 1000 万元以下罚金。

2. 报纸的编辑、出版人或雇员，广播公司的主编、负责人或雇员，或者其他出版物的作者和出版人，违反第 18 条第 2 款的不报道义务的，处 500 万元以下罚金。

（十九）韩国关于性犯罪的处罚等的特例的法律

（2010 年 4 月 15 日第 10258 号法律制定；2011 年 4 月 7 日第 10567 号法律修正；2011 年 8 月 4 日第 11005 号法律修正；2011 年 9 月 15 日第 11048 号法律修正；2011 年 11 月 17 日第 11088 号法律修正；2012 年 1 月 17 日第 11662 号法律修正；2012 年 12 月 18 日第 11556 号法律修正；2013 年 4 月 5 日第 11729 号法律修正；2014 年 12 月 30 日第 12889 号法律修正；2016 年 12 月 20 日第 14412 号法律修正；2017 年 12 月 12 日第 15156 号法律修正；2018 年 10 月 16 日第 15792 号法律修正；2018 年 12 月 18 日第 15977 号法律修正）

第一章 一般规定

第 1 条（宗旨）

本法的宗旨是，通过对性犯罪的刑罚内容及其程序的特例做出规定，确保遭受性犯罪的人的生命身体的安全并促进建立健康有序

---

[1] 2012 年 1 月 17 日第 11150 号法律全面修正。
[2] 本条被 2011 年 4 月 12 日第 10573 号法律全面修正。

的社会。

第 2 条（定义）

1. 本法中所用的"性犯罪"，是指下列犯罪：[1]

（1）《刑法典》第 2 编第 22 章妨害风化罪中第 242 条、第 243 条、第 244 条或者第 245 条规定的犯罪；

（2）《刑法典》第 2 编第 31 章略诱、和诱与贩卖人口罪中第 288 条（出于猥亵、性交、性贩卖、性剥削目的实施）、第 289 条（出于猥亵、性交、性贩卖、性剥削目的实施）、第 290 条（仅限于出于猥亵、性交、性贩卖、性剥削目的实施第 288 条规定的犯罪并且伤害被略诱、和诱、贩卖的受害人或者导致其受伤的情形）、第 291 条（仅限于出于猥亵、性交、性贩卖、性剥削目的实施第 288 条的犯罪，或者出于猥亵、性交、性贩卖、性剥削目的实施第 289 条的犯罪并且杀害被略诱、和诱、贩卖的受害人或者导致其死亡的情形）、第 292 条（仅限于收受、窝藏作为出于猥亵、性交、性贩卖、性剥削目的实施第 288 条规定的犯罪或者出于猥亵、性交、性贩卖、性剥削目的实施第 289 条的犯罪之结果的被略诱、和诱、贩卖的受害人的情形，或者招募、运送或者交付他人意图出于猥亵、性交、性贩卖、性剥削目的实施第 288 条或者第 289 条规定的犯罪的情形）和第 294 条（仅限于出于猥亵、性交、性贩卖、性剥削目的的第 288 条的犯罪之未遂罪；出于猥亵、性交、性贩卖、性剥削目的的第 289 条的犯罪之未遂罪；出于猥亵、性交、性贩卖、性剥削目的的第 288 条或者第 289 条的犯罪所导致的第 290 条第 1 款规定的犯罪之未遂罪；出于猥亵、性交、性贩卖、性剥削目的的第 288 条或者第 289 条的犯罪所导致的第 291 条第 1 款规定的犯罪之未遂罪；第 291 条第 1 款的犯罪之未遂罪中的出于猥亵、性交、性贩卖、性剥削目的收受、窝藏被略诱、和诱、贩卖的受害人犯罪之未遂罪）规定的犯罪；

---

〔1〕 2013 年 4 月 5 日第 11731 号法律修正；2016 年 12 月 20 日第 14412 号法律修正。

（3）《刑法典》第 2 编第 32 章强奸与猥亵罪中第 297 条、第 297-2 条、第 298 条、第 299 条、第 300 条、第 301 条、第 301-2 条、第 302 条、第 303 条或者第 305 条规定的犯罪；

（4）《刑法典》第 339 条（抢劫强奸）或者第 342 条（仅限于第 339 条规定犯罪的未遂罪）规定的犯罪；

（5）本法第 3 条至第 15 条规定的犯罪。

2. 根据其他法律应当予以加重处罚的第 1 款所指的犯罪，应被视为性犯罪。

第二章　有关性犯罪的处罚与其程序的特殊情形

第 3 条（特殊抢劫强奸）

1. 在实施《刑法典》第 319 条第 1 款、第 330 条、第 331 条或者第 342 条（仅限于第 330 条或者第 331 条的犯罪的未遂罪）犯罪的过程中，实施该法典第 297 条、第 297-2 条、第 298 条或者第 299 条规定的犯罪的，处无期监禁或者 5 年以上有期监禁。

2. 在实施《刑法典》第 334 条或者第 342 条（仅限于第 334 条的犯罪的未遂罪）犯罪的过程中，实施该法典第 297 条、第 297-2 条、第 298 条或者第 299 条规定的犯罪的，处无期监禁或者 10 年以上有期监禁。

第 4 条（加重强奸）

1. 携带武器或其他危险物品或者与其他人共同实施《刑法典》第 297 条规定的犯罪的，处无期监禁或者 5 年以上有期监禁。

2. 以第 1 款规定的方式实施《刑法典》第 298 条规定的犯罪的，处 3 年以上有期监禁。

3. 以第 1 款规定的方式实施《刑法典》第 299 条规定的犯罪的，应当根据第 1 款或者第 2 款规定处罚。

第 5 条（通过滥用血亲或者姻亲关系的强奸）

1. 使用暴力或者胁迫，与有血亲或者姻亲关系的他人性交的，处 7 年以上有期监禁。

2. 使用暴力或者胁迫，对有血亲或者姻亲关系的他人实施猥亵行为的，处 5 年以上有期监禁。

3. 对有血亲或者姻亲关系的他人实施《刑法典》第 299 条规定的犯罪的，应当根据第 1 款或者第 2 款的规定处罚。

4. 第 1 款至第 3 款所指的血亲或者姻亲关系，应当限定为四等以内或者共同居住的血亲或者姻亲。

5. 第 1 款至第 3 款所指的血亲或者姻亲关系，应当包括基于事实关系的亲属。

第 6 条（对残疾人的强奸、强制猥亵等）

1. 对有身体或者精神残疾的他人实施《刑法典》第 297 条规定的犯罪的，处无期监禁或者 7 年以上有期监禁。

2. 对有身体或者精神残疾的他人实施下列行为的，处 5 年以上有期监禁：

（1）将其性器官插入他人的嘴或肛门等身体部位（不包括生殖器官）；

（2）将其手指等身体部位（不包括生殖器官）或者器具插入他人的生殖器官或者肛门。

3. 对有身体或者精神残疾的他人实施《刑法典》第 298 条规定的犯罪的，处 3 年以上有期徒刑或者 2000 万元以上 5000 万元以下罚金。

4. 利用他人由于存在身体或者精神残疾不能或者难以反抗的状态，与其性交或者对之实施猥亵行为的，应当根据第 1 款至第 3 款的规定处罚。

5. 使用欺骗手段或者暴力威胁，与有身体或者精神残疾的他人性交的，处 5 年以上有期徒刑。

6. 使用欺骗手段或者暴力威胁，对有身体或者精神残疾的他人实施猥亵行为的，处 1 年以上有期徒刑或者 1000 万元以上 3000 万元以下罚金。

7. 残疾人保护、教育等机构的负责人或者工作人员，对处于其保护或者监督之下的残疾人实施第 1 款至第 6 款所列的犯罪的，应当将各罪所规定的刑罚加重 1/2 予以处罚。

第 7 条（对未满 13 周岁的儿童的强奸、强制猥亵等）

1. 对未满 13 周岁的儿童实施《刑法典》第 297 条规定的犯罪的，处无期监禁或者 10 年以上有期监禁。

2. 对未满 13 周岁的儿童实施下列行为的，处 7 年以上有期监禁：

（1）将其性器官插入该儿童的嘴或肛门等身体部位（不包括生殖器官）；

（2）将其手指等身体部位（不包括生殖器官）或者器具插入该儿童的生殖器官或者肛门。

3. 对未满 13 周岁的儿童实施《刑法典》第 298 条规定的犯罪的，处 5 年以上有期监禁或者 3000 万元以上 5000 万元以下罚金。

4. 对未满 13 周岁的儿童实施《刑法典》第 299 条规定的犯罪的，应当根据第 1 款至第 3 款的规定处罚。

5. 使用欺骗手段或者暴力威胁，与未满 13 周岁的儿童性交或者对之实施猥亵行为的，应当根据第 1 款至第 3 款的规定处罚。

第 8 条（伴随强奸的伤害或者强奸导致的伤害）

1. 在实施第 3 条第 1 款、第 4 条、第 6 条、第 7 条或者第 15 条（仅限于第 3 条第 1 款、第 4 条、第 6 条或者第 7 条规定犯罪的未遂罪）过程中伤害他人，或者因为实施此类犯罪导致他人受伤的，处无期监禁或者 10 年以上有期监禁。

2. 在实施第 5 条或者第 15 条（仅限于第 5 条规定犯罪的未遂罪）过程中伤害他人，或者因为实施此类犯罪导致他人受伤的，处无期监禁或者 7 年以上有期监禁。

第 9 条（伴随强奸的杀人或者强奸导致的死亡）

1. 在实施本法第 3 条至第 7 条和第 15 条（仅限于第 3 条至第 7 条规定犯罪的未遂罪）或者《刑法典》第 297 条、第 297-2 条、第 298 条至第 300 条规定犯罪的过程中杀害他人的，处死刑或者无期监禁。

2. 实施本法第 4 条、第 5 条或者第 15 条（仅限于第 4 条或者第

5 条规定犯罪的未遂罪），因此导致他人死亡的，处无期监禁或者 10 年以上有期监禁。

3. 实施本法第 6 条、第 7 条或者第 15 条（仅限于第 6 条或者第 7 条规定犯罪的未遂罪），因此导致他人死亡的，处无期监禁或者 10 年以上有期监禁。

第 10 条（利用业务权力等的猥亵）

1. 以欺骗手段或者暴力威胁，对因为业务、雇用或者其他关系处于其保护或者监督之下的他人实施猥亵行为的，处 3 年以下有期监禁或者 1500 万元以下罚金。[1]

2. 依照法律规定监管被拘押人的人，对被拘押人实施猥亵行为的，处 5 年以下有期监禁或者 2000 万元以下罚金。[2]

第 11 条（在拥挤的公共场所的猥亵）

在任何公共交通工具、公开演出或集会场所或者其他拥挤的公共场所，对他人实施猥亵行为的，处 1 年以下有期监禁或者 300 万元以下罚金。

第 12 条（闯入公用场所意图满足性欲）

意图满足自己的性欲，闯入厕所、公共浴室、浴室、汗蒸房、母乳喂养设施、更衣室等不特定多数人使用的公用场所，或者拒绝应要求离开这些场所的，处 1 年以下有期监禁或者 300 万元以下罚金。[3]

第 13 条（使用通信工具的猥亵）

意图引起或者满足自己或他人的性欲，通过电话、邮件、计算机或者其他通信工具向他人发送可能引起性羞耻或者性厌恶感的文字、声音、文本、图片、图像或者其他事物的，处 2 年以下有期监禁或者 500 万元以下罚金。

---

〔1〕 2018 年 10 月 16 日第 15792 号法律修正。
〔2〕 2018 年 10 月 16 日第 15792 号法律修正。
〔3〕 2017 年 12 月 12 日第 15156 号法律修正。

第 14 条（使用相机等拍照）

1. 违背他人的意志，使用相机或者具有类似功能的其他装置拍摄可能引起性欲或性羞耻的他人身体的照片的，处 5 年以下有期监禁或者 3000 万元以下罚金。[1]

2. 散发、出售、租赁、提供、公开展览或者展示（以下称为"散发等"）第 1 款规定的被拍摄照片或者其副本（包括副本的副本，下同），或者将在拍照时并不违背被拍照者意志的第 1 款所指的被拍摄照片或者其副本事后违背其意志予以散发等的，处 5 年以下有期监禁或者 3000 万元以下罚金。[2]

3. 意图通过使用《信息和通信网络利用与信息保护促进法》第 2 条第 1 款第 1 项所指的信息和通信网络谋利，违背被拍照者的意志实施第 2 款规定的犯罪的，处 7 年以下有期监禁。[3]

第 15 条（未遂罪）

第 3 条至第 9 条和第 14 条规定犯罪的未遂罪，亦罚之。

第 16 条（并处刑罚和听讲座命令）

1. 如果法院宣布对性犯罪人暂缓宣告刑罚的，可以命令其接受保护观察 1 年。但是，当法院宣布对属于《青少年法》第 2 条规定的青少年的性犯罪人暂缓宣告刑罚时，应当无例外地命令其接受保护观察。

2. 如果法院宣告性犯罪人有罪（暂缓宣告刑罚除外）或者通知即决命令的，在防止再犯该罪所必需的情况下，应当在做出这些判决的同时，命令其在不超过 500 小时的期间内参加讲座或者完成性犯罪人治疗计划（以下称为"完成计划命令"）。但是，如果性犯罪人具有使得无法判处参加讲座命令或者完成计划命令的特殊情形的，不适用上述规定。[4]

---

〔1〕 2018 年 12 月 18 日第 15977 号法律修正。
〔2〕 2018 年 12 月 18 日第 15977 号法律修正。
〔3〕 2018 年 12 月 18 日第 15977 号法律修正。
〔4〕 2016 年 12 月 20 日第 14412 号法律修正。

3. 如果法院宣布对性犯罪人暂缓执行刑罚的，应当在做出宣告的同时命令其在不超过该暂缓期间的特定期间内参加第 2 款规定的讲座。如果法院宣布对性犯罪人处以罚金或更重的刑罚或者向其通知即决命令的，应当在判处这些刑罚同时对之适用完成计划命令。但是，该完成计划命令不能同时适用于受到《关于对特定罪犯的保护观察和电子监控法等的法律》第 9-2 条第 1 款第 4 项的完成计划命令的性犯罪人。[1]

4. 如果法院宣布对性犯罪人暂缓执行刑罚的，在第 2 款的参加讲座命令之外，还可以同时对其处以在不超过该暂缓期间的特定期间内保护观察或/和社区服务。

5. 在法院宣布暂缓执行刑罚的情况下，第 2 款规定的参加讲座命令或者完成计划命令应当在刑罚执行暂缓期间内执行。在法院宣告罚金刑或者通知即决命令的情况下，应当在判决生效终局之日起 6 个月内执行；在法院宣告徒刑或者更重刑罚的情况下，应当在刑罚期间内执行。但是，对受到《保护儿童和青少年免受性侵害法》第 21 条的参加讲座命令或完成计划命令的性犯罪人，不能同时适用上述参加讲座命令或者完成计划命令。[2]

6. 在第 2 款的参加讲座命令或者完成计划命令与罚金刑或者暂缓刑罚执行并处的情况下，应当由保护观察办公室主任执行；在与监禁或更重的刑罚并处的情况下，应当由矫正机构负责人执行。但是，在性犯罪人在与监禁或更重刑罚并处的完成计划命令所要求的全部计划完成之前被释放或者假释，或者由于计入判决确定前的羁押日数该刑罚被免予执行的情况下，该计划的剩余部分应当由缓刑办公室主任执行。

7. 第 2 款的参加讲座命令或者完成计划命令，应当包括以下内容：

（1）对偏离常轨的异常行为的诊断和咨询；

---

〔1〕 2016 年 12 月 20 日第 14412 号法律修正。
〔2〕 2016 年 12 月 20 日第 14412 号法律修正。

（2）性知识教育；

（3）防止性犯罪人再次犯罪所需的其他事项。

8. 在判决执行期间被假释的性犯罪人，在假释期间应当予以保护观察。但是，在准予假释的行政机关认为没有必要将其置于保护观察之下时，不适用上述规定。

9. 对于本法规定以外的保护观察、社区服务、参加讲座命令和完成计划命令的有关事项，应当比照适用《关于保护观察等的法律》。

第 17 条（判决前的调查）

1. 如果认为有必要根据第 16 条对实施性犯罪的被告人适用保护观察、社区服务、参加讲座命令或者完成计划命令的，法院可以要求对法院所在地或者被告人住所地有管辖权的保护观察办公室主任调查被告人的身心特征和状态、性心理发育过程、成长背景、家庭环境、职业、生活环境、伙伴、犯罪动机、病史、与受害人的关系、再犯危险以及其他相关事项。

2. 被要求进行第 1 款的调查的保护观察办公室主任应当立即进行调查并将结果书面通知主管法院。在这种情况下，如果认为有必要，该主任可以传唤和询问被告人或其他相关人员，或者指示其属下的保护观察官调查必要的事项。

3. 法院可以要求进行第 1 款调查的保护观察办公室主任报告调查的进展。

第 18 条（告诉限制的例外）

对任何性犯罪而言，尽管有《刑事诉讼法》第 224 条和《军事法院法》第 266 条的规定，仍可以针对自己或配偶的直系尊亲属提起告诉。[1]

第 19 条（删除）[2]

---

〔1〕 2013 年 4 月 5 日第 11729 号法律修正。

〔2〕 2013 年 4 月 5 日第 11729 号法律删除。

第 20 条 （关于《刑法典》有关减轻处罚规定的特例）

如果性犯罪（不包括第 2 条第 1 款第 1 项规定的犯罪）是在酒精或者药物引起的精神障碍状态下实施的，可以排除《刑法典》第 10 条第 1 款和第 2 款以及第 11 条的适用。

第 21 条 （关于追诉时效的特例）

1. 尽管有《刑事诉讼法》第 252 条第 1 款和《军事法院法》第 294 条第 1 款的规定，但对未成年人实施的性犯罪的追诉时效，应当从性犯罪的受害未成年人达到成年之日起算。[1]

2. 对于第 2 条第 3 项和第 4 项以及第 3 条至第 9 条的犯罪，如果该犯罪存在 DNA 等科学证据的，追诉时效期限可以延长 10 年。

3. 尽管有第 1 款和第 2 款的规定，如果针对未满 13 周岁的未成年人或者有身体或者精神残疾的人实施下列犯罪的，不应当适用《刑事诉讼法》第 249 条至第 253 条和《军事法院法》第 291 条至第 295 条规定的追诉时效：

（1）《刑法典》第 297 条（强奸）、第 298 条（类强奸）、第 299 条（准强奸，准强制猥亵）、第 301 条（强奸等伤害或导致受伤）或者第 301-2 条（强奸等杀人或导致死亡）规定的犯罪；

（2）本法第 6 条第 2 款、第 7 条第 2 款、第 8 条或者第 9 条规定的犯罪；

（3）《保护儿童和青少年免受性侵害法》第 9 条或第 10 条规定的犯罪。

4. 尽管有第 1 款和第 2 款的规定，如果实施下列犯罪的，不应当适用《刑事诉讼法》第 249 条至第 253 条和《军事法院法》第 291 条至第 295 条规定的追诉时效：[2]

（1）《刑法典》第 301-2 条（强奸等杀人或导致死亡，仅限于强奸等杀人）规定的犯罪；

（2）本法第 9 条第 1 款规定的犯罪；

[1] 2013 年 4 月 5 日第 11729 号法律修正。
[2] 2013 年 4 月 5 日第 11729 号法律修正。

（3）《保护儿童和青少年免受性侵害法》第 10 条第 1 款规定的犯罪；

（4）《军事刑法典》第 92－8 条（仅限于强奸等杀人）规定的犯罪。

……

第四章　罚　则

第 50 条（罚则）

1. 实施下列行为的，处 5 年以下有期监禁或者 5000 万元以下罚金：

（1）违反第 48 条的规定泄露其在履行职责过程中知悉的登记信息的；

（2）在无适当权限的情况下变更或者删除登记信息的。

2. 实施下列各项规定的行为的，处 2 年以下有期监禁或者 500 万元以下罚金：

（1）违反第 24 条第 1 款或者第 38 条第 2 款的不泄露有关被害人身份和隐私的保密信息的义务；

（2）违反第 24 条第 2 款的规定，泄露被害人的个人信息、照片等。

3. 实施下列各项规定的行为的，处 1 年以下有期监禁或者 500 万元以下罚金：[1]

（1）违反第 43 条第 1 款规定，无正当理由地不提交基本个人信息或者提供任何虚假信息，或者违反同条第 2 款规定，无正当理由地拒绝被主管警察署局长或有关矫正机构负责人拍照的；

（2）违反第 43 条第 3 款（包括比照适用第 44 条第 6 款的情形）规定，无正当理由地不提交变更信息或者就变更提供虚假信息的；

（3）违反第 43 条第 4 款（包括比照适用第 44 条第 6 款的情形）

――――――――――

〔1〕 2016 年 12 月 20 日第 14412 号法律修正。

规定，无正当理由地不出现在主管警察署或者拒绝被拍照的。

4. 不得违背受害人的明确反对起诉第 2 条第 2 款规定的犯罪。

5. 如果被适用第 16 条第 2 款的完成计划命令的人因为不遵守保护观察办公室主任或者矫正机构负责人关于完成计划命令执行的指示收到《关于保护观察等的法律》或者《矫正机构囚犯管理和处遇法》的警告之后，再次无正当理由地不遵守该指示的，应当适用下列规定：[1]

（1）在该命令是与罚金并处的情形下，处 500 万元以下罚金；

（2）在该命令是与徒刑或者更重的刑罚并处的情形下，处 1 年以下有期监禁或者 500 万元以下罚金。

第 51 条（双罚规定）

如果法人的代表人或者法人或个人的代理人、员工或其他雇员，实施与该法人或个人的营业相关的第 13 条或者第 43 条规定的犯罪的，不仅要处罚该犯罪人，还要对该法人或个人处以相应条款规定的罚金。但是，如果该法人或个人在对预防该犯罪的相关义务上给予了适当的注意和监督，没有过失的，不应适用前述规定。

……

（二十）韩国管制和处罚掩饰犯罪收益法

（2001 年 9 月 27 日第 6517 号法律制定；2004 年 3 月 22 日第 7196 号法律修正；2005 年 3 月 31 日第 7428 号法律修正；2005 年 7 月 29 日第 7625 号法律修正；2006 年 4 月 28 日第 7941 号法律修正；2007 年 4 月 11 日第 8356 号法律修正；2007 年 8 月 3 日第 8635 号法律修正；2007 年 12 月 21 日第 8719 号法律修正；2008 年 12 月 19 日第 9141 号法律修正；2009 年 3 月 18 日第 9488 号法律修正；2010 年 3 月 31 日第 10201 号法律修正；2011 年 5 月 19 日第 10694 号法律修正；2011 年 8 月 4 日第 11002 号法律修正；2012 年 1 月 17 日第

---

[1] 2016 年 12 月 20 日第 14412 号法律修正。

11158 号法律修正；2013 年 5 月 28 日第 11824 号法律修正；2014 年 5 月 28 日第 12710 号法律修正；2014 年 11 月 19 日第 12842 号法律修正；2019 年 4 月 23 日第 16343 号法律修正)

第 1 条 (宗旨)[1]

本法的宗旨是，通过对获取与特定犯罪有关的犯罪收益、隐瞒犯罪收益以鼓励有特定犯罪或者将这些财产掩饰成合法获取的财产的活动的管制，以及通过规定与特定犯罪有关的犯罪收益的没收和同等价值的追征的特例根本上消除鼓励特定犯罪的经济因素，促进维护良好的社会秩序。

第 2 条 (定义)[2]

本法所用术语应做如下定义：[3]

(1)"特定犯罪"，是指为获取非法收益所实施的附表所规定的和本条第 2 项 (b) 目规定的犯罪。在这种情况下，如果其他犯罪与严重犯罪或者第 2 项 (b) 目规定的犯罪存在《刑法典》第 40 条的想象竞合关系的，该其他犯罪也应当被包括在内；如果外国人在大韩民国领域外实施的行为，假如其实施于大韩民国管辖范围内将构成严重犯罪或者第 2 项 (b) 目规定的犯罪并且根据该行为实施地所在国家的法律也构成犯罪的，这种犯罪应被包括在内；

(2)"犯罪收益"，是指下列情形：

(a) 实施严重犯罪所产生或者作为该犯罪的回报所获取的财产；

(b) 与下列所规定的犯罪有关的资金或者财产：

(i)《处罚安排商业性行为等的法律》第 19 条第 2 款第 1 项规定的犯罪 (仅限于在明知被用于安排性交易行为中的性交易的情况下提供资金、土地或建筑物的行为)；

(ii)《关于处罚暴力等行为的法律》第 5 条第 2 款和第 6 条

---

[1] 本条被 2010 年 3 月 31 日第 10201 号法律全面修正。

[2] 本条被 2010 年 3 月 31 日第 10201 号法律全面修正。

[3] 2014 年 5 月 28 日第 12710 号法律修正；2014 年 11 月 19 日第 12842 号法律修正。

（仅限于第 5 条第 2 款的犯罪的未遂罪）规定的犯罪；

（iii）《关于打击在国际商业交易中行贿外国公职人员的法律》第 3 条第 1 款规定的犯罪；

（iv）《关于对特定经济犯罪加重处罚等的法律》第 4 条规定的犯罪；

（v）《关于国际刑事法院管辖罪行的处罚等的法律》第 8 条至第 16 条规定的犯罪；

（vi）《禁止资助恐怖主义法》第 6 条第 1 款和第 4 款规定的犯罪；

（3）"源自非法收益的财产"，是指作为犯罪收益的孳息所获取的任何财产、作为犯罪收益的对价所获取的任何财产、作为前两类财产的对价所获取的任何财产或者占有或处分犯罪收益所获取的任何财产；

（4）"犯罪收益等"，是指犯罪收益、源自犯罪收益的财产或者该财产与其他财产无法区别地混合而成的任何其他财产；

（5）"导致多人丧生的事故"，是指就其严重程度而言需要国家或者地方政府层级做出反应的导致人员丧生的事故，例如火灾、倒塌、爆炸、交通事故（包括船舶、航空器和火车事故）、化学、生物和放射事故、环境污染事故以及因故意或过失导致的任何其他事故。

第 3 条（隐瞒和掩饰犯罪收益等）[1]

1. 实施下列任何行为的，处 5 年以下有期徒刑或者 3000 万元以下罚金：

（1）掩饰犯罪收益等的获取或处分的；

（2）掩饰犯罪收益的来源的；

（3）为了鼓励特定犯罪或将犯罪收益掩饰为合法获得而隐瞒犯罪收益的。

2. 第 1 款规定犯罪的未遂罪，亦罚之。

3. 预备或者共谋实行第 1 款规定的犯罪的，处 2 年以下有期徒

---

〔1〕 本条被 2010 年 3 月 31 日第 10201 号法律全面修正。

刑或者 1000 万元以下罚金。

第 4 条（收受犯罪收益等）〔1〕

明知是犯罪收益等予以接受的，处 3 年以下有期徒刑或者 2000 万元以下罚金。但作为履行法律规定的义务接受非法收益等，或者在订立合同时不知道其义务将被以非法收益等履行的情况下作为履行合同（仅限于向债权人提供合理收益的合同）义务接受非法收益等的，不适用该规定。

第 5 条（金融公司等的报告）〔2〕

1. 受雇于《报告和使用特定金融交易信息法》第 2 条第 1 项的金融公司等的人员，在知悉其就该法第 2 条第 2 项所指的金融交易所接受的财产是犯罪收益或者所说交易的对方实施了构成本法第 3 条所规定犯罪的行为的事实后，即使其他法律有规定，也应当毫不迟延地向主管执法机关报告。〔3〕

2. 打算或者已经按照第 1 款规定进行报告的金融公司等雇用的人员，不得向交易的对方或者与该对方有关的任何人披露报告的细节。〔4〕

3. 违反第 1 款或者第 2 款规定的，处 2 年以下有期徒刑或者 1000 万元以下罚金。

第 6 条（徒刑与罚金的并科）〔5〕

违反第 3 条、第 4 条和第 5 条第 3 款规定的，可以并处徒刑与罚金。

第 7 条（双罚规定）〔6〕

如果法人的代表人或者法人或个人的代理人、员工或所雇用的

---

〔1〕 本条被 2010 年 3 月 31 日第 10201 号法律全面修正。
〔2〕 本条被 2010 年 3 月 31 日第 10201 号法律全面修正。
〔3〕 2011 年 5 月 19 日第 10694 号法律修正。
〔4〕 2011 年 5 月 19 日第 10694 号法律修正。
〔5〕 本条被 2010 年 3 月 31 日第 10201 号法律全面修正。
〔6〕 本条被 2010 年 3 月 31 日第 10201 号法律全面修正。

任何其他人，实施与该法人或个人的营业事务相关的第 3 条至第 5 条规定的犯罪的，不仅要处罚该犯罪人，还要对该法人或个人处以相应条款规定的罚金。但是，如果该法人或个人对预防该犯罪的相关营业事务给予了适当的注意和监督，没有过失的，不应适用前述规定。

第 7-2 条（国外的犯罪人）[1]

第 3 条和第 4 条也应当适用于在大韩民国领域外实施有关犯罪的韩国人。

第 8 条（犯罪所得的没收）[2]

1. 任何下列财产可以被没收：

（1）犯罪收益；

（2）产生于犯罪收益的财产；

（3）与第 3 条或者第 4 条规定的犯罪行为有关的犯罪收益；

（4）第 3 条或者第 4 条规定的犯罪行为产生的财产，或者作为对该犯罪行为的回报所获取的财产；

（5）作为第 3 款或者第 4 款规定财产的孳息或对价所获取的财产，或者作为这些财产的对价所获取的财产，或者通过占有或处分该财产所获取的其他财产。

2. 在第 1 款规定的被没收财产与被没收财产以外的财产混合并且所述财产应当被没收的情况下，可以对该混合所产生的财产（以下称为"混合财产"）没收与被没收财产的价值或数量相当的一部分（限于与该混合相关的部分）。

3. 尽管有第 1 款的规定，但同款各项规定的财产是犯罪受害人财产（指通过构成侵犯财产罪、《对特定犯罪加重处罚等的法律》第 5-2 条第 1 款和第 2 款规定的犯罪、《债务人重整和破产法》第 650 条、第 652 条和第 654 条所指的犯罪的犯罪行为从受害方获取的财产，或者因为占有或处分上述财产所获取的财产，下同）的，该

---

〔1〕 本条被 2010 年 3 月 31 日第 10201 号法律全面修正。

〔2〕 本条被 2010 年 3 月 31 日第 10201 号法律全面修正。

财产不得被没收。在第 1 款各项规定的财产的任何部分是犯罪受害人财产时，同样适用这一规定。

第 9 条（没收的必要条件等）[1]

1. 第 8 条第 1 款规定的没收应当仅限于被没收财产或者混合财产不属于非犯罪行为人的情形。但非犯罪行为人在犯罪实施后明知地获取所述的被没收财产或混合财产的（获取该非法财产或混合财产属于第 4 条但书所指的情形除外），即使该被没收财产或混合财产属于该非犯罪行为人，也可以予以没收。

2. 在根据第 8 条第 1 款没收的财产上存在地上权、抵押权或者其他权利的情况下，如果非犯罪行为人是在犯罪发生之前获取该权利或者是在不知道犯罪实施的情况下获取该权利的，则该权利应当维持原状。

第 10 条（同等价值的追征）[2]

1. 在根据第 8 条第 1 款没收财产无法进行，或者根据该财产的性质、使用状况、非犯罪人对该财产存在权利或者其他情况认为没收该财产是不合适的情况下，可以向犯罪行为人追征与该财产价值相当的金额。

2. 在第 8 条第 1 款规定的财产是犯罪受害人财产的情况下，尽管有第 1 款规定，也不得追征。

第 10-2 条（有关追征执行的特例）[3]

根据本法对属于导致多人丧生的事故负刑事责任的个人、法人或者通过管理控制、财务关系或参与决策对法人具有实际控制权的人的被没收财产的追征，可以对非犯罪人在明知的情况下所获取的被没收财产以及源自于其的财产执行。

---

[1] 本条被 2010 年 3 月 31 日第 10201 号法律全面修正。
[2] 本条被 2010 年 3 月 31 日第 10201 号法律全面修正。
[3] 2014 年 11 月 19 日第 12842 号法律新增。

第 10-3 条（检察官为执行没收和追征的处分措施）[1]

1. 在为执行本法的没收和追征而认为必要的情况下，检察官可以在必要的最小范围内采取以下处分措施。但是，在对非犯罪人采取第 4 项和第 5 项规定的处分措施的情况下，必须具有第 3 款规定的令状：

（1）要求利害关系人到场和听取他们的意见；

（2）要求所有人、持有人或者保管人交出文书或其他物品；

（3）要求提供《报告和使用特定金融交易信息法》第 7 条第 1 款规定的特定金融交易信息；

（4）要求提供《国家税收基本法》第 81-13 条规定的税收信息；

（5）要求提供《实名金融交易和保密法》第 4 条第 1 款的金融交易详情有关的信息或资料；

（6）要求公共机构或组织答复事实查询或者报告必需事项。

2. 收到第 1 款规定的提供信息请求时，除军事、外交和朝韩关系等对国家安全有重大影响的情况外，任何相关机构都不得基于其他法律拒绝该请求。

3. 在根据第 1 款执行没收或追征必要的情况下，检察官可以根据地方法院法官基于其请求签发的令状进行扣押、搜查或者查证。

第 11 条（国际合作的执行）[2]

外国就针对特定犯罪和本法第 3 条和第 4 条所指犯罪的外国刑事案件具有最终约束力的没收或追征同等价额裁判的执行或者为没收或追征同等价额保全财产请求进行合作的，可以提供合作，但以下情况除外：

（1）与请求合作的犯罪有关的活动发生于大韩民国并且根据大韩民国法律不构成特定犯罪或第 3 条和第 4 条所指的犯罪的；

（2）请求国没有就大韩民国提出的类似请求提供协助做出保证的；

---

〔1〕 2014 年 11 月 19 日第 12842 号法律新增。

〔2〕 本条被 2010 年 3 月 31 日第 10201 号法律全面修正。

（3）符合《关于防止非法贩运麻醉品等的特例的法律》第 64 条第 1 款各项规定的情形。

第 12 条（《关于防止非法贩运麻醉品等的特例的法律》的比照适用）[1]

《关于防止非法贩运麻醉品等的特例的法律》第 19 条至第 63 条、第 64 条第 2 款和第 65 条至第 78 条的规定，参照适用于根据本法的没收、追征同等价额和国际合作。

第 13 条（赏金支付）[2]

1. 在被没收财产被没收或者追征后并归入国库的情况下，法务部长官可以对向主管执法机关举报或者对没收或追征有功的人支付赏金。但是，在公务员因为职责而报告或者金融公司等的从业人员根据第 5 条第 1 款报告的情况下，可以减少或者不支付赏金。

2. 予以支付第 1 款赏金的报告、有功行为的范围、赏金支付的标准、方法、程序等以及其他必要事项，应当由总统令作出规定。

（二十一）韩国偷渡取缔法

（1961 年 12 月 13 日第 831 号法律制定；1963 年 11 月 1 日第 1432 号法律修正；1963 年 12 月 16 日第 1618 号法律修正；1975 年 12 月 31 日第 2809 号法律修正；1989 年 12 月 27 日第 4147 号法律修正；2005 年 3 月 31 日第 7427 号法律修正；2013 年 5 月 22 日第 11807 号法律修正；2014 年 3 月 18 日第 12421 号法律修正）

第 1 条（宗旨）[3]

本法的宗旨是，防止大韩民国公民非法偷渡到大韩民国之外。

---

[1] 本条被 2010 年 3 月 31 日第 10201 号法律全面修正。

[2] 2013 年 5 月 28 日第 11824 号法律新增。

[3] 本条被 2013 年 5 月 22 日第 11807 号法律全面修正。

第2条 （术语定义）[1]

本法所用术语定义如下：

（1）"偷渡"，是指在没有护照、海员证或者有关当局签发的离开大韩民国所需要的其他有效证明的情况下，过境或者越境到大韩民国以外的地方；

（2）"擅离船舶或者飞机"，是指在大韩民国以外在未经许可的情况下离开其所登乘的船舶或者航空器，或者不在船（机）长或负责人指定的时间之前返回船舶或航空器。

第3条 （偷渡、擅离船舶等）[2]

1. 偷渡或者擅自离开船舶或航空器的，处3年以下有期徒刑或者2000万元以下罚金。

2. 第1款犯罪的未遂罪，亦罚之。

3. 预备或者共谋实行第1款规定的犯罪的，处1年以下有期徒刑或者1000万元以下罚金。

第4条 （帮助偷渡等）[3]

1. 帮助第3条第1款所指的犯罪的，处3年以下徒刑或者2000万元以下罚金。

2. 意图营利实施第1款所指的犯罪的，处5年以下有期徒刑或者3000万元以下罚金。

第4-2条 （没收与追征）[4]

1. 在第3条或者第4条的情形下，用于犯罪或者打算用于犯罪并且不属于犯罪人以外的人的船舶或其他工具，可以没收。

2. 在第4条第2款的情形下，所收到或者承诺的报酬，应当没收。在这种情况下，如果对相关报酬的没收无法执行的，应当追征

---

[1] 本条被2013年5月22日第11807号法律全面修正。

[2] 本条被2013年5月22日第11807号法律全面修正。

[3] 本条被2013年5月22日第11807号法律全面修正。

[4] 本条由2013年5月22日第11807号法律新增。

与其价值相当的金额。

第 5 条 （加重处罚）[1]

惯常地实施第 3 条或者第 4 条规定的犯罪的，应当对该罪所定刑罚加重 1/2 予以处罚。

第 6 条 （处罚的减轻、免除等）[2]

1. 如果已经偷渡或者擅离船舶或航空器的人向在外国的韩国代表机构自首或已经返回，或者已经开始偷渡或者擅离船舶或航空器的人向相关侦查机构、船（机）长或任何其他负责人自首的，可以减轻或者免除处罚。

2. 如果犯罪是针对直系血亲、配偶、与犯罪行为人共同生活的亲属或者前述人员的配偶实施犯罪的，对第 3 条第 1 款规定的帮助行为不处罚。

第 7 条 （案件的通知等）[3]

1. 如果司法警察对涉及违反本法的案件进行调查的，应当立即通知主管移民与外国人有关事务的地区办公室的负责人。[4]

2. 在第 1 款的情形下，有关侦查机构的负责人应按照移民与外国人事务地区办公室负责人的要求，提交执行移民监管事务所需的资料。[5]

第 8 条 （删除）[6]

第 9 条 （删除）[7]

---

〔1〕 本条被 2013 年 5 月 22 日第 11807 号法律全面修正。
〔2〕 本条被 2013 年 5 月 22 日第 11807 号法律全面修正。
〔3〕 本条被 2013 年 5 月 22 日第 11807 号法律全面修正。
〔4〕 2014 年 3 月 18 日第 12421 号法律修正。
〔5〕 2014 年 3 月 18 日第 12421 号法律修正。
〔6〕 1989 年 12 月 27 日第 4147 号法律删除。
〔7〕 1989 年 12 月 27 日第 4147 号法律删除。

（二十二）韩国控制公共卫生犯罪特殊措施法

（1969 年 8 月 4 日第 2317 号法律制定；1980 年 12 月 31 日第 3333 号法律修正；1984 年 12 月 31 日第 3763 号法律修正；1986 年 5 月 10 日第 3823 号法律修正；1986 年 5 月 10 日第 3825 号法律修正；1990 年 8 月 1 日第 4252 号法律修正；1990 年 12 月 31 日第 4293 号法律修正；1997 年 12 月 13 日第 5443 号法律修正；1997 年 12 月 13 日第 5454 号法律修正；1998 年 2 月 28 日第 5529 号法律修正；2002 年 8 月 26 日第 6727 号法律修正；2004 年 12 月 31 日第 7292 号法律修正；2007 年 4 月 11 日第 8365 号法律修正；2007 年 4 月 11 日第 8366 号法律修正；2008 年 2 月 29 日第 8852 号法律修正；2009 年 2 月 6 日第 9432 号法律修正；2009 年 12 月 29 日第 9840 号法律修正；2010 年 1 月 18 日第 9932 号法律修正；2010 年 5 月 25 日第 10310 号法律修正；2011 年 4 月 12 日第 10579 号法律修正；2011 年 6 月 7 日第 10788 号法律修正；2013 年 3 月 23 日第 11690 号法律修正；2017 年 12 月 19 日第 15252 号法律修正）

第 1 条（宗旨）[1]

本法的宗旨是，通过对生产非法食品和添加剂、非法药品和化妆品、有毒物质或者未经许可的行医等犯罪的加重处罚，促进公共卫生的改善。

第 2 条（生产非法食品等的刑罚）[2]

1. 在未根据《食品卫生法》第 37 条第 1 款、第 4 款和第 5 款获得许可、提交报告或注册的情况下生产或者加工食品或添加剂；或者在未根据《健康功能食品法》第 5 条规定获得许可的情况下生产或者加工健康功能食品；或者伪造与已获许可或已经报告的食品、添加剂、功能性健康食品类似的食品、添加剂、功能性健康食品或

---

〔1〕 本条被 2011 年 4 月 12 日第 10579 号法律全面修正。
〔2〕 本条被 2011 年 4 月 12 日第 10579 号法律全面修正。

在其中掺假；或者在明知该事实的情况下销售它们、意图销售而获取或者为销售提供帮助；或者违反《食品卫生法》第6条和第7条第4款或《健康功能食品法》第24条第1款的规定生产或加工它们，或者明知地销售它们、意图销售而获取或者为销售提供帮助的，应当按照下列规定处罚：[1]

（1）如果食品、添加剂或者功能性保健食品对人体有严重危害的，处无期监禁或者5年以上有期监禁；

（2）如果食品、添加剂或者功能性保健食品以零售价格计算的价值不低于5000万元/年的，处无期监禁或者3年以上有期监禁；

（3）如果实施第1款所指的犯罪导致他人死亡或者受伤的，处死刑、无期监禁或者5年以上有期监禁。

2. 在第1款的情形下，应当并处被生产、加工、伪造、掺假、获取、销售或提供销售帮助的产品的零售价值2倍以上5倍以下的罚金。

第3条 （生产非法药品等的刑罚）[2]

1. 在未获得《药事法》第31条第1款的许可的情况下生产药品，或者在明知该事实的情况下销售、意图销售而获取、安排销售或意图用于医疗而购买该产品；或者违反该法第62条第2款用完全不同成分的功效替代主要成分的功效；或者生产主要成分含量大幅度少于允许范围的药物的人；或者在明知该事实的情况下销售、意图销售而获取、安排销售或意图用于医疗而购买该产品；或者伪造或变造与已获许可药品类似的药品；或者在明知该事实的情况下销售、意图销售而获取、安排销售或意图用于医疗而购买该产品的，应当按照下列规定处罚：[3]

（1）如果药品对人体有严重危害，或者根据《药品事务法》第53条的需要国家发布批文的药品而在总统令规定范围内的药品的功

---

〔1〕 2017年12月19日第15252号法律修正。

〔2〕 本条被2011年4月12日第10579号法律全面修正。

〔3〕 2011年6月7日第10788号法律修正。

效或含量大幅度不足的，处无期监禁或者 5 年以上有期监禁；

（2）如果药品以零售价格计算的价值不低于 1000 万元/年的，处无期监禁或者 3 年以上有期监禁；

（3）实施第 1 项的犯罪，导致人员死亡或者受伤的，处死刑、无期监禁或者 5 年以上有期监禁。

2. 在第 1 款的情形下，应当并处被生产、伪造、变造、获取、销售、安排销售或者购买的产品的零售价值 2 倍以上 5 倍以下的罚金。

第 3-2 条 （对累犯的特别加重）[1]

因为第 2 条或者第 3 条所列犯罪被判处刑罚的人，在刑罚执行被完成或者免除之日后 3 年内，再实施第 2 条第 1 款第 1 项或者第 3 条第 1 款第 1 项所列的犯罪的，处死刑、无期监禁或者 5 年以上有期监禁。

第 4 条 （生产非法有毒物质等的刑罚）[2]

1. 在未根据《有毒化学品管制法》第 20 条注册的情况下生产有毒物质；或者不遵守该法第 34 条规定使用被限制或禁止使用的物质；或者伪造或者变造与已注册或获得许可的有毒物质或者被限制或禁止使用的物质类似的物质的，应当按照下列规定处罚：

（1）如果有毒物质或者被限制或禁止使用的物质的残留毒性对人体有严重危害的，处无期监禁或者 5 年以上有期监禁；

（2）如果有毒物质或者被限制或禁止使用的物质以零售价格计算的价值不低于 100 万元/年的，处无期监禁或者 3 年以上有期监禁。

2. 在第 1 款的情形下，应当并处被生产、使用、伪造或者变造的产品的零售价值 2 倍以上 5 倍以下的罚金。

第 5 条 （非法行医的刑罚）[3]

以营利为目的，违反《医疗服务法》第 27 条实施下列各项行为的，处无期监禁或者 2 年以上有期监禁。在此情况下，应当并处

---

〔1〕 本条被 2011 年 4 月 12 日第 10579 号法律全面修正。
〔2〕 本条被 2011 年 4 月 12 日第 10579 号法律全面修正。
〔3〕 本条被 2011 年 4 月 12 日第 10579 号法律全面修正。

100 万元以上 1000 万元以下罚金：

（1）不是医生的人以从事医疗为职业的；

（2）不是牙医的人以从事牙科治疗为职业的；

（3）不是中医的人以从事中医医疗为职业的。

第 6 条（双罚规定）〔1〕

如果法人的代表人或者法人或个人的代理人、员工或所雇用的任何其他人，实施与该法人或个人的业务相关的违反第 2 条、第 3 条、第 4 条或者第 5 条规定的行为的，不仅要处罚该犯罪人，还要对该法人或个人处以 1 亿元以下罚金。但是，如果该法人或个人在对预防该不法行为的相关业务给予了适当的注意和监督，没有过失的，不应适用前述规定。

第 7 条（撤销许可证）〔2〕

1. 针对根据本法受到处罚的业务、其产品违反标准和规格对人体有害的业务或者其产品经食品医药品安全部证实大幅度缺乏功效和含量的业务，对许可证、授权或者注册具有监督权的机构的负责人，应当根据保健福利部长官、食品医药品安全部长官或者环境部长官的要求撤销该许可证、授权或者注册。〔3〕

2. 在第 1 款的情形下，根据本法已被撤销业务的人，在撤销之日起 5 年内不得从事相关业务（被判处刑罚的人，在刑罚执行被完成或者免除之日起 5 年内不得从事相关业务）。

第 8 条（有害等的标准）〔4〕

第 2 条、第 3 条、第 4 条和第 7 条中提到的"严重有害"或"大幅度不足"的标准，应当由总统令确定。

---

〔1〕 本条被 2009 年 12 月 29 日第 9840 号法律全面修正。

〔2〕 本条被 2011 年 4 月 12 日第 10579 号法律全面修正。

〔3〕 2013 年 3 月 23 日第 11690 号法律修正。

〔4〕 本条被 2011 年 4 月 12 日第 10579 号法律全面修正。

第9条 (赏金的支付等) 〔1〕

1. 在本法规定的犯罪被发觉和确认之前，通知调查机构或监督机关通知或者逮捕该犯罪人的，应当根据总统令的规定给予奖励。

2. 意图使他人受到本法规定的刑罚或者行政重处分而提供虚假信息的，处 1 年以上有期徒刑。

第 10 条 (适用范围) 〔2〕

其生产、加工或者销售需要根据《畜牧产品卫生监督法》第 22 条、《酒税法》第 6 条和《农药管制法》第 3 条和第 8 条规定获得许可、授权或注册的畜牧产品、酒类或有毒农药，本法应当根据《食品卫生法》或者《有毒化学品管制法》规定的食品、有毒物质或被限制或禁止使用的物质的范例予以适用。

（二十三）韩国环境犯罪管制与加重处罚法

（2001 年 1 月 16 日第 6368 号法律制定；2001 年 3 月 28 日第 6452 号法律修正；2004 年 2 月 9 日第 7167 号法律修正；2004 年 2 月 9 日第 7168 号法律修正；2002 年 2 月 9 日第 7170 号法律修正；2004 年 12 月 31 日第 7291 号法律修正；2004 年 12 月 31 日第 7292 号法律修正；2004 年 12 月 31 日第 7297 号法律修正；2005 年 3 月 31 日第 7456 号法律修正；2005 年 3 月 31 日第 7459 号法律修正；2005 年 7 月 29 日第 7643 号法律修正；2006 年 9 月 27 日第 8010 号法律修正；2006 年 9 月 27 日第 8014 号法律修正；2007 年 4 月 6 日第 8338 号法律修正；2007 年 4 月 11 日第 8343 号法律修正；2007 年 4 月 11 日第 8370 号法律修正；2007 年 4 月 11 日第 8371 号法律修正；2007 年 4 月 27 日第 8404 号法律修正；2007 年 5 月 17 日第 8466 号法律修正；2008 年 12 月 31 日第 9313 号法律修正；2009 年 2 月 6 日第 9432 号法律修正；2009 年 6 月 9 日第 9774 号法律修正；

---

〔1〕 本条被 2011 年 4 月 12 日第 10579 号法律全面修正。
〔2〕 本条被 2011 年 4 月 12 日第 10579 号法律全面修正。

2010 年 2 月 4 日第 10031 号法律修正；2011 年 4 月 28 日第 10616 号法律修正；2011 年 7 月 21 日第 10893 号法律修正；2011 年 7 月 28 日第 10977 号法律修正；2011 年 8 月 4 日第 11016 号法律修正；2013 年 5 月 22 日第 11790 号法律修正；2013 年 6 月 4 日第 11862 号法律修正；2013 年 7 月 30 日第 11979 号法律修正；2014 年 3 月 24 日第 12521 号法律修正；2014 年 6 月 3 日第 12738 号法律修正；2015 年 12 月 22 日第 13603 号法律修正；2017 年 1 月 17 日第 14532 号法律修正）

第 1 条 （宗旨） [1]

本法的宗旨是，通过对与导致栖居地或自然环境破坏或退化的、污染或破坏环境的有关行为的加重处罚、控制、预防等事项做出规定，以促进环境保护。

第 2 条 （定义） [2]

本法所用的术语定义如下： [3]

（1）"污染物"，是指下列物质：

（a）《清洁空气保护法》第 2 条第 1 项所定义的空气污染物；

（b）《水环境保护法》第 2 条第 7 项所定义的水污染物；

（c）《土壤环境保护法》第 2 条第 2 项所定义的土壤污染物；

（d）《有毒化学品管制法》第 2 条第 2 项所定义的有毒物质；

（e）《污水处理法》第 2 条第 1 项所定义的污水、该条第 2 项定义的人类排泄物，或者《畜禽排泄物管理和使用法》第 2 条第 2 项定义的畜禽排泄物；

（f）《废物管制法》第 2 条第 1 项所定义的废物；

（g）《农药管制法》第 2 条第 1 项所定义的农药和同条第 3 项

---

[1] 本条被 2011 年 4 月 28 日第 10616 号法律全面修正。

[2] 2011 年 7 月 21 日第 10893 号法律修正；2011 年 7 月 28 日第 10977 号法律修正；2011 年 8 月 4 日第 11016 号法律修正；2013 年 5 月 22 日第 11790 号法律修正；2013 年 6 月 4 日第 11862 号法律修正；2015 年 12 月 22 日第 13603 号法律修正；2017 年 1 月 17 日第 14532 号法律修正。

[3] 本条被 2011 年 4 月 28 日第 10616 号法律全面修正。

所定义的母药；

（2）"非法排放"，是指以下任何行为（包括由运行第5项（a）目或者（b）目的非法排放设施的经营者实施的（a）目或（b）目中的行为）：

（a）《清洁空气保护法》第31条第1款第1项、第2项或者第5项的行为；

（b）《水质和水域生态系统保护法》第15条第1款第1项、第38条第1款各项或者同条第2款的行为；

（c）违反《废物管制法》第8条第1款或第2款的规定倾倒或者掩埋工商业废物；

（d）以违反《废物管制法》第13条所指的标准和方法的方式掩埋、收集、运输、储存或者处理废物，污染自然环境；

（e）以违反《废物管制法》第31条第1款所指的管理标准的方式维持和管理废物处理设施，污染自然环境；

（f）违反《污水处理法》第19条第2款、第39条第1款、第43条第2款或者《畜禽排泄物管理和使用法》第17条第1款或第25条第1款；

（g）违反《水环境保护法》第15第1款第2项或者第4项；

（h）因为违反《化学品管制法》第13条规定的处理有害化学物质的标准的方式管理有毒物质，排放或者泄漏有害化学物质；

（i）超过《清洁空气保护法》第16条或者第29条第3款规定的准许排放水平排放污染物；

（j）超过《水环境保护法》第32条规定的标准排放污染物；

（k）超过《污水处理法》第7条或者《畜禽排泄物管理和使用法》第13条规定的标准排放污染物；

（l）《污染物排放设施综合控制法》第21条第1款第1项（a）目、（b）目、第21条第1款第2项或第3项规定的行为；

（3）"排放设施"，是指下列任何设施：

（a）《清洁空气保护法》第2条第11项所定义的空气污染物排放设施；

（b）《水环境保护法》第 2 条第 10 项所定义的废水排放设施或者同条第 11 项所定义的废水非排放设施；

（c）《废物管制法》第 2 条第 8 项所定义的废物处理设施；

（d）《畜禽排泄物管理和使用法》第 2 条第 3 项所定义的排放设施；

（e）《土壤环境保护法》第 2 条第 4 项所定义的禁止土壤污染的特定设施；

（4）"业务"，是指下列任何业务：

（a）《水环境保护法》第 62 条第 1 款规定的废水处理业务；

（b）《有毒化学品管制法》第 18 条第 1 款但书规定的制造、进口或者销售，或者该法第 27 条各项规定的业务；

（c）《废物管制法》第 25 条第 5 款规定的废物处理业务；

（d）《污水处理法》第 45 条第 1 款规定的人类排泄物收集和运输业务、第 53 条第 1 款规定的管理私人污水处理设施的业务或者《畜禽排泄物管理和使用法》第 28 条第 2 款规定的畜禽排泄物有关业务；

（e）《体育设施的安装和使用法》第 10 条第 1 款第 1 项的经营乡村俱乐部或者滑雪场的业务；

（f）《食品卫生法》第 36 条第 1 款第 3 项规定的食品服务业务；

（g）《公共卫生控制法》第 2 条第 1 款第 2 项规定的住宿业务；

（h）《旅游促进法》第 3 条第 1 款第 2 项规定的旅游住宿业务；

（i）《骨料开采法》第 2 条第 1 款第 3 项规定的骨料开采业务；

（5）"非法排放设施"，是指下列任何设施：

（a）根据第 3 项各目中提到的法律需经许可、批准或者报告但在未事先获得许可、批准或者提交报告的情况下排放污染物的排放设施；

（b）在根据第 3 项各目中提到的法律的许可、批准被撤销或者暂停或者收到关闭命令之后排放污染物的排放设施；

（c）根据第 4 项各目中提到的法律需经许可、注册或者报告但在未事先获得许可、注册或者提交报告的情况下在其中开展业务的建筑物或者其他设施；

　　(d) 在根据第 4 项各目中提到的法律的许可被撤销或者暂停或者收到关闭命令之后在其中开展业务的建筑或者其他设施；

　　(e) 安装在禁止安装排放设施的区域内的排放设施，或者禁止开展业务的区域中在其中开展业务的建筑物或其他设施；

　　(f)《清洁空气保护法》第 31 条第 1 款第 2 项、《水环境保护法》第 38 条第 1 款第 1 项、第 2 项或者同条第 2 款各项或者《畜禽排泄物管理和使用法》第 17 条第 2 款第 1 项或第 2 项规定的设施；

　　(6) "经营者"，是指安装和运行排放设施或非法排放设施的人，或者从事业务的人；

　　(7) "环境保护区"，是指下列任何区域、地区或者岛屿：

　　(a) 根据《环境政策基本法》第 38 条指定并正式宣布的需要采取特别措施的地区；

　　(b)《自然环境保护法》第 2 条第 12 项所定义的生态和风景保护区、同条第 13 项所定义的自然保护区或者根据该法第 23 条和第 24 条指定并正式宣布的城市/生态和风景保护区；

　　(c) 根据《岛屿地区生态系统保护特别法》第 4 条指定并正式宣布的特定岛屿；

　　(d)《自然公园法》第 2 条第 1 项所定义的自然公园；

　　(e) 根据《供水与水厂设施法》第 7 条指定并正式宣布的供水水源保护区；

　　(f) 根据《湿地保护法》第 8 条指定并正式宣布的湿地保护区；

　　(g) 根据《野生动物保护和管理法》第 27 条指定的特殊野生动物保护区，以及根据上述法律第 33 条指定的野生动物保护区；

　　(h) 根据《汉江流域改善水质和支持居民法》第 4 条指定并正式宣布的河岸地区；

　　(i) 根据《洛东江流域改善水质和支持居民法》第 4 条指定并正式宣布的河岸地区；

　　(j) 根据《锦江流域改善水质和支持居民法》第 4 条指定并正式宣布的河岸地区；

（k）根据《荣山江和蟾津江流域改善水质和支持居民法》第 4 条指定并正式宣布的河岸地区；

（8）"环境法违法"，是指下列行为：

（a）本法第 3 条至第 9 条之规定的行为；

（b）违反《清洁空气保护法》第 43 条第 1 款的规定，不安装设施或者采取必要措施防止灰尘散播。但水泥、煤、土砂、饲料、谷物和粉末废金属的运输应当排除在外；

（c）违反《废物管制法》第 8 条第 1 款或者第 2 款的规定，倾倒、掩埋或者焚烧城市固体废物。

第 3 条（对非法排放污染物的加重处罚）[1]

1. 通过非法排放污染物而对人的生命或健康造成危险或损害，或者通过污染供水水源对饮用水使用造成危险的，处 3 年以上 15 年以下有期徒刑。[2]

2. 因为实施第 1 款规定的犯罪杀害或者伤害他人的，处 5 年以上有期徒刑。

3. 违反《水环境保护法》第 15 条第 1 款第 4 项符合下列第 3 项规定，或者非法排放污染物有下列情形之一的，处 1 年以上 7 年以下有期徒刑：[3]

（1）使不少于 300 平方米的拟用于农业、畜牧业、林业或者园艺业的土地不能用于其预定目的的；

（2）对海洋、河流、湖泊、沼泽或者地下水水源的污染程度超过附表 1 规定的有关规模和限度的；

（3）造成超过附表 2 规定数量的大量鱼类或贝类死亡的。

第 4 条（对污染环境保护区等的加重处罚）[4]

1. 在环境保护区内实施第 3 条第 1 款至第 3 款规定的犯罪的，

---

[1] 本条被 2011 年 4 月 28 日第 10616 号法律全面修正。

[2] 2015 年 2 月 3 日第 13175 号法律修正。

[3] 2017 年 1 月 17 日第 14532 号法律修正。

[4] 本条被 2011 年 4 月 28 日第 10616 号法律全面修正。

可以对相应刑罚加重 1/2 予以处罚。

2. 违反《自然环境保护法》第 15 条第 1 款第 2 项（包括比照适用该法第 22 条第 2 款的情形）、《岛屿地区生态系统保护特别法》第 8 条第 1 款第 3 项、《自然公园法》第 23 条第 1 款第 3 项（仅适用于公园自然保护区和在公园区域之间的公园自然环境区）、《湿地保护法》第 13 条第 1 款第 1 项或者《供水和水厂设施法》第 7 条第 4 款第 3 项的规定，改变环境保护区内至少 300 平方米土地的外形和品质的，处 2 年以上 15 年以下有期徒刑。[1]

3. 非法排放污染物或者实施第 2 款规定的犯罪，破坏环境保护区达到使建立或指定环境保护区的目的不能实现程度的，处 5 年以上有期徒刑。

第 5 条（过失犯罪）[2]

1. 由于业务过失或者重大过失实施第 3 条第 1 款所指的犯罪的，处 7 年以下有期徒刑或者 1 亿元以下罚金。[3]

2. 由于业务过失或者重大过失实施第 3 条第 2 款或者第 4 条第 3 款所指的犯罪的，处 10 年以下有期徒刑或者 1.5 亿元以下罚金。[4]

3. 由于业务过失或者重大过失实施第 3 条第 3 款所指的犯罪的，处 3 年以下有期徒刑或者 3000 万元以下罚金。[5]

第 6 条（对濒危野生动物的捕捉等的加重处罚）[6]

实施《野生动物保护和管理法》第 67 条、第 68 条第 1 款至第 3 款或者第 69 条第 1 款的规定的犯罪的，应当判处该法相关条款规定的徒刑，并处以相当于其销售所获取或者可能获取的价值 2 倍以

---

[1] 2015 年 2 月 3 日第 13175 号法律修正。
[2] 本条被 2011 年 4 月 28 日第 10616 号法律全面修正。
[3] 2015 年 2 月 3 日第 13175 号法律修正。
[4] 2015 年 2 月 3 日第 13175 号法律修正。
[5] 2015 年 2 月 3 日第 13175 号法律修正。
[6] 本条被 2011 年 4 月 28 日第 10616 号法律全面修正。

上 10 倍以下罚金。[1]

第 7 条 （对非法处置废物的加重处罚）[2]

组织或者团体的组成成员为了金钱或者利益，实施《废物管制法》第 63 条规定是犯罪的行为，处 2 年以上 10 年以下有期徒刑，并处倾倒或者掩埋废物所得价值 2 倍以上 10 倍以下罚金。

第 8 条 （对累犯的加重处罚）[3]

因为第 3 条至第 5 条或者第 7 条规定的犯罪被判处监禁或者更重的刑罚，在刑罚执行被完成或者免除之后 3 年以内又实施第 3 条第 1 款第 4 项、第 3 款或者第 7 条的犯罪的，处无期监禁或者 5 年以上有期监禁。在这种情形下，实施第 7 条规定的犯罪的，应当并处倾倒或者掩埋废物所得价值 2 倍以上 10 倍以下罚金。

第 9 条 （对不遵守命令的人的处罚等）[4]

1. 不遵守第 13 条第 1 款的命令（不包括拆除命令）的，处 5 年以下有期徒刑。

2. 不遵守第 13 条第 1 款的拆除命令，或者移除或损毁根据第 13 条第 4 款设置的告示牌的，处 2 年以下有期徒刑或者 2000 万元以下罚金。[5]

第 10 条 （双罚规定）[6]

如果法人的代表人或者法人或个人的代理人、员工或所雇用的任何其他人，实施与该法人或个人的业务相关的第 5 条至第 7 条规定的犯罪的，不仅要处罚该犯罪人，还要对该法人或个人处以相应条款规定的罚金。但是，如果该法人或个人在对预防该犯罪的相关

---

[1] 2011 年 7 月 28 日第 10977 号法律修正；2014 年 3 月 24 日第 12521 号法律修正。

[2] 本条被 2011 年 4 月 28 日第 10616 号法律全面修正。

[3] 本条被 2011 年 4 月 28 日第 10616 号法律全面修正。

[4] 本条被 2011 年 4 月 28 日第 10616 号法律全面修正。

[5] 2015 年 2 月 3 日第 13175 号法律修正。

[6] 本条被 2011 年 4 月 28 日第 10616 号法律全面修正。

业务给了适当的注意和监督，没有过失的，不应适用前述规定。

第 11 条 （推定）[1]

经营者非法排放污染物，达到对人的生命或健康、饮用水水源、自然生态系统等（以下称为"人的生命健康等"）造成危险或损害的程度（包括第 3 条第 3 款各项规定的情形，下同），在污染物非法排放可能造成危险或损害的区域中相同种类的污染物对人的生命健康等造成了危险或损害，并且污染物非法排放与所造成的危险或损害之间存在相当大的盖然性，应当推定该危险或损害是由经营者非法排放的污染物所造成的。

……

（二十四）韩国麻醉品管制法

(2000 年 1 月 12 日第 6146 号法律制定；2002 年 12 月 26 日第 6824 号法律修正；2004 年 1 月 20 日第 7098 号法律修正；2008 年 2 月 29 日第 8852 号法律修正；2008 年 3 月 28 日第 9024 号法律修正；2009 年 5 月 27 日第 9717 号法律修正；2010 年 1 月 18 日第 9932 号法律修正；2011 年 6 月 7 日第 10786 号法律修正；2012 年 6 月 1 日第 11461 号法律修正；2013 年 6 月 4 日第 11862 号法律修正；2015 年 5 月 18 日第 13331 号法律修正；2015 年 6 月 22 日第 13383 号法律修正；2016 年 2 月 3 日第 14019 号法律修正；2016 年 12 月 2 日第 14353 号法律修正；2017 年 4 月 18 日第 14834 号法律修正；2018 年 3 月 13 日第 15481 号法律修正；2018 年 12 月 11 日第 15939 号法律修正)

第一章　总　则

第 1 条 （宗旨）[2]

该法律的宗旨是，通过适当地处理和管理麻醉药品、精神药物、

---

[1] 本条被 2011 年 4 月 28 日第 10616 号法律全面修正。

[2] 本条被 2011 年 6 月 7 日第 10786 号法律全面修正。

大麻及其基础物质，促进改善公共卫生，从而防止因其误用或滥用可能产生的公共卫生损害或者危险。

第 2 条 （定义）[1]

本法所用的术语定义如下：[2]

（1）"麻醉品"，是指麻醉药品、精神药物和大麻；

（2）"麻醉药品"，是指下列任何物质：

（a）罂粟：罂粟科植物、矮秆罂粟或者大红罂粟；

（b）鸦片：从罂粟中提取的凝固液与其被加工后的物质，但被加工成药品的物质除外；

（c）古柯叶：古柯灌木（指所有古柯属植物）的叶子，但已经被完全去除芽子碱、可卡因和芽子碱生物碱的古柯叶除外；

（d）根据总统令确定的从罂粟、鸦片或者古柯叶中提取的所有生物碱及其类似化合物；

（e）根据总统令确定的未在（a）目至（d）目中规定但同样可能被滥用或者造成有害作用的化合物；

（f）含有（a）目至（e）目所列物质的混合物或者调合物，但总理条例规定的因为已经与其他药物或物质混合并且不会引起任何的身体或精神依赖从而不能被重新制造或者重新配制为（a）目至（e）目所列物质所列药物或物质的混合物或者调合物除外（以下称为"限外麻醉药品"）；

（3）"精神药物"，是指作用于人体中枢神经系统，如果误用或者滥用被认为会对人体造成严重的损害或者危险，属于下列任何一目并且应由总统令确定的药物：

（a）高度可能被误用或者滥用、目前尚无公认的治疗中的医学用途并且其误用或滥用可能会由于缺乏安全性而导致严重的身体或精神依赖的药物，或者含有这种药物的物质；

---

〔1〕 本条被 2011 年 6 月 7 日第 10786 号法律全面修正。

〔2〕 2013 年 3 月 23 日第 11690 号法律修正；2016 年 2 月 3 日第 14019 号法律修正；2017 年 4 月 18 日第 14834 号法律修正。

（b）高度可能被误用或者滥用、在治疗中的医学用途非常有限并且其误用或滥用可能会导致严重的身体或精神依赖的药物，或者含有这种药物的物质；

（c）误用或者滥用的可能性比（a）目和（b）目中所列药物或物质相对较低、目前具有公认的在治疗中的医学用途并且其误用或滥用可能导致中度的身体或精神依赖的药物，或者含有这种药物的物质；

（d）误用或者滥用的可能性比（c）目中所列药物或物质相对较低、目前具有公认的在治疗中的医学用途并且其误用或滥用可能导致的身体或精神依赖比 c 目中所列药物或物质相对更为温和的药物，或者含有这种药物的物质；

（e）包含（a）目至（d）目中所列药物或物质的混合物或者调合物，但总理条例规定的因为已经与其他药物或物质混合并且不会引起任何的身体或精神依赖从而不能被重新制造或者重新配制为（a）目至（d）目所列物质所列药物或物质的混合物或者调合物除外；但不包括不能重新制造或重新制备为项目中所列药物或混合物的混合物或混合物（a）至（d），因为它已经与其他药品或物质混合，并且不会引起任何身体或心理上的依赖，这是由总理条例规定的；

（4）"大麻"，是指除大麻植物的种子和根部、成熟茎以及用其生产的产品以外的下列任何物质：

（a）大麻植物和从中提取的树脂；

（b）以大麻植物或其树脂为原料生产的所有产品；

（c）由总统令确定的与（a）目或者（b）目中规定的物品类似的化合物；

（d）包含（a）目至（c）目中规定的物质的混合物或者调合物；

（5）"处理麻醉品的人"，是指根据本法被允许或者指定的属于下列（a）目至（g）目中任何一项的人员，以及属于（h）目和（i）目中任何一项的人员：

（a）麻醉品进出口商：是指从事麻醉药品或者精神药物进出口

业务的人；

（b）麻醉品制造商：是指从事麻醉药品或精神药物（包括其配制品和细分部分，下同）生产业务的人；

（c）麻醉品原料使用者：是指在限外麻醉药品或者药物的生产中使用麻醉药品或者精神药物为原料的人；

（d）大麻植物种植者：是指以收集纤维或者种子为目的种植大麻植物的人；

（e）麻醉品批发商：是指从事向麻醉品零售商、处理麻醉品的执业医生、麻醉品管理人或者处理麻醉品的学术研究人员销售麻醉药品或者精神药物业务的人；

（f）麻醉品管理人：是指根据《医疗服务法》在医疗机构中从业的负责配制、给予、接受、管理配发或提供以配发给该医疗机构的病人的麻醉药品或精神药物的药剂师；

（g）处理麻醉品的学术研究人员：是指出于学术研究目的而使用麻醉药品或精神药物、种植大麻植物或者进口大麻的人；

（h）麻醉品零售商：是指从事根据处理麻醉药品的执业医生开具的处方配制的麻醉药品或者精神药物的销售业务的根据《药事法》注册和开设的药店的经理；

（i）处理麻醉药品的执业医生：是指出于医疗或者动物护理目的，作为在医疗机构从事医疗服务的医生、牙医、中医或者根据《兽医法》从事动物护理的兽医，有义务配发麻醉药品或精神药物、提供麻醉药品或精神药物以供配发或者为之开具处方的人；

（6）"麻醉品基础物质"，是指由总统令规定的用于制造麻醉药品或者精神药物的不属于麻醉品的物质；

（7）"处理麻醉品基础物质的人"，是指从事麻醉品基础物质的生产、出口、进口、交易或者以其他方式使用该基础物质的人；

（8）"军用麻醉品"，是指由国防部、国防部直接控制的机构以及陆军、海军、空军管理的麻醉品；

（9）"治疗保护"，是指通过帮助麻醉品成瘾者克服其对麻醉品的精神和身体依赖和防止复发，以使该成瘾者作为健康的社会成员康复的住院治疗和门诊治疗。

......

第八章　罚　则

第 58 条（罚则）[1]

1. 有下列情形之一的，处无期徒刑或者 5 年以上有期徒刑：[2]

（1）违反第 3 条第 2 项和第 3 项、第 4 条第 1 款、第 18 条或者第 21 条第 1 款的规定，出口、进口、制造、交易、协助交易麻醉品或者为此目的持有或拥有麻醉品的；

（2）违反第 3 条第 4 项的规定，意图制造麻醉药品或者精神药物制造、出口、进口麻醉品基础物质，或者为此目的持有或拥有麻醉品基础物质的；

（3）违反了第 3 条第 5 项的规定，生产、出口、进口、交易、给予、接受第 2 条第 3 项（a）目的精神药物或者含有其物质的其他精神药物，或者为此目的持有或拥有这些精神药物的；

（4）违反第 3 条第 6 项的规定，从用作第 2 条第 3 项（a）目精神药物的原料的植物或蘑菇中获取提取物，或为此目的出口、进口、持有或者拥有此类植物或蘑菇的；

（5）违反第 3 条第 7 项的规定，出口、进口大麻，或者为此目的持有或拥有大麻的；

（6）违反第 4 条第 1 款的规定，生产、出口、进口第 2 条第 3 项（b）目的精神药物或者含有其物质的其他精神药物，或为此目的持有或拥有这些精神药物的；

（7）违反第 4 条第 1 款或者第 5-2 条第 5 款的规定，向未成年人提供、接受、配制、配发或者交付精神药品或者临时麻醉药品，或者交易、给予、接受、配制、配发、交付精神药物或者临时麻醉

---

〔1〕　本条被 2011 年 6 月 7 日第 10786 号法律全面修正。

〔2〕　2014 年 3 月 18 日第 12495 号法律修正；2016 年 2 月 3 日第 14019 号法律修正；2018 年 3 月 13 日第 15481 号法律修正。

药品的；

（8）违反第 5-2 条第 5 款第 1 项或者第 2 项有关第 1 组临时麻醉品的规定的。[1]

2. 以营利为目的或者惯常地实施第 1 款的犯罪的，处死刑、无期徒刑或者 5 年以上有期徒刑。

3. 第 1 款和第 2 款犯罪的未遂罪，亦罚之。

4. 预备或者共谋实行第 1 款（第 7 项除外）和第 2 款的犯罪的，处 10 年以下有期徒刑。

第 59 条（罚则）[2]

1. 有下列情形之一的，处 1 年以上有期徒刑：[3]

（1）违反第 3 条第 2 项的规定，意图出口、进口、交易、制造而种植用作麻醉药品原料的植物，或者持有或拥有含有其成分的原料、种子或幼苗的；

（2）违反第 3 条第 2 项的规定，管理、给予、接受含有麻醉成分的原料、种子或者幼苗，或者从其中提取此类成分的；

（3）违反第 3 条第 3 项的规定，持有、拥有、管理、给予、接受、运输、使用、配发、提供以供配发海洛因及其盐类或者其他含有其盐类的物质的；

（4）违反第 3 条第 4 项的规定，意图制造麻醉药品或者精神药物而交易、协助交易、给予、接受麻醉品基础物质，或者为此目的而持有、拥有或使用麻醉品基础物质的；

---

〔1〕 本法第 5-2 条对临时麻醉品及其管理做出了规定。非麻醉品、药物、化合物、产品等的误用或者滥用可能会对公共卫生造成损害或危险，并且因此认为有必要以与麻醉品处理和监管等同的方式对之予以紧急处理或监管的，食品药品安全厅负责人可以指定此类物质等为临时麻醉品。将临时麻醉品分为第 1 组和第 2 组两大类。第 1 组临时麻醉品，是指通过作用于中枢神经系统或者引起对其的依赖性，导致身体或者精神损害或者危险的与麻醉品在结构和作用上具有类似性的物质。第 2 组临时麻醉品，是指引起对其的依赖性从而可能导致身体或精神的损害或危险的物质。——译者注。

〔2〕 本条被 2011 年 6 月 7 日第 10786 号法律全面修正。

〔3〕 2016 年 2 月 3 日第 14019 号法律修正；2018 年 3 月 13 日第 15481 号法律修正。

（5）违反第 3 条第 5 项的规定，持有、拥有、使用或者管理第 2 条第 3 项（a）目的精神药物或者含有其物质的其他精神药物的；

（6）违反第 3 条第 6 项的规定，交易、协助交易、给予、接受用作第 2 条第 3 项（a）目的精神药物原料的植物或蘑菇，或者为此目的持有或者拥有这些植物或蘑菇的；

（7）违反第 3 条第 7 项的规定，制造、交易、协助交易大麻，或者为此目的持有或拥有大麻的；

（8）违反第 3 条第 10 项或者第 4 条第 1 款的规定，向未成年人给予、接受、交付大麻，或者使未成年人吸食或摄入大麻或其种皮的；

（9）违反第 4 条第 1 款的规定持有、拥有、管理、给予或者接受麻醉药品，或违反第 24 条第 1 款的规定生产限外麻醉药品的；

（10）违反了第 4 条第 1 款的规定，制造、出口、进口第 2 条第 3 款（c）项的精神药物或者含有其物质的其他精神药物，或者为此目的持有或拥有这些精神药物的；

（11）违反第 4 条第 1 款的规定，意图出口、交易、制造而种植大麻植物的；

（12）违反第 4 条第 3 款的规定处理麻醉品（大麻除外）的；

（13）违反第 5-2 条第 5 款第 3 项有关第 1 组临时麻醉品的规定的；

（14）违反第 18 条第 1 款、第 21 条第 1 款或者第 24 条第 1 款的规定，出口、进口、制造精神药物或者制造药物的。

2. 惯常地实施第 1 款的犯罪的，处 3 年以上有期徒刑。

3. 第 1 款（第 5 项和第 13 项除外）和第 2 款犯罪的未遂罪，亦罚之。[1]

4. 预备或者共谋实行第 1 款第 7 项的任何犯罪的，处 10 年以下有期徒刑。

---

〔1〕 2018 年 3 月 13 日第 15481 号法律修正。

第 60 条（罚则）[1]

1. 有下列情形之一的，处 10 年以下有期徒刑或者 1 亿元以下罚金：[2]

（1）违反第 3 条第 1 项的规定使用第 2 条第 3 项（a）目所述的麻醉药品或精神药物，或者违反第 3 条第 11 项的规定为他人涉及第 2 条第 3 项（a）目的麻醉药品或精神药物的被禁止行为提供场所、设施、设备、资金或交通工具的；

（2）违反第 4 条第 1 款的规定，交易、协助交易、给予、接受、持有、拥有、使用、管理、配制、配发、交付第 2 条第 3 项（b）目和（c）目的精神药物或含有其物质的其他精神药物，或者开具精神药物处方的；

（3）违反第 4 条第 1 款的规定，制造、出口、进口第 2 条第 3 项（d）目的精神药物或含有其物质的其他精神药物，或者意图制造、出口、进口而持有或拥有这些精神药物的；

（4）违反第 5 条第 1 款和第 2 款、第 9 条第 1 款、第 28 条第 1 款、第 30 条、第 35 条第 1 款或者第 39 条的规定，处理麻醉药品或者开具麻醉药品处方的；

（5）违反第 5-2 条第 5 款第 4 项有关第 1 组临时麻醉品的规定的；

（6）违反第 5-2 条第 5 款第 1 项有关第 2 组临时麻醉品的规定的。

2. 惯常地实施第 1 款的犯罪的，应当将该罪规定的刑罚加重 1/2 予以处罚。

3. 第 1 款和第 2 款的犯罪的未遂罪，亦罚之。

第 61 条（罚则）[3]

1. 有下列情形之一的，处 5 年以下有期徒刑或者 5000 万元以

---

[1] 本条被 2011 年 6 月 7 日第 10786 号法律全面修正。

[2] 2018 年 3 月 13 日第 15481 号法律修正。

[3] 本条被 2011 年 6 月 7 日第 10786 号法律全面修正。

下罚金:〔1〕

（1）违反第 3 条第 1 项使用精神药物［第 2 条第 3 项（a）目中的精神药物除外］或者大麻，或者违反第 3 条第 11 项的规定为他人涉及第 2 条第 3 项（a）目的精神药物［第 2 条第 3 项（a）目的精神药物除外］和大麻的被禁止行为提供场所、设施、设备、资金或交通工具的；

（2）违反第 3 条第 2 项的规定，种植用作麻醉药品原料的植物，或者持有或拥有含有其成分的原料、种子或幼苗的；

（3）违反第 3 条第 6 项的规定，违反规定，吸食或者摄入用作第 2 条第 3 项（a）目的精神药物原料的植物或蘑菇，或者为了该目的或为了使他人予以吸食或者摄入而持有或拥有这些植物或蘑菇的；

（4）违反第 3 条第 10 项的规定，实施下列任何行为的：

（a）吸食或者摄入大麻或大麻植物种皮的；

（b）意图实施（a）目的行为而持有大麻、大麻植物种子或者其种皮的；

（c）在明知可能意图实施（a）目或者（b）目的行为的情况下，交易或者协助交易大麻植物种子或者其种皮的；

（5）违反第 4 条第 1 款的规定，交易、协助交易、给予、接受、持有、拥有、使用、管理、配制、配发或者交付第 2 条第 3 项（d）目的精神药物或含有其物质的其他精神药物，或者开具精神药物处方的；

（6）违反第 4 条第 1 款的规定，种植、持有、拥有、给予、接受、运输、保管或者使用大麻的；

（7）违反第 5 条第 1 款和第 2 款、第 9 条第 1 款或者第 35 条第 1 款的规定处理精神药物、大麻或者临时麻醉品的；

（8）违反第 5-2 条第 5 款第 2 项至第 4 项关于第 2 组临时麻醉品的规定的；

---

〔1〕 2016 年 2 月 3 日第 14019 号法律修正；2018 年 3 月 13 日第 15481 号法律修正。

（9）违反第6-2条的规定，出口、进口或者制造麻醉品基础物质的；

（10）违反第28条第1款或者第30条的规定，处理精神药物或开具其处方的；

（11）违反第28条第3款的规定，通过电子交易销售麻醉药品或者精神药物的。

2. 惯常地实施第1款的犯罪的，应当将该罪规定的刑罚加重1/2予以处罚。

3. 第1款（第2项、第3项、第9项除外）和第2款（违反第1款第2项、第3项、第9项的情形除外）的犯罪的未遂罪，亦罚之。[1]

第62条（罚则）[2]

1. 有下列情形之一的，处3年以下有期徒刑或者3000万元以下罚金：[3]

（1）违反第8条第1款的规定向他人出借或者转让其关于麻醉药品的许可证或指定函，或者违反第9条第2款和第3款、第18条第2款、第20条、第21条第2款、第22条第1款、第24条第2款、第26条第1款的规定处理麻醉药品的；

（2）作为违反第9条第2款、第20条、第22条第1款或者第26条第1款规定的犯罪的相对一方处理麻醉药品的；

（3）违反第3条第12项（不包括预先宣布的临时麻醉品）的规定，向其他人散布或提供有关被禁止行为的信息的。

2. 惯常地实施第1款的犯罪的，应当将该罪规定的刑罚加重1/2予以处罚。

3. 第1款和第2款的犯罪的未遂罪，亦罚之。

---

〔1〕 2018年3月13日第15481号法律修正。

〔2〕 本条被2011年6月7日第10786号法律全面修正。

〔3〕 2016年12月2日第14353号法律修正；2018年3月13日第15481号法律修正。

第63条 （罚则） [1]

1. 有下列情形之一的，处 2 年以下有期徒刑或者 2000 万元以下罚金：[2]

（1）违反第 6-2 条第 1 款的规定不获得许可，或者违反第 51 条第 1 款至第 4 款的规定的；

（2）违反第 8 条第 1 款的规定向他人出借或转让其处理精神药物的许可证或指定函，或者违反第 9 条第 2 款和第 3 款、第 20 条、第 22 条第 2 款、第 28 条第 2 款的规定处理精神药物的；

（3）违反第 8 条第 1 款的规定向他人出借或转让其处理大麻许可证，或者违反第 9 条第 2 款和第 3 款的规定处理大麻的；

（4）作为违反第 9 条第 2 款、第 20 条或者第 22 条第 2 款规定的犯罪的相对一方处理精神药物的；

（5）作为违反第 9 条第 2 款规定的犯罪的相对一方处理大麻的；

（6）违反第 11 条第 1 款至第 4 款、第 16 条、第 28 条第 2 款、第 32 条第 1 款和第 2 款、第 33 条第 1 款或者第 34 条的规定处理麻醉药品的；

（7）针对第 11 条第 1 款至第 4 款的规定以作出虚假报告或者虚假地变更报告的手段处理麻醉药品，或者针对第 32 条第 2 款的规定以虚假填写处方的方式处理麻醉药品的；

（8）违反第 17 条的规定，在未说明要求事项或者虚假说明的情况下处理麻醉药品的；

（8-2）违反第 43 条的命令，以不报告或者虚假报告的手段处理麻醉药品的；

（9）违反第 12 条第 1 款的规定以虚假报告的手段处理麻醉药品，或者违反第 12 条第 2 款的规定销毁麻醉药品的；

---

〔1〕 本条被 2011 年 6 月 7 日第 10786 号法律全面修正。

〔2〕 2015 年 5 月 18 日第 13331 号法律修正；2018 年 3 月 13 日第 15481 号法律修正。

（10）违反第 13 条第 1 款和第 33 条第 2 款处理麻醉药品（第 69 条第 1 款第 8 项所指的情形除外）的；

（11）违反第 18 条第 2 款或者第 21 条第 2 款的规定处理精神药物的；

（12）无正当理由地离开第 40 条第 1 款的治疗保护机构，或者藏匿离开此机构的人的；

（13）无正当理由地拒绝、妨碍或者逃避第 40 条第 2 款规定的麻醉品成瘾治疗保护测试的；

（14）无正当理由地拒绝、妨碍或者逃避第 41 条第 1 款规定的进入、检查、采集等，或者无正当理由地拒绝、妨碍或者逃避第 47 条规定的处置的；

（15）以在第 44 条规定的停业期间营业的方式处理麻醉药品的；

（16）意图逃避第 51 条第 2 款的作出记录义务而以拆分成少量方式交易麻醉药品基础物质的。

2. 惯常地实施第 1 款第 2 项至第 5 项、第 11 项和第 12 项的犯罪的，应当将该罪规定的刑罚加重 1/2 予以处罚。

3. 第 1 款第 2 项至第 5 项、第 11 项、第 12 项和第 2 款的犯罪的未遂罪，亦罚之。

第 64 条（罚则）[1]

有下列情形之一的，处 1 年以下有期徒刑或者 1000 万元以下罚金：[2]

（1）针对第 8 条第 2 款和第 3 款作出虚假报告的；

（2）违反第 11 条第 1 款至第 4 款的规定，以不报告、修改报告或者虚假报告手段处理精神药物的；

（3）违反第 12 条第 1 款的规定以虚假报告的手段处理精神药

---

〔1〕 本条被 2011 年 6 月 7 日第 10786 号法律全面修正。

〔2〕 2015 年 5 月 18 日第 13331 号法律修正；2018 年 3 月 13 日第 15481 号法律修正。

物，或者违反第 17 条的规定在未说明要求事项或虚假说明的情况下处理精神药物的；

（4）针对第 36 条或第 43 条的规定，违反命令、不报告，或者以违反命令或虚假报告的手段处理大麻的；

（5）违反第 12 条第 2 款处置精神药物的；

（6）违反第 12 条第 2 款的规定销毁大麻的；

（7）违反第 13 条第 1 款的规定处理大麻的；

（8）违反第 13 条第 1 款、第 16 条、第 26 条第 2 款、第 32 条第 1 款、第 33 条第 2 款或者第 34 条的规定处理精神药物的；

（9）违反第 13 条第 1 款或者第 33 条第 2 款的规定，不向处理麻醉品的人员转让或者移交精神药物的；

（10）违反第 14 条的；

（11）违反第 15 条储存麻醉品（不包括精神药物）的；

（12）作为违反第 26 条第 2 款的犯罪的相对一方处理精神药物的；

（13）违反第 35 条第 2 款和第 3 款的规定，不进行记录簿册、进行虚假记录或者进行虚假报告的；

（14）违反第 36 条第 2 款或者第 42 条第 2 款的规定，不销毁大麻或者拒绝、妨碍、逃避相应的处置的；

（15）违反第 38 条第 2 款的规定出售或者使用麻醉品的；

（16）处理精神药物、预先宣布的临时麻醉品、临时麻醉品的人或者处理麻醉品基础物质的人，无正当理由地违反第 41 条第 1 款、第 42 条、第 43 条、第 43 条的命令或者违反其规定进行虚假报告，或者拒绝、妨碍、逃避检查、采集、扣押或处置的；

（17）处理大麻的人无正当理由地拒绝、妨碍、逃避第 41 条第 1 款的进入、搜查、检查或采集的；

（18）以在第 44 条规定的停业期间营业的方式处理大麻的；

（19）以在第 44 条规定的停业期间营业的方式处理麻醉药品的；

（20）针对第 51 条第 7 款的规定进行虚假报告的。

第 65 条（删除）[1]

第 66 条（暂停资格或者罚金的并科）[2]

1. 实施第 58 条和第 59 条的犯罪的，可以并处 10 年以下停止资格或者 1 亿元以下罚金。

2. 实施第 60 条至第 64 条的犯罪的，可以并处 5 年以下停止资格或者所涉相应条款规定的罚金（仅限于可处徒刑的犯罪）。

第 67 条（没收）[3]

被用于本法规定的犯罪的麻醉品、临时麻醉品、设施、设备、资金、交通工具以及来源于本法规定犯罪的所得收益，应予以没收。如果无法没收的，追征与其价值相当的金额。

第 68 条（双罚规定）[4]

如果法人的代表人或者法人或个人的代理人、员工或所雇用的任何其他人，实施与该法人或个人的麻醉品营业事务相关的本法规定的犯罪的，不仅要处罚该犯罪人，还要对该法人或个人处以 1 亿元以下罚金（在大麻的情况下，处 5000 万元以下罚金）；对第 61 条至第 64 条规定犯罪，应当判处相关各条所规定的罚金。但是，如果该法人或个人在对相关营业事务给予适当的注意和监督以防止此类犯罪上没有过失的，不应适用前述规定。

（二十五）韩国关于防止非法贩运麻醉品等的特例的法律

（1995 年 12 月 6 日第 5011 号法律制定；1997 年 12 月 31 日第 5493 号法律修正；1999 年 12 月 31 日第 6082 号法律修正；2000 年 1 月 12 日第 6146 号法律修正；2000 年 12 月 29 日第 6305 号法律修正；2002 年 1 月 26 日第 6626 号法律修正；2002 年 1 月 26 日第

---

[1] 2002 年 12 月 26 日第 6824 号法律修正。

[2] 本条被 2011 年 6 月 7 日第 10786 号法律全面修正。

[3] 本条被 2011 年 6 月 7 日第 10786 号法律全面修正。

[4] 本条被 2011 年 6 月 7 日第 10786 号法律全面修正。

6627 号法律修正；2009 年 11 月 2 日第 9809 号法律修正；2009 年 12
月 29 日第 9834 号法律修正；2010 年 3 月 31 日第 10219 号法律修
正；2011 年 5 月 19 日第 10644 号法律修正；2011 年 5 月 23 日第
10698 号法律修正；2011 年 6 月 7 日第 10786 号法律修正；2011 年 7
月 14 日第 10854 号法律修正；2013 年 3 月 23 日第 11690 号法律修
正；2016 年 3 月 29 日第 14116 号法律修正；2016 年 12 月 27 日第
14476 号法律修正）

第一章　总　则

第 1 条　（宗旨）[1]

本法的宗旨是，对《麻醉品管制法》和其他相关法律的特例等
做出规定，以寻求在国际合作下通过对助长与麻醉品等相关的非法
活动的活动等的预防以惩治与预防麻醉品犯罪，以及寻求这方面的
国际公约的有效执行。

第 2 条　（定义）[2]

1. 对本法而言，"麻醉品等"，是指《麻醉品管制法》第 2 条第
2 项规定的麻醉药品、同条第 3 项规定的精神药品和同条第 4 项规
定的大麻。[3]

2. 对本法而言，"麻醉品犯罪"，是指下列犯罪（包括与下列犯
罪和成立《刑法典》第 40 条规定的想象竞合犯中存在的犯罪）：

（1）第 6 条、第 9 条或者第 10 条的犯罪；

（2）《麻醉品管制法》第 58 条至第 61 条的犯罪。

3. 对本法而言，"非法收益"，是指从麻醉品犯罪的犯罪行为中
所获取的任何财产、作为对该犯罪行为的支付所获取的任何财产或
者卷入《麻醉品管制法》第 60 条第 1 款第 1 项或者第 61 条第 1 款

---

〔1〕 本条被 2009 年 11 月 2 日第 9809 号法律全面修正。
〔2〕 本条被 2009 年 11 月 2 日第 9809 号法律全面修正。
〔3〕 2011 年 6 月 7 日第 10786 号法律修正。

第 1 项的犯罪（包括未遂罪）的任何资金。〔1〕

4. 对本法而言，"源自非法收益的财产"，是指作为非法收益的孳息所获取的任何财产、作为非法收益的对价所获取的任何财产、作为前两类财产的对价所获取的任何财产或者占有或处分非法收益所获取的任何财产。

5. 对本法而言，"非法收益等"，是指非法收益、源自非法收益的任何财产或者该财产与其他财产混合而成的任何财产。

......

第三章　罚　则

第 6 条 （出于商业目的非法进口等）〔2〕

1. 出于商业目的，实施《麻醉品管制法》第 58 条（第 4 款除外）、第 59 条第 1 款至第 3 款（仅限于与同条第 1 款第 1 项至第 4 项和第 9 项的规定有关的活动，并且不包括同款第 4 项中的精神药物）或者第 60 条第 1 款第 4 项（包括惯常犯罪和未遂罪）的活动（包括出于商业目实施第 9 条规定的活动以及上述活动）的，处死刑、无期监禁或者 10 年以上有期监禁。在这种情况下，应当并处 1 亿元以下罚金。〔3〕

2. 出于商业目的，实施《麻醉品管制法》第 59 条第 1 款至第 3 款（仅限于与同条第 1 款第 4 项至第 7 项和第 10 项至第 13 项的规定有关的活动，并且不包括同款第 4 项中的麻醉品）或者第 60 条第 1 款第 2 项（包括未遂罪和惯常犯罪）和第 3 项（包括未遂罪和惯常犯罪）的活动（包括出于商业目实施第 9 条规定的活动以及上述活动）的，处 3 年以上有期监禁。在这种情况下，应当并处 3000 万元以下罚金。〔4〕

---

〔1〕　2011 年 6 月 7 日第 10786 号法律修正。

〔2〕　本条被 2009 年 11 月 2 日第 9809 号法律全面修正。

〔3〕　2011 年 6 月 7 日第 10786 号法律修正。

〔4〕　2011 年 6 月 7 日第 10786 号法律修正。

第 7 条 （隐瞒和掩饰非法收益等）[1]

1. 意图妨碍对麻醉药品犯罪的侦查或对非法收益等的来源的调查或者逃避对非法收益等的没收，隐瞒或者掩饰非法收益等的性质、所在地、来源或者所有者身份的，处 7 年以下有期监禁，单处或者并处 3000 万元以下罚金。

2. 第 1 款的犯罪的未遂罪，亦罚之。

3. 预备或者共谋实行第 1 款的犯罪的，处 2 年以下有期监禁或者 1000 万元以下罚金。

第 8 条 （收受非法收益等）[2]

在明知其为非法收益的情况下，接受非法收益等的，处 3 年以下有期监禁，单处或者并处 1000 万元以下罚金。但作为履行法律规定的义务接受非法收益等，或者在订立合同时不知道其义务将被以非法收益等履行的情况下作为履行合同（仅限于向债权人提供合理收益的合同）义务接受非法收益等的，不适用该规定。

第 9 条 （对被确认为麻醉品等的货物的进口等）[3]

1. 意图实施麻醉品犯罪（仅限于与进口或出口麻醉品等有关的犯罪），出口或者进口其接受或获取的明知是麻醉品等的药品或者其他货物的，处 3 年以上有期监禁。

2. 意图实施麻醉品犯罪（仅限于与转让、获取、持有麻醉品等有关的犯罪），转让、获取或者持有明知是麻醉品等的药品或者其他货物的，处 5 年以下有期监禁或者 500 万元以下罚金。[4]

第 10 条 （鼓动等）[5]

公开鼓动或引诱他人实施第 7 条或第 8 条规定的麻醉品犯罪（不包括第 9 条和本条规定的犯罪）或者滥用麻醉品等的，处 3 年

---

[1] 本条被 2009 年 11 月 2 日第 9809 号法律全面修正。

[2] 本条被 2009 年 11 月 2 日第 9809 号法律全面修正。

[3] 本条被 2009 年 11 月 2 日第 9809 号法律全面修正。

[4] 2011 年 5 月 19 日第 10644 号法律修正。

[5] 本条被 2009 年 11 月 2 日第 9809 号法律全面修正。

以下有期监禁或者 1000 万元以下罚金。

第 11 条 （对非法收益等的不报告等）〔1〕

违反第 5 条规定的，处 2 年以下有期监禁或者 1000 万元以下罚金。

第 12 条 （普遍管辖）〔2〕

第 6 条至第 8 条和第 10 条，也应当如同根据《刑法典》第 5 条适用于在大韩民国领域外实施相应犯罪的外国人。

第 13 条 （非法收益等的没收）〔3〕

1. 下列财产应当被没收。但在第 7 条第 1 款和第 2 款或者第 8 条规定的犯罪涉及的财产是非法收益或产生于非法收益的财产与其他财产的混合体，并且认为对涉及第 3 项至第 5 项的犯罪的所有财产予以没收是不适当的情况下，只可以没收其中一些财产。在认为没收与此类犯罪有关的所有财产不当的情况下，只可以没收该财产的一部分：

（1）非法收益；

（2）产生于非法收益的财产；

（3）与第 7 条第 1 款和第 2 款或者第 8 条规定的犯罪行为有关的非法收益等；

（4）从第 7 条第 1 款和第 2 款或者第 8 条规定的犯罪行为产生或者通过该犯罪行为所获取的财产，或者作为对该犯罪行为的支付所接受的财产；

（5）作为第 3 项或第 4 项的财产的孳息或者作为其对价所获取的财产，或者作为这些财产的对价所获取的财产，或者通过占有或处分该财产所获取的其他财产。

2. 如果考虑该财产的性质、当前用途、非犯罪行为人对该财产存在权利或者其他情况，认为第 1 款的没收财产是不适当的，则尽

---

〔1〕 本条被 2009 年 11 月 2 日第 9809 号法律全面修正。

〔2〕 本条被 2009 年 11 月 2 日第 9809 号法律全面修正。

〔3〕 本条被 2009 年 11 月 2 日第 9809 号法律全面修正。

管有第 1 款的规定该财产也可以避免被没收。

3. 下列财产可以被没收：

（1）与第 7 条第 3 款的犯罪行为有关的非法收益等；

（2）从第 7 条第 3 款规定的犯罪行为产生或者通过该犯罪行为所获取的财产，或者作为对该犯罪行为的支付所接受的财产；

（3）作为第 1 项或第 2 项的财产的孳息或者作为其对价所获取的财产，或者作为这些财产的对价所获取的财产，或者通过占有或处分该财产所获取的其他财产。

第 14 条（对与非法收益混合的财产的没收）[1]

在第 13 条第 1 款或者第 3 款各项规定的财产（以下称为"非法财产"）与非法财产以外的财产混合并且该非法财产应当被没收的情况下，可以对该混合所产生的财产（以下称为"混合财产"）没收与非法财产的数量或体积相当的一部分（限于与该混合相关的部分）。

第 15 条（没收的必要条件等）[2]

1. 第 13 条的没收应当仅限于非法财产或者混合财产不属于非犯罪行为人的情形。但非犯罪行为人在明知犯罪发生的情况下获取该非法财产或混合财产的（获取该非法财产或混合财产属于第 8 条但书所指的接受非法收益等的除外），即使该非法财产或混合财产属于该非犯罪行为人，也可以予以没收。

2. 在根据第 13 条没收的财产上存在地上权、抵押权或者其他权利的情况下，如果非犯罪行为人是在犯罪发生之前获取该权利或者是在不知道犯罪发生的情况下获取该权利的，则该权利应当维持原状。

第 16 条（追征）[3]

1. 如果无法根据第 13 条第 1 款没收财产或者根据同条第 2 款放

---

〔1〕 本条被 2009 年 11 月 2 日第 9809 号法律全面修正。

〔2〕 本条被 2009 年 11 月 2 日第 9809 号法律全面修正。

〔3〕 本条被 2009 年 11 月 2 日第 9809 号法律全面修正。

弃没收的，应当向犯罪行为人追征与其价值相当的金额。

2. 如果无法根据第 13 条第 3 款没收财产，或者考虑该财产的性质、当前用途、非犯罪人对该财产存在权利或者其他情况认为没收财产不适当的，可以向犯罪行为人追征与其价值相当的金额。

第 17 条 （非法收益的推定）[1]

在估算与第 6 条所规定的犯罪相关的非法收益时，如果考虑犯罪行为人在其出于商业目的实施同条规定的活动期间内获取的财产的财产管理状况或者在该期间法规所要求的支付收据状况，该财产被认为具有明显高的价值，并且考虑非法收益的数额和财产获取的时间等所有情况，认为所获取财产是由通过同条的犯罪所获取的非法收益所形成看起来具有合理可能性的，该财产应被推定为与该犯罪有关的非法收益。

第 18 条 （双罚规定）[2]

1. 如果法人的代表人或者法人或个人的代理人、员工或所雇用的任何其他人，实施与该法人或个人的营业事务相关的第 6 条至第 8 条、第 9 条第 2 款、第 10 条、第 11 条规定的犯罪的，不仅要处罚该犯罪人，还要对该法人或个人处以相关条款规定的罚金。但是，如果该法人或个人在对预防该犯罪的相关义务上给予了适当的注意和监督没有过失的，不应适用前述规定。

2. 如果法人的代表人或者法人或个人的代理人、员工或所雇用的任何其他人，实施与该法人或个人的营业事务相关的第 9 条第 1 款规定的犯罪的，不仅要处罚该犯罪人，还要对该法人或个人处以 1 亿元以下罚金。但是，如果该法人或个人在对预防该犯罪的相关义务上给予了适当的注意和监督，没有过失的，不应适用前述规定。

……

---

[1] 本条被 2009 年 11 月 2 日第 9809 号法律全面修正。
[2] 本条被 2009 年 12 月 29 日第 9834 号法律全面修正。

（二十六）韩国处罚安排商业性行为等的法律

（2004 年 3 月 22 日第 7196 号法律制定；2005 年 3 月 24 日第 7404 号法律修正；2010 年 4 月 15 日第 10261 号法律修正；2011 年 5 月 23 日第 10697 号法律修正；2011 年 9 月 15 日第 11048 号法律修正；2013 年 4 月 5 日第 11731 号法律修正；2014 年 1 月 28 日第 12349 号法律修正；2014 年 3 月 18 日第 12421 号法律修正）

第一章 总 则

第 1 条（宗旨）[1]

本法的宗旨是消除性交易、安排性交易等行为以及以性交易为目的的人口贩运，并保护性交易受害人的人权。

第 2 条（定义）[2]

1. 本法所用术语具有如下含义：[3]

（1）"性交易"，是指为不特定的人实施下列行为，或者作为收受或者许诺收受金钱、有价物或其他财产利益的交换成为其性伴侣的：

（a）性交；

（b）使用嘴和肛门等身体部位或者器具的类性交[4]；

（2）"安排性交易等行为"，是指实施下列任何行为之一：

（a）安排、招徕、诱使或者强迫从事性交易；

（b）提供性交易场所；

（c）明知被用于性交易而提供资金、土地或者建筑物；

（3）"以性交易为目的的人口贩运"，是指实施下列任何行为

---

[1] 本条被 2011 年 5 月 23 日第 10697 号法律全面修正。

[2] 本条被 2011 年 5 月 23 日第 10697 号法律全面修正。

[3] 2011 年 9 月 15 日第 11048 号法律修正。

[4] Pseudo-sexual intercourse——译者注。

之一：

（a）意图使他们卖淫或者实施《刑法典》第245条指的淫秽行为，或者意图将他们用作描述性交和其他淫秽场景的图片、视频等的对象，将以欺骗、暴力或者其他相当的手段置于其控制和管理之下的目标人员转交给第三人的；

（b）出于与（a）目所指相同的目的，向第三人转交置于其控制和管理之下的《青少年保护法》第2条第1项所定义的青少年（以下简称"青少年"）、辨别事物或者做出决定能力丧失或减弱的人员或者根据总统令确定的具有严重残疾的人员，作为向该青少年、人员或者对这些人予以保护、监护的人提供或者许诺提供预付款等金钱、有价物或者其他财产利益的交换的；

（c）在明知（a）目和（b）目所指的行为发生的情况下，出于与（a）目所指相同的目的或出于转售的目的，转交目标人员的；

（d）为（a）目至（c）目所指的行为招募、转移和藏匿目标人员的；

（4）"性交易的受害者"，是指下列任何人员之一：

（a）被以欺骗、暴力或者其他相当的手段所迫从事性交易的人；

（b）在被由于业务关系、雇佣关系和其他关系对其进行保护或者监护的人导致《麻醉药品等管制法》第2条定义的麻醉药品、精神药品或者大麻（以下称为"麻醉药品等"）成瘾时从事性交易的人；

（c）被招徕或者诱使从事性交易的青少年、辨别事物或者做出决定能力丧失或减弱的人员或者根据总统令确定的具有严重残疾的人员；

（d）以性交易为目的而被贩运的人。

2. 在下列任何一种情况下，应当将目标人员视为第1款第3项（a）目所指的被置于控制和管理之下：

（1）即使是在行为人通过提供预付款等方式获得了目标人员的同意的情况下，该目标人员被阻止违背行为人的意志与其脱离的；

（2）意图让护照持有人从事卖淫，雇用和监督他人、安排移民和工作机会或者协助实施前述行为的人员以确保履行义务等为借口拿到护照或者替代护照的任何证明让护照持有人从事卖淫行为的。

......

第 4 条（被禁止的行为）[1]

任何人不得从事下列任何行为：

（1）性交易；

（2）安排性交易等；

（3）以性交易为目的的人口贩运；

（4）意图使之从事卖淫行为而雇用或者招募他人，或者在明知性交易发生的情况下进行经纪或者安排工作；

（5）操纵第 1 项、第 2 项和第 4 项所指的行为并宣传发生这种行为的营业场所。

第 5 条（与其他法律的关系）[2]

在《保护儿童和青少年免遭性滥用法》和《大众文化艺术产业发展法》对本法规定的事项另有不同规定的情况下，应适用上述法律的规定。[3]

......

第四章 罚则等

第 18 条（罚则）[4]

1. 有下列行为之一的，处 10 年以下有期徒刑或者 1 亿元以下罚金：

（1）以暴力或者胁迫手段让他人从事卖淫；

（2）通过欺骗或者其他相当手段使他人陷入困境，让其从事卖淫；

---

［1］ 本条被 2011 年 5 月 23 日第 10697 号法律全面修正。

［2］ 本条被 2011 年 5 月 23 日第 10697 号法律全面修正。

［3］ 2014 年 1 月 28 日第 12349 号法律修正。

［4］ 本条被 2011 年 5 月 23 日第 10697 号法律全面修正。

（3）利用由于亲属关系、雇佣关系和其他关系所产生的保护和监护他人的身份，让其从事卖淫；

（4）用欺骗或者暴力手段录制描述性交等淫秽内容的录像带等。

2. 有下列情形之一的，处 1 年以上有期徒刑：

（1）实施第 1 款所指犯罪（包括未遂罪）并且为此已经收受、已经要求或者已经许诺全部或者部分报酬的；

（2）用欺骗或者暴力手段让青少年、辨别事物或者做出决定能力丧失或减弱的人员或者根据总统令确定的具有严重残疾的人员从事卖淫的；

（3）作为《关于处罚暴力等行为的法律》第 4 条所指的组织或者团伙成员实施第 1 款所指犯罪的。

3. 有下列情形之一的，处 3 年以上有期徒刑：

（1）以拘禁他人或者使用团伙或多众的暴力，强迫该他人从事卖淫的；

（2）利用雇用或者监督从事或者打算从事卖淫人员的地位，以欺骗或者暴力手段让他人堕胎或者绝育的；

（3）（删除）；[1]

（4）作为《关于处罚暴力等行为的法律》第 4 条所指的组织或者团伙成员实施第 2 款第 1 项或者第 2 项所指犯罪的。

4. 有下列情形之一的，处 5 年以上有期徒刑：

（1）使用麻醉药品等让由于业务关系、雇佣关系和其他关系而处于其保护或者监督之下的他人从事卖淫的；

（2）作为《关于处罚暴力等行为的法律》第 4 条所指的组织或者团伙成员实施第 3 款至第 1 项至第 3 项所指犯罪的。

第 19 条（罚则）[2]

1. 有下列情形之一的，处 3 年以下有期徒刑或者 3000 万元以

---

〔1〕 2013 年 4 月 5 日第 11731 号法律删除。

〔2〕 本条被 2011 年 5 月 23 日第 10697 号法律全面修正。

下罚金：

（1）从事安排性交易等行为的；

（2）招募人员从事卖淫的；

（3）为他人经纪或者安排工作的人让该他人从事卖淫的。

2. 有下列情形之一的，处 7 年以下有期徒刑或者 7000 万元以下罚金：

（1）以从事安排性交易等为职业的；

（2）因为招募卖淫人员而获得报酬的；

（3）因为经纪或者安排工作让他人卖淫而获得报酬的。

第 20 条（罚则）[1]

1. 有下列情形之一的，处 3 年以下有期徒刑或者 3000 万元以下罚金：

（1）意图为他人从事卖淫或者《刑法典》第 245 条所指的淫秽行为等进行经纪或者安排工作，投放广告（包括通过各种出版物、印刷材料、电话、互联网和其他媒介的广告，下同）的；

（2）投放关于性交易或者安排性交易等行为发生的营业地点的广告的；

（3）投放招徕或者诱使他人购买性行为的广告的。

2. 以制造、提供或者投放第 1 款所指的广告为职业的，处 2 年以下有期徒刑或者 1000 万元以下罚金。

3. 以分发第 1 款所指的广告或者刊登该广告的出版物为职业的，处 1 年以下有期徒刑或者 500 万元以下罚金。

第 21 条（罚则）[2]

1. 从事性交易的，处 1 年以下有期徒刑、300 万元以下罚金、拘留或者科料。

2. 违反第 7 条第 3 款的，处 500 万元以下罚金。

---

[1] 本条被 2011 年 5 月 23 日第 10697 号法律全面修正。

[2] 本条被 2011 年 5 月 23 日第 10697 号法律全面修正。

第 22 条（对有组织犯罪集团的加重处罚）[1]

意图实施第 18 条或者第 19 条规定的犯罪，组建一个组织或团伙或者加入一个组织或团伙的，应根据《关于处罚暴力等行为的法律》第 4 条所指的范例处罚。

第 23 条（未遂罪）[2]

第 18 条至第 20 条规定的犯罪的未遂罪，亦罚之。

第 24 条（徒刑和罚金的并科）[3]

在第 18 条第 1 款、第 19 条、第 20 条和第 23 条的情况下（不包括第 18 条第 2 款至第 4 款犯罪的未遂罪），可以并科徒刑和罚金。

第 25 条（没收和追征）[4]

实施第 18 条至第 20 条规定的犯罪所得的金钱、有价物或者其他财产，应予没收。如果无法没收的，追征与该金钱、有价物或者其他财产价值相当的金额。

第 26 条（刑罚的减轻与免除）[5]

实施本法规定的犯罪的人向侦查机关报告其犯罪或者向侦查机关自首的，可以减轻或者免除相应的刑罚。

第 27 条（双罚规定）[6]

如果法人的代表人或者法人或者个人的代理人、员工或所雇用的任何其他人，实施与该法人或个人的营业事务相关的第 18 条至第 23 条的犯罪的，不仅要处罚该犯罪人，还要根据相应条款对该法人或个人处以罚金。如果没有规定罚金刑的，应当对该法人或个人处 1 亿元以下罚金。但是，如果该法人或个人在对相关营业事务给予

---

[1] 本条被 2011 年 5 月 23 日第 10697 号法律全面修正。
[2] 本条被 2011 年 5 月 23 日第 10697 号法律全面修正。
[3] 本条被 2011 年 5 月 23 日第 10697 号法律全面修正。
[4] 本条被 2011 年 5 月 23 日第 10697 号法律全面修正。
[5] 本条被 2011 年 5 月 23 日第 10697 号法律全面修正。
[6] 本条被 2011 年 5 月 23 日第 10697 号法律全面修正。

适当的注意和监督以防止此类犯罪上没有过失的，不应适用本条。

第 28 条（赏金）[1]

1. 对向侦查机关举报第 18 条第 2 款第 3 项、第 3 款第 4 项和第 4 项、第 22 条的犯罪以及以性交易为目的的人口贩运的人，可以给予赏金。[2]

2. 对第 1 款所指赏金的标准和范围的必要事项，应由总统令决定。

（二十七）韩国微罪处罚法[3]

（1954 年 4 月 1 日第 316 号法律制定；1963 年 7 月 31 日第 1371 号法律修正；1973 年月日第 2504 号法律修正；1980 年月日第 3329 号法律修正；1983 年月日第 3680 号法律全面修正；1988 年月日第 4041 号法律修正；1991 年月日第 4369 号法律修正；1994 年月日第 4799 号法律修正；1996 年月日第 5153 号法律修正；2002 年月日第 6593 号法律修正；2006 年月日第 7966 号法律修正；2007 年月日第 8425 号法律修正；2007 年月日第 8435 号法律修正；2012 年 3 月 21 日第 11401 号法律全面修正；2013 年 5 月 22 日第 11778 号法律修正；2014 年 11 月 19 日第 12844 号法律修正；2016 年 1 月 22 日第 13813 号法律新增；2017 年 7 月 26 日第 14839 号法律修正；2017 年 10 月 24 日第 14908 号法律修正）

第一章　总　则

第 1 条（宗旨）

本法的宗旨是，通过对微罪的分类和处罚的必要事项作出规定，

---

〔1〕 本条被 2011 年 5 月 23 日第 10697 号法律全面修正。

〔2〕 2013 年 4 月 5 日第 11731 号法律修正。

〔3〕 有的文献将本法名称译为"轻犯罪处罚法"或者"轻罪处罚法"，笔者认为译为微罪处罚法更为准确。大陆法系国家和地区的犯罪存在重罪、轻罪和违警罪这一传统分类方法，本法所指的行为显然属于违警罪的范围，称之为轻罪处罚法明显不妥。——译者注。

以保护人民的自由和权利，并促进维护社会和公共秩序。

第 2 条（禁止滥用）

在适用本法时应当密切注意防止对人民权利的不当侵犯，而且不得超出本法的原有宗旨适用于其他目的。

第二章 微罪的种类与处罚

第 3 条（微罪的种类）

1. 有下列情形之一的，处不超过 10 万元罚金、拘役或者科料：[1]

（1）（侵入空屋等）在无正当理由的情况下，侵入无人居住和无人管理的房屋或其栅栏或者建筑物、船舶、汽车的；

（2）（隐匿地携带武器）在无正当理由的情况下，隐匿地携带刀具、铁棍、钢锯等可能用于对人的生命身体造成严重危害或者侵入房屋或其他建筑物的工具或器具的；

（3）（预备暴行等）预备或者共谋伤害他人身体的；

（4）（删除）；[2]

（5）（变动尸体现场等）隐匿死产婴儿，或者在无正当理由的情况下变动发现尸体或死产婴儿的现场的；

（6）（对需要扶助者等不报告）明知其管理的地点内有需要扶助的老人、儿童、残疾人、受伤的人、患病的人或者尸体、死产婴儿，不立即向相关公务员报告的；

（7）（僭用公务头衔等）虚假地声称具有国内外的官职、头衔、勋章、学历或者法律规定的名称或称号，或者在无资格的情况下使用法律规定的制服、奖章、徽章、纪念章、其他标志或者类似物的；

（8）（惯性推销商品和招揽）强迫第三人购买未提出请求的商品，或者作为其提供的未提出请求的服务或者技艺表演的报酬而索

---

〔1〕 2014 年 11 月 19 日第 12844 号法律修正；2017 年 7 月 26 日第 14839 号法律修正；2017 年 10 月 24 日第 14908 号法律修正。
〔2〕 2013 年 5 月 22 日第 11778 号法律修正。

取金钱，或者意图经营生意在公众聚集或经常光顾的地方吵闹地招揽顾客的；

（9）（未经许可张贴广告材料等）在未获同意情况的情况下，在他人或者团体的房屋或其他人工构筑物、汽车等上，张贴、悬挂、塞入广告材料等或者写、画、刻；或者在未获同意的情况下，移走、污损或破坏他人或团体的招牌、其他标示物或人工构筑物；或者在未经许可的情况下，在公共场所散播广告材料等的；

（10）（妨碍饮用水的使用）污染饮用水或者干扰饮用水的使用的；

（11）（乱丢垃圾等）轻率地乱丢烟蒂、口香糖、废纸、垃圾、死动物或者其他脏物或废弃物的；

（12）（在街道上小便等）在街道上、公园中或者其他公众聚集或经常光顾的地方吐痰、大小便或者让他人如此做，或者不清除其带到该地方的狗等动物的排泄物的；

（13）（妨碍仪式）以恶意行为或恶作剧行为等妨碍公共机构、其他团体或者个人举行的活动或仪式，或者无视主持活动或仪式的人或其他有关人员的警告携带极有可能妨碍活动或仪式的物品进入活动或仪式地点的；

（14）（强迫加入团体）尽管他人拒绝但反复地强迫其加入某一团体的；

（15）（破坏自然）以在公园、风景名胜区、游乐园或者其他绿色地区采摘或挖掘植物、花卉、石头等或者在岩石、树木等上刻字的方式，轻率地破坏自然的；

（16）（擅自处理他人的牲畜、机器等）轻率地放走他人或团体的牛、马、其他牲畜或停泊的船、筏等，或者轻率地操作他人的机动交通工具等机械的；

（17）（阻碍水道流通）实施行为妨碍河道、沟渠或者其他水道流通的；

（18）（乞讨等）通过强迫他人乞讨谋取不正当利益，或者以在公共场所乞讨妨碍或打扰他人通行的；

（19）（造成不安全感）无正当理由地通过挡路、挑起争吵、挤拢包围、尾随、说出或做出非常粗鲁和令人生畏的言行使他人感到不安、厌烦或不快，或者通过在道路、公园等公众使用或经常光顾的公共场所故意地暴露可怕的纹身使他人产生厌恶感的；

（20）（饮酒滋扰等）喝醉后在公共大厅、剧院、餐厅或载有多人的火车、汽车、船舶等公众聚集或者经常光顾的地方，通过说出或做出粗鲁的言行制造喧闹或者无序的；

（21）（对近邻的滋扰等）通过过度放大乐器、收音机、电视、电唱机、电铃、扬声器、电动机等的音量或者大声说话、唱歌滋扰邻居的；

（22）（使用危险火种）在不予以充分注意的情况下，在干燥物、灌木丛、其他易燃物质附近点火或者在汽油、其他容易着火的物品附近用火的；

（23）（投掷物品等危险行为）在存在损害他人身体或他人或团体的财物危险的地方，不加以充分的注意地投掷、倾倒或者射击物品的；

（24）（疏于管理人工构筑物等）无视相关公务员维修可能倒塌、滚落或掉落人工构筑物或其他类似物品的要求，由于疏于采取必要措施而使公众处于危险之中的；

（25）（疏于管理危险动物）释放有伤害人畜习惯的狗或其他动物，或者以解开拴绳或疏于适当看管的方式使该狗或动物四处游荡的；

（26）（利用动物作恶等）使牛或马受惊吓而奔跑，或者让狗或其他动物袭击人或牲畜的；

（27）（擅自熄灯）在未经允许的情况下熄灭公众聚集或经常光顾的地方的灯光或者他人或团体用作标识的灯光的；

（28）（疏于公共通道安全管理）尽管负有防止危险事故的义务，但在公众经常光顾的地方不开灯或者疏于采取其他防范措施的；

（29）（拒绝公务员的协助请求）在因雪、雨、风、海啸、地震等引起的灾害、火灾、交通事故、犯罪和其他紧急情况发生时，在

现场的人不遵守相关公务员或其助手关于现场进入的指示或者无正当理由地拒绝公务员的协助请求的;

（30）（虚假陈述个人信息）通过虚假陈述其姓名、居民登记号、本籍、住址、职业等登乘船舶或飞机，或者在获授权询问个人信息的公务员按照正当程序询问时无正当理由地虚假地将他人的个人信息声称为其个人信息的;

（31）（迷信疗法）通过无根据地宣传神奇无用的药方或者声称用其他迷信方法诊断、治疗、预防疾病，误导人们的;

（32）（违反夜间通行限制）在战争、事变、自然灾害中或者可能发生其他社会危机的情况下，违反国家警察厅厅长或者海洋警察厅厅长规定的夜间通行限制的;

（33）（过分露体）在公共场所过分暴露其生殖器、臀部或者任何身体其他私密部位，使他人感到尴尬或者不适的;[1]

（34）（拒绝采集指纹）在警察或者检察官因为无法以其他方式识别嫌疑人而打算采集其指纹时，无正当理由地拒绝提供其指纹的;

（35）（收取坐席费等）作为在向一般公众开放的设施或者场所得到或者许诺得到座位或停车位的回报，而收受、索取金钱或者烦人地尾随他人收取金钱的;

（36）（插队）通过在公共场所插入队列或者挤走他人，扰乱为上车、登船、进入某个地点或者购票所形成的有序队列的;

（37）（擅自进入）无正当理由地进入禁止进入的区域、设施或者场所的;

（38）（恶作剧地处理枪支等）在公众聚集或经常光顾的地方，不加以充分注意地处理或者玩耍枪支、爆炸物或者存在爆炸危险的其他物品的;

（39）（逃票和饮食不付费）乘坐营业汽车、船舶或者吃喝他人售卖的食品、饮料，无正当理由地不全额支付费用的;

---

〔1〕 本条第（1）款第33项在被2016年11月24日作出违宪裁决之后，被2017年10月24日第14908号法律修正。

（40）（恶作剧电话等）通过无正当理由地打电话或者发送短信、信件、电子邮件、电子文档等，反复地骚扰他人的；

（41）（持续骚扰）违背他人的明确意志，通过持续地试图接近该他人要求见面或约会或者观看、尾随、暗中等待他人的。

2. 有下列情形之一的，处不超过 20 万元的罚金、拘役或者科料：

（1）（未获授权出版物等）意图获得不正当利益，作为承诺在报纸、杂志、其他出版物上登载或者不登载与他人或团体的业务或私事有关的特定事项的回报，收受金钱或者物品的；

（2）（虚假广告）在向公众出售、分销商品或者提供服务时，就欺骗或者误导他人的事实做广告的；

（3）（妨碍业务）以不端行为妨碍他人、组织或者从事公务的人的业务的；

（4）（倒卖票券）在娱乐场所、体育馆、火车站、码头、车站或对进入或登乘收取固定票价的其他场所，以高价倒卖入场券、车票或者船票的。

3. 有下列情形之一的，处不超过 60 万元的罚金、拘役或者科料：[1]

（1）（在公务机关醉酒和滋扰）醉酒的人在公务机关以粗鲁的言行制造喧闹或者混乱的；

（2）（虚假举报）向公务员虚假报告未实际发生的犯罪或灾难的。

第 4 条（教唆或者帮助）

教唆或者帮助他人实施第 3 条规定的犯罪的，准用有关正犯的规定处罚。

第 5 条（刑罚的免除与并处）

在根据第 3 条对犯罪人进行处罚时，考虑具体情节，可以免除处罚，也可以并处拘役和科料。

---

〔1〕 2013 年 5 月 22 日第 11778 号法律修正。

第三章 微罪处罚的特例

第 6 条（定义）

1. 本章中的"犯则行为"，是指符合第 3 条第 1 款和第 2 款任何一项规定的违法行为，其具体范围应当由总统令规定。

2. 本章中的"犯则人"，不具有下列情形之一的实施犯则行为的人：

（1）惯常地实施犯则行为的；

（2）考虑相关犯罪的动机、手段和后果认为需要处以拘役刑的；

（3）实施有被害人的行为的；

（4）未满 18 周岁的。

3. 本章中的"犯则金"，是指犯则人根据第 7 条发出的通知向国库或者济州特别自治道财政厅缴纳的款项。

第 7 条（通知处分决定）

1. 对被认定为犯则人的人，警察署署长、海洋警察署署长、济州特别自治道知事或者铁路特别司法警察署署长可处以犯则金，以书面明确说明理由并且通知其缴纳犯则金。但这不适用于具有下列情形之一的犯则人：[1]

（1）拒绝接收书面通知的人；

（2）住所或者身份不确定的人；

（3）其他通知非常困难的人。

2. 根据第 1 款通知的犯则金的金额，应当考虑相关犯则行为的类型，由总统令规定。

3. 在济州特别自治道知事或者铁路特别司法警察署根据第 1 款发出通知时，应当将此情况通知相关警察署署长。

第 8 条（犯则金的缴纳）

1. 收到根据第 7 条发出的书面通知的人，应当在收到该书面通

---

[1] 2014 年 11 月 19 日第 12844 号法律修正；2017 年 7 月 26 日第 14839 号法律修正。

知之日起 10 日内，向国家警察厅厅长、海洋警察厅厅长、铁路特别司法警察署署长指定的银行及其分行、代理行、邮局或者济州特别自治道知事指定的金融机构及其分支机构缴纳犯则金。但是，如果因自然灾害或者不可避免的原因不能在期限内缴纳犯则金的，应当在该不可避免的原因消失之日起 5 日内缴纳。[1]

2. 不在第 1 款规定的支付期限内缴纳犯则金的，应当在缴纳期间届满之日 20 日内缴纳被通知的犯则金，并加收金额的 20%。

3. 对根据第 1 款和第 2 款缴纳了犯则金的人，不得因相关犯则行为被重复处罚。

第 8-2 条 （犯则金的缴纳）[2]

1. 除了第 8 条规定的缴纳方式外，还可以通过总统令规定的犯则金缴纳服务机构以信用卡、借记卡等 （以下称为"信用卡等"）进行犯则金的缴纳。在这种情况下，"犯则金缴纳服务机构"是指根据总统令规定被指定为犯则金缴纳服务机构的通过信息通信网络处理用信用卡等进行的付款的机构。

2. 在根据第 1 款以信用卡等缴纳犯则金的情况下，犯则金缴纳服务机构认可该支付的日期应被视为缴纳日期。

3. 犯则金缴纳服务机构可以根据总统令的规定，从缴纳人那收取犯则金缴纳服务费，作为其提供通过信用卡等方式缴纳犯则金服务的报酬。

4. 犯则金缴纳服务机构的指定、运营和该服务的费用等必要事项，应当由总统令规定。

第 9 条 （对不服从处分通知等的处理）

1. 对下列人员，警察署署长、海洋警察署署长、济州特别自治道知事应当立即请求对其进行即决审判。但是，对于在被请求进行即决审判之前已经缴纳所通知的犯则金外加相当于其金额 50% 的金

---

[1] 2014 年 11 月 19 日第 12844 号法律修正；2017 年 7 月 26 日第 14839 号法律修正。

[2] 2016 年 1 月 22 日第 13813 号法律新增。

额的人，不适用该规定：[1]

（1）符合第7条第1款规定的人；

（2）不在第8条第2款规定的付款期间内缴纳犯则金的人。

2. 如果根据第1款第2项被请求进行即决审判的被告人，在即决审判宣告判决前缴纳所通知的犯则金外加相当于其金额50%的金额并提交相关的证明文书的，相关的警察署署长、海洋警察署署长、济州特别自治道知事应当撤销其对该被告人的即决审判请求。[2]

3. 对根据第1款和第2款缴纳了犯则金的人，不得因相关犯则行为被重复处罚。

4. 如果有人符合第1款任何一项的规定，铁路特别司法警察署署长应当立即将这一事实通知相关警察署或者海洋警察署的署长，并移交有关文书。在这种情况下，收到通知的相关警察署或者海洋警察署的署长应当按照第1款至第3款的规定进行处理。[3]

---

〔1〕 2014年11月19日第12844号法律修正；2016年1月22日第13813号法律修正；2017年7月26日第14839号法律修正。

〔2〕 2014年11月19日第12844号法律修正；2016年1月22日第13813号法律修正；2017年7月26日第14839号法律修正。

〔3〕 2014年11月19日第12844号法律修正；2016年1月22日第13813号法律修正；2017年7月26日第14839号法律修正。